Rainer Kurbos

Computer- ausfall- wer zahlt?

- Produkthaftung und Schadenersatz
- EDV- und Serviceverträge
- Musterbriefe
- Checklisten
- Gerichtsentscheidungen

W0175082

Ueberreuter

Die Deutsche Bibliothek – CIP-Einheitsaufnahme

Kurbos, Rainer:
Computerausfall – wer zahlt? : Produkthaftung und Schadenersatz, EDV- und Service-
verträge, Musterbriefe, Checklisten, Gerichtsentscheidungen / Rainer Kurbos. – Wien :
Wirtschaftsverlag Ueberreuter, 1999
  ISBN 3-7064-0514-8

S 0456   1 2 3 / 2001 2000 1999

Inhaltsverzeichnis

1. Warum ich dieses Buch geschrieben habe

1. Weil (auch) ich mich schon jahrelang – und oft maßlos – über Computer, Zusatzgeräte und Programme geärgert und viele Stunden meiner wertvollen Arbeits- und Freizeit sinnlos hinter dem Bildschirm eines PC verbracht habe.

2. Weil ich weiß, daß es ein Heer von Leidensgenossen gibt und daß unermeßlicher volkswirtschaftlicher Schaden durch schlechte EDV-Produkte angerichtet wird.

3. Weil nicht einzusehen ist, warum in Sachen Computer grundlegende „Regeln" plötzlich hinfällig sein sollten; denn jeder – egal ob Arzt, Apotheker, Pilot, Lehrer, Beamter, Polizist, Richter, Bauunternehmer, Autofahrer, Handwerker – hat für seine Arbeit geradezustehen und kann, wenn er Fehler macht, nach genau vorgegebenen Regeln, wenn nötig auch vor Gericht, zur Verantwortung gezogen werden. Gewährleistung, Schadenersatz, Produkthaftung und die Rechtsprechung dazu sind gut entwickelt, und so würde beispielsweise von vornherein kein Autohändler auf die Idee kommen, Ihren nigelnagelneuen Benz mit fehlendem linken Vorderrad auszuliefern.

So was tut doch keiner!

Bei Computern findet anscheinend niemand etwas dabei (oder sieht es zumindest nicht als rechtliches Problem), wenn sie aus unerfindlichem Grund plötzlich aufhören zu funktionieren oder skurrile Fehler produzieren (z. B. im Jahr 2000).

Die EDV-Branche ist offensichtlich anders!? Hier wird in kurzer Zeit eine sich ständig wandelnde Technologie, die unser Leben maßgeblich mitbestimmt, neu eingeführt, Fehler müssen wohl eben in Kauf genommen werden. Im Gegenteil, häufig sind solche Fehler Anlaß für zusätzliche Kauf- oder Beratungsnotwendigkeiten, womit dann im Endeffekt an den Fehlern bisweilen auch noch Geld verdient wird. (Eine geradezu parasitäre Erscheinung!)

Es ist nicht einzusehen, warum sonst übliche Qualitätsstandards und Haftungsregeln nicht auch für die Computerbranche gelten sollen! Es gibt kein Gesetz, das die EDV von Gewährleistung, Schadenersatz und Produkthaftung ausnehmen würde, prinzipiell gelten exakt dieselben Bestimmungen. So ist auch der Titel zustande gekommen: „Computerausfall – wer zahlt?" ist ein Hinweis auf die Übertragung jener Regeln, die die Rechtsprechung etwa für die schuldhafte Verletzung vertraglicher Pflichten des Verkäufers entwickelt hat. In vielen Fällen kann bei Ablieferung einer mangelhaften Sache durchaus eine Schadenersatz**zahlung** verlangt werden.

Und an so was ist der Anwender selber schuld!?

Dieses Buch will zum einen den Ursachen auf den Grund gehen, warum die EDV-Branche trotz der unüberschaubaren Vielzahl von mangelhaften und unbrauchbaren Leistungen bislang weitgehend vor rechtlicher Inanspruchnahme verschont geblieben ist. Zum anderen sollen – ganz im Sinne einer Qualitätssicherung, die in einer Marktwirtschaft nicht zuletzt dadurch entsteht, daß Schadenersatz- und Gewährleistungsklagen die Hersteller mangelhafter Produkte zur Nachbesserung oder zum Marktaustritt zwingen – all jenen, die von untauglichen Leistungen der EDV-Branche betroffen sind, Wege gezeigt werden, wie man als Computerbenutzer zu seinem Recht kommt.

2. Aufbau und Inhalt

Das Buch wendet sich an jeden, der sich schon einmal über einen Computer, ein Zusatzgerät oder ein Programm geärgert hat und der nun entweder den Schuldigen zur Verantwortung ziehen oder doch wenigstens in Zukunft Ärger vermeiden will.

Es ist weder ein Juristenlehrbuch noch eine technische Anleitung zur Reparatur Ihres PC. Es ist so aufgebaut, daß zunächst die wirtschaftlichen und technischen Ursachen des Computerärgers dargestellt werden. In weiterer Folge wird leicht verständlich gezeigt, was aus rechtlicher Sicht zu machen ist.

Die Kapitel 19, 20 und 21 sind den landesspezifischen Rechtsgrundlagen Deutschlands, Österreichs und der Schweiz gewidmet, soweit sie für den Anwender von Bedeutung sind. In diesen Kapiteln ist das Augenmerk besonders auf Ansprüche und Fristen gerichtet, zusätzlich werden einige zukunftsweisende Leitentscheidungen erörtert. Wer sich eingehender mit der komplexen Rechtsmaterie auseinandersetzen will, findet schließlich in der ausführlichen Literaturliste am Ende des Buches weiterführende Hinweise.

Auch Checklisten und Musterbriefe sind eingearbeitet, um im Einzelfall rasch handeln zu können. Allerdings ist gleich an dieser Stelle darauf hinzuweisen, daß eine fehlerhafte Auswahl und Verwendung zum Verlust eines an sich gerechtfertigten Anspruchs führen kann – ebenso wie die Versäumung der oft kurzen Fristen. Die alleinige Verantwortung für den Einsatz dieser Hilfsmittel liegt also beim Anwender (Warnhinweis im Sinne des Produkthaftungsgesetzes).

Gewährleistung, Garantie, Schadenersatz und Produkthaftung sind umfassende Themen, die im Detail spezifisches juristisches Fachwissen erfordern. Erschwerend kommt noch hinzu, daß sich die Rechtsprechung laufend ändert. Eine auch nur einigermaßen vollständige Darstellung dieser Materie ist im Rahmen eines Ratgebers für die tägliche Praxis weder möglich noch besonders zielführend. Hier soll es vielmehr darum gehen, einen Überblick über wesentliche Zusammenhänge zu geben bzw. auf einzelne Punkte hinzuweisen, die sich bei der rechtlichen Durchsetzung von Ansprüchen wegen „Computerärger" als besonders kritisch erweisen.

Der allgemeine Teil (Kapitel 1–17) ist bewußt so gehalten, daß grundsätzliche Aspekte im Vordergrund stehen, die prinzipiell in jeder Rechtsordnung und damit über die Landesgrenzen hinweg gelten. So wird jede Rechtsordnung die Durchsetzung von Ansprüchen ermöglichen und unterstützen, die daraus resultieren, daß eine Sache bei ihrer Beschaffung ausdrücklich vereinbarte Eigenschaften nicht aufweist. Gegenteiliges, nämlich daß beispielsweise ein Lieferant schrankenlos berechtigt wäre, trotz entsprechender Vereinbarungen zu liefern, was ihm paßt, ohne irgendwelche Sanktionen zu riskieren, kann kaum Inhalt einer Recht**sordnung** sein.

Auf der anderen Seite liegt es ebenso auf der Hand, daß es für die Durchsetzung solcher Ansprüche irgendwelche Fristen geben muß. Diese Fristen sind meist kurz – sofort, sechs Monate, ein Jahr, zwei Jahre, drei Jahre sind klassische Beispiele. Wenn man im Recht ist, ist also rasches und energisches Handeln geboten.

Auch wenn eine „friedliche", außergerichtliche Lösung angestrebt wird, sollte man sich keinesfalls auf längere, vergebliche Korrespondenzen einlassen. Im Zweifelsfall wird es immer besser sein, zu früh als zu spät nach einem versierten Juristen zu rufen. Sie sollten hier kein unnötiges Risiko eingehen, wegen abgelaufener Fristen, formaler Fehler und dergleichen gerechtfertigte Ansprüche zu verlieren.

Egal ob es beim Vorliegen eines Magels im Einzelfall nötig sein wird, einen Anwalt einzuschalten oder nicht, Ihre ganz wesentliche Aufgabe als Kunde ist es:

a) sich bewußt zu werden, wann ein Rechtsproblem vorliegt,

b) die ersten notwendigen Schritte zu setzen (**sofortige** Überprüfung, Mängelrüge, Beweissicherung, zweckmäßiges Verhalten bei möglichen Schädigungen),

c) falls dafür noch ausreichend Zeit zur Verfügung steht (und Sie die Mühe wollen), eine „friedliche" Lösung mit dem Lieferanten zu versuchen und

d) falls letzteres nicht möglich ist, den Juristen Ihrer Wahl effizient und umfassend über den Fall zu informieren.

> Die praktische Erfahrung zeigt, daß die meisten Fälle von Computerärger deswegen rechtlich nicht verfolgt werden können, weil im Vorfeld der Rechtsdurchsetzung elementare Fehler begangen werden, die auf eine grundlegende Unterschätzung der Möglichkeiten und Notwendigkeiten einer geordneten Rechtsdurchsetzung hinweisen.

Dieses Buch ist also kein „Do-it-yourself-Handbuch" für alle Rechts-fragen des EDV-Rechtes. In vielen Fällen wird Ihnen zur Durchsetzung Ihrer Ansprüche der Weg zum Juristen nicht erspart bleiben. Allerdings wird Ihnen auch der beste Anwalt nicht zu Ihrem Recht verhelfen kön-nen, wenn Sie keinerlei Voraussetzungen schaffen. Hier finden Sie Denk-anstöße und Anleitungen für die rechtliche Vorbereitung des EDV-Ein-satzes sowie eine zielführende Vorbereitung von Rechtsstreit und Exper-tengespräch.

2.1 Das Problem

EDV ist zur Basistechnologie geworden. Fast jeder hat einen Computer, braucht einen, nutzt einen, möchte einen ...

Es gibt eine klar umrissene Vorstellung, einen Traum davon, wie dieses Gerät sein sollte:

- anwenderfreundlich (stürzt nie mehr ab),
- geduldig (sagt mir, was ich falsch gemacht habe),
- hellseherisch begabt (weiß, was ich von ihm will, auch wenn vom ein-getippten Kommando nur 80 % richtig sind),
- zuverlässig (löscht keine Daten, wenn neue Programme installiert wer-den) usw.

Kurzum der Computer, der keinen „Computerführerschein" voraussetzt, bei dem man alle kryptischen Kommandos auswendig lernen muß, son-dern ein Computer, bei dem man wenigstens alle Tasten, die man zugleich niederdrücken muß, mit den Fingern einer Hand niederdrücken kann, ohne einen Yogakurs für Fortgeschrittene besucht zu haben, der auch ohne Angabe von verschlungenen Pfaden die Schatzkiste verloren geglaubter Daten wiederfindet und Dateien nicht immer löscht, wenn man vor dem Ausschalten auf den Speicherbefehl vergessen hat.

Genährt werden derartige Phantasien von der Werbung. In den Mar-ketingabteilungen der Computerfirmen scheinen häufig Leute zu sitzen, die vom Computer ebenso wenig verstehen wie wir Anwender. Zumin-dest wird uns versprochen, wovon wir träumen, auch wenn es die Techni-ker dieser Unternehmen nicht halten können oder wollen.

„Wenn General Motors mit der Technologie so mitgehalten hätte wie Microsoft mit der Computerindustrie, dann würden wir heute alle 25-Dollar-Autos fahren, die mit einer Gallone Sprit 1.000 Meilen weit fahren würden."

Bill Gates, 25. Juni 1998

„Wenn General Motors eine Technologie wie Microsoft entwickelt hätte, dann würden wir heute alle Autos mit folgenden Eigenschaften fahren:

1. *Ihr Auto würde ohne erkennbaren Grund zweimal am Tag einen Unfall haben.*
2. *Gelegentlich würde das Auto ohne erkennbaren Grund auf der Autobahn eingehen, man würde das akzeptieren, neu starten und weiterfahren.*
3. *Wenn man bestimmte Manöver ausführt, wie z.B. eine Linkskurve, würde das Auto einfach stehenbleiben und sich nicht mehr starten lassen, man müßte dann den Motor neu einbauen.*
4. *Apple würde Autos herstellen, die mit Sonnenenergie fahren, zuverlässig laufen, fünfmal so schnell und zweimal so leicht zu fahren sind, aber sie würden nur auf fünf Prozent der existierenden Straßen fahren dürfen.*
5. *Die Ölkontrolleuchte, die Warnlampen für Temperatur und Batteriestand würden durch eine ‚Allgemeine Auto-Fehler'-Warnlampe ersetzt werden.*
6. *Der Airbag würde Sie vor dem Auslösen fragen: ‚Sind Sie sicher ...?'*
7. *Gelegentlich würde das Auto Sie ohne jeden erkennbaren Grund aussperren, Sie könnten es nur mit einem Trick wieder aufschließen, und zwar müßte man gleichzeitig den Türgriff ziehen, den Schlüssel drehen und mit einer Hand an die Radioantenne fassen.*
8. *General Motors würde Sie zwingen, mit jedem Auto einen De-Luxe-Kartensatz der Firma Rand McNally (seit neuestem eine GM-Tochter) mitzukaufen, auch wenn Sie diesen Kartensatz nicht brauchen oder haben möchten; wenn Sie diese Option nicht wahrnehmen, würde das Auto sofort 50 Prozent langsamer werden.*
9. *Immer dann, wenn GM ein neues Auto vorstellt, müßten alle das Autofahren neu erlernen, weil keiner der Bedienungshebel genau so funktionieren würde wie in den alten Autos."*

Presseerklärung, GM-Präsident Jack Welch

2.2 Die Ursache

Das vollkommene EDV-Produkt wäre der Tod seines Herstellers!
Stellen Sie sich vor, jemand erfindet eine Glühbirne, die 100 Jahre lang
hält und nur das Doppelte kostet wie eine gewöhnliche Glühbirne. Was
geschieht?

Schritt 1: Alle wollen sofort diese Glühbirne kaufen. Daher baut der Er-
finder eine Glühbirnenfabrik, so groß, daß jeder auf dieser Welt sofort
eine Glühbirne bekommt. Die Aktien des Unternehmens erreichen schwin-
delerregende Höhen.

Schritt 2: Je nachdem, wie schnell die Glühbirnen verteilt werden können, dauert es einige Monate oder Jahre, bis jeder Glühbirnen und Reserve-
glühbirnen für sich und seine Kinder hat.

Schritt 3: Die Produktion erreicht aufgrund des Wirksamwerdens von
Rationalisierungs- und Einarbeitungseffekten ihren Höhepunkt. Die Glühbirne kommt ins Sonderangebot. Jeder kauft Glühbirnen für seine Enkel
und Urenkel. Erste Aktienanalysten raten zum Verkauf der Aktie, der Kurs
beginnt zu sinken.

Schritt 4: Plötzlich kauft niemand mehr eine Glühbirne. (Die paar Stück,
die laufend gebraucht werden, weil sie zerbrechen oder in neue Fassungen
geschraubt werden, kann man leicht aus den übervollen Lagern liefern.)
Die Produktion muß dramatisch gedrosselt werden. Die Aktie verfällt ins
Bodenlose, die Firma geht Pleite.

Natürlich sind die Anforderungen, die an einen Computer gestellt werden, weitaus komplexer als vergleichsweise bei einer Glühbirne. Aber
überlegen Sie einmal, was geschehen würde, wenn der perfekte Computer, der alles kann und ewig hält und kaum noch etwas kostet, auf den
Markt kommen würde. Der Wettlauf der Hersteller von Gerät und Programm würde schlußendlich zum gleichen Zustand führen, wie er hier für
die Glühbirne beschrieben wurde: Die Produktionskapazität würde, um
eine Vollversorgung zu erreichen, gigantisch ausgebaut und anschließend
rasch auf den laufenden Erhaltungsbedarf zusammenbrechen.

Dieses wirtschaftliche Grundgesetz ist den Managern der EDV-Firmen
wohl bekannt. Der Wettbewerb zwingt sie einerseits dazu, ihre Produkte

immer zu verbessern, andererseits dürfen sie es nie dazu kommen lassen, daß das ultimative, perfekte Produkt jemals auf den Markt kommt. Versetzen Sie sich in die Lage eines solchen Managers, was würden Sie tun, um dieses Problem zu lösen? Naheliegend ist, den Fortschritt zu rationieren und nur in homöopathischen Dosen an den Kunden weiterzureichen: Obwohl es möglich wäre, daß Geräte und vor allem Programme in einem Schritt funktioneller, absturzsicherer und benutzerfreundlicher werden, empfiehlt es sich, auch bekannte Fehler nur scheibchenweise zu beheben und etwa alle sechs bis acht Monate eine neue Version des Programms herauszugeben. Auf diese Weise kann man den Nutzern mehr Geld aus der Tasche ziehen, als sie auf einmal für all diese Innovationen zu zahlen bereit wären. Allein der Druck jener Konkurrenz, mit der man sich nicht absprechen kann, führt dazu, daß man den Kunden nützliche Neuerungen nicht dauerhaft vorenthalten kann, so daß das perfekte Produkt gefährlich näherrückt.

In dieser verzweifelten Lage erinnert man sich gern an die marketingpolitisch äußerst praktische Eigenschaft von Gütern, die nach relativ kurzer Zeit unbrauchbar werden. Denken Sie beispielsweise an Milch – an sich ein perfektes Produkt, das nicht mehr verbesserungsfähig ist, allerdings mit dem feinen Unterschied für die verarbeitende Industrie, daß Milch entweder verbraucht oder sauer wird, wodurch automatisch ständig neuer Bedarf entsteht. Solche Eigenschaften müßte man nun Gerät und Programm auch noch beibringen können.

Teilweise gelingt das recht einfach, da Computer auch auf Entwicklungen von außen reagieren müssen. Die Währungsumstellung ist ein gutes Beispiel. Einerseits wurde mit dem Euro ein neues Zeichen eingeführt, das in die bestehenden Zeichensätze neu aufgenommen werden mußte. Andererseits sind in der Übergangsphase kompliziertere Wechselkursberechnungen nötig, was die bisherigen Programme meist nicht bewältigen.

Solche spezifischen Anforderungen machen älteren Geräten und Programmversionen immer wieder den Garaus. Die Latte für den perfekten Computer kann wieder höher gesteckt werden. Nur wie lange können die Hersteller davon zehren?

An der Wurzel lösen würde das Problem nur ein „elektronisches Ablaufdatum". Das System könnte beispielsweise nach 8320 Betriebsstunden (entspricht vier Jahren Büroarbeit bei einer 40-Stunden-Woche) ausfallen, oder ein Programm erhält nach dem 36.416. Aufruf den Befehl, sich selbst zu zerstören.

Ansätze in diese Richtung gibt es schon, wenn absichtlich minderwertige Teile an kritischen Stellen eingebaut werden, etwa Prozessorlüfter, die nach zwei Jahren ihren Geist aufgeben. Damit ist ein Prozessorausfall und in der Folge Neukauf vorprogrammiert.

Gegen einen Lüfterdefekt kann man sich mit etwas Umsicht noch wappnen. Ein eingebautes elektronisches Ablaufdatum wäre dagegen um vieles heimtückischer – man hätte kaum die Möglichkeit, solches festzustellen.

Natürlich, in rechtlicher Hinsicht riskiert ein Hersteller ein Strafverfahren wegen gewerbsmäßigen Betrugs, geht doch der schutzwürdige Kunde grundsätzlich davon aus, daß nicht vorsätzlich produktverschlechternde oder produktzerstörende Eigenschaften eingebaut werden. Wie immer ist auch hier das Informations- und Beweisproblem größer als das rechtliche Problem.

Das Gesetz vom abnehmenden Grenznutzen

Gerade die Computerbranche übersieht bei der hektischen Fortentwicklung zu immer neuen Höhen der Technologie das Gesetz vom abnehmenden Grenznutzen.

Dieses Gesetz gilt, streng genommen, zunächst einmal für das Einkommen. Jede zusätzliche Einheit Einkommen stiftet weniger Nutzen als die vorherige. Ein Mindestrentner freut sich über 100 EUR Rentenerhöhung mehr als ein Vorstandsvorsitzender über eine gleich hohe Gehaltserhöhung (die er womöglich gar nicht bemerkt).

Das gleiche gilt auch für viele Technologien. Waren die ersten Autos vielleicht noch in der Lage, 40 km/h zu fahren, so war der Sprung auf 80 km/h ein bemerkenswerter Zugewinn. Auch von 80 auf 120 oder 160 km/h machte die Steigerung der Geschwindigkeit noch Sinn. Es ist allerdings kaum wahrscheinlich, daß der durchschnittliche Autofahrer es als wesentlichen Produktvorteil empfindet, wenn sein Fahrzeug statt 260 km/h jetzt 320 km/h Spitze läuft.

In der EDV war es bisher selbstverständlich, daß ein derartiger Produktvorteil (z. B. 450 MHz Taktfrequenz statt 200 MHz) als entscheidender Kaufanreiz herausgestellt wurde und einen Preiszuschlag von 80 % auf das „veraltete Modell" der vorigen Woche rechtfertigte. Die immer weitere Verbreitung von „Gut-genug-Geräten" beweist aber auch hier, daß sich die Käufer nicht endlos für dumm verkaufen lassen.

2.3 Die Lösung

Hören Sie auf zu träumen!
Obwohl offenkundig ist, daß das Versprechen vom perfekten Computer
niemals eingelöst werden kann (darf), glauben die Anwender noch immer
daran und müssen damit ent-täuscht werden. Ent-täuschung heißt Aufhebung der Täuschung.

Die Computerindustrie kann niemals Freund des Anwenders sein, wäre
sie dann doch gleichzeitig der größte Feind ihres eigenen Geldbeutels!
Das absichtlich aufrechterhaltene Informationsgefälle dient der Profit-
maximierung. Ihr Ansatzpunkt muß daher sein, das **Informationsgefälle
zu überwinden**, d. h. sich selbst jenen Grad an Sachkompetenz anzueig-
nen, der eine realistische, nüchterne Einschätzung der gegnerischen Absichten und der Mittel, mit denen sie durchgesetzt werden sollen, ermöglicht. Nur so werden Sie auf Dauer Computer wirtschaftlich beschaffen
und betreiben und bei Ausfall Ihre Ansprüche geltend machen können!
Die eigentliche Ursache für Computerärger ist daher die Ent-täuschung –
wenn unrealistische, durch die Werbung erregte Erwartungen durch die
Realität eingeholt werden.

3. Über Höhenstrahlung und Hochspannung, Interrupts und DMAs

Zur Lösung des Rechtsproblems „Computerausfall" ist ein gewisses Maß an technischem Wissen unerläßlich. Es ist äußerst blamabel, wenn einem der Sachverständige nach einem Prozeß, der 10.000 EUR gekostet hat, erklärt, daß ein Hard- oder Softwaredefekt ausgeschlossen ist, daß vielmehr ein Bedienungsfehler vorliegt oder bei der Installation oder Einstellung irgendwelcher Adapterkarten ein Jumper falsch gesetzt wurde. Um einen Prozeß zu gewinnen, sollte man, so banal das klingt, „im Recht sein".

Die technische Komlexität macht es oft schon schwierig genug, die Ursache eines Fehlers festzustellen. Noch schwieriger kann es oft werden zu beweisen, daß ein eigenes Verschulden durch Bedienungsfehler und dergleichen ausgeschlossen ist.

Kritische Teileanzahl

EDV ist ganz einfach, sagen die Techniker, und das stimmt auch, zumindest im Prinzip (Techniker mögen mir die plakativen Vereinfachungen verzeihen):

Computer bestehen (neben anderen Teilen, die auch ausfallen können) aus **Transistoren**. Ein Transistor ist nichts anderes wie ein Schalter, vergleichbar etwa einem Lichtschalter, mit dem man eine Glühbirne ein- und ausschalten kann. Der Transistor als elektronischer Schalter wird natürlich nicht vom Finger eines imaginären Heinzelmännchens bedient – er besitzt statt der Schaltwippe bzw. Schaltfläche einen Eingang, an dem man einen anderen Transistor anschließen kann, so daß ein Transistor den anderen ein- und ausschalten kann. An der grundsätzlichen Funktion eines Schalters, Licht ein/Licht aus bzw. Strom ein/Strom aus, ändert sich nichts.

Ein **Mikroprozessor**, das Herz eines jeden Computers, besteht nun einfach aus einer größeren Anzahl solcher elektronischen Schalter. Konkret besteht der modernste (lieferbare!) Mikroprozessor, der K 6 von AMD, aus 8,8 Millionen solcher Schalter. (Wenn Sie als technischer Laie Prozessorleistungen vergleichen wollen, so ist die Anzahl der Transistoren ein durchaus aussagekräftiges Indiz, zumal es sich nicht so leicht verändern läßt wie die Meßergebnisse diverser Testprogramme).

Die Zahl von 8,8 Millionen Lichtschaltern ist nun zunächst unserer Vorstellung nicht leicht zugänglich: Wien hat etwa zwei Millionen Einwohner. Unterstellt man, daß auf jeden Einwohner, vom Baby bis zum Greis, ungefähr vier Lichtschalter entfallen, so entsprechen alle Lichtschalter Wiens in etwa der Anzahl von Schaltern, die ein solcher Mikroprozessor enthält. Mit anderen Worten, versuchen Sie sich vorzustellen, sämtliche Lichtschalter Wiens seien auf ein Siliziumblättchen in der Größe Ihres Daumennagels geschrumpft worden. Stellen Sie sich weiter vor, daß Sie, um Ihr Licht einschalten zu können, jetzt sämtliche Schalter betätigen müßten. Würden Sie fünf Tage in der Woche, acht Stunden täglich, pro Minute zehn Schalter betätigen, so hätten Sie rund sieben Jahre zu tun, um das Licht einzuschalten. Der Prozessor erledigt das zwar wesentlich schneller, fatalerweise gilt aber auch für ihn, daß, wenn er bloß einen einzigen Schalter übersieht, das Licht ausfallen kann.

Dies führt zur sogenannten **„kritischen Teileanzahl"**. Die Ausfallwahrscheinlichkeit eines elektronischen Teiles wird in MBTF (Meantime Between Failure) gemessen, ein Wert, der, grob gesprochen, angibt, welche Zeitspanne im Mittel zwischen zwei Ausfällen des Teiles vergeht.

Wenn ein Transistor eine MBTF von 1 : 1.000.000 hat, bedeutet dies, daß er **im Mittel** eine Million Stunden betrieben werden kann, bis er ausfällt. Das bedeutet aber keineswegs, daß dieses seltene Ereignis tatsächlich so lange auf sich warten läßt. Wenn Sie beispielsweise einen Ameisenhaufen mit 999.999 schwarzen Ameisen in einen Karton packen und nur eine einzige weiße Ameise hinzufügen, ist die Wahrscheinlichkeit, mit der die weiße Ameise als erste aus dem Loch im Deckel des Kartons klettert, 1 : 1.000.000. Es ist doch alles ganz klar: Wenn Sie eine Million derartiger Kartons aufstellen, kommt bei irgendeinem der Kartons wahrscheinlich die weiße Ameise als erstes heraus.

Im Gegensatz zu einer Million Ameisenkartons ist es aber nun recht leicht möglich, eine Million Transistoren auf einen Chip zu integrieren. Wenn die Ausfallwahrscheinlichkeit eines einziges Transistors 1 : 1.000.000 beträgt, dann bedeutet das, daß bei 8,8 Millionen Transistoren im Mittel immer acht, eher aber neun Transistoren kaputt sind. Damit das Ding daher überhaupt funktioniert, muß die Zuverlässigkeit wesentlich über diesen, zunächst als erstaunlich hoch erscheinenden Wert gesteigert werden.

Gleichzeitig beweist diese Überlegung aber auch, daß es immer möglich ist, in einen Chip oder auch in eine elektronische Schaltung, wie sie ein PC nun einmal ist, eine kritische Teileanzahl einzubauen: Kritische Teileanzahl ist jene Anzahl von Teilen, bei der die aufsummierte Ausfallwahrscheinlichkeit eins ist. Mit anderen Worten: Es sind so viele Teile im Gerät, daß immer mindestens eines ausgefallen ist. Gerätehersteller neigen dazu, knapp so viele Teile einbauen, daß dieser kritische Wert nicht gleich, sondern erst nach einiger Zeit – durch Alterung – erreicht wird.

Soweit, so gut. Aber wie sollen Sie als Kunde den kaputten Teil finden? So schlimm ist es nun wieder auch nicht. Der Nachweis, daß ein bestimmtes Teil ausgefallen ist, ist häufig nicht erforderlich, meist reicht der Nachweis einer kaputten Baugruppe, wenn nicht des Geräteausfalles an sich.

Höhenstrahlung ▌

Auch die zweite wesentliche Baugruppe von PCs, die **Speicher**, meist als „RAM" bezeichnet und zu immer weniger Geld gehandelt, bestehen im Prinzip aus nichts anderem als aus Abermillionen derartiger elektronischer Schalter – Transistoren. Diese sind zu Speicherzellen verbunden. Die modernsten derartigen Zellen benötigen zur Speicherung eines Zustandes null oder eins nur noch 4000 Elektronen – eine geradezu marginale Ladung (viel weniger als meist an Ladung zufolge statischer Elektrizität an Ihren Fingerspitzen „klebt")!

Wird eine solche Speicherzelle von Strahlung, namentlich von der allgegenwärtigen Höhenstrahlung, getroffen, so kann sie gerade soviel an Ladung verlieren, daß ihr Inhalt falsch interpretiert wird. Ist der Inhalt eine Sprungadresse für das laufende Programm, führt der nächste Sprung ins Datennirvana. Ordentliche Programme stürzen in einem solchen Fall einfach ab, ohne die Daten wesentlich zu beschädigen.

Die Wahrscheinlichkeit, daß eine relevante Speicherzelle von der Höhenstrahlung getroffen wird, steigt mit der Größe der Speicherfläche, aber auch der Anzahl der Speicherzellen.

Stromausfall ▌

Eine weitere häufige Ausfallursache, für die der Hersteller prinzipiell nichts kann, ist Stromausfall. Ein Kunde wird kaum verlangen, daß die elektrische Energie, die für die gesamte mögliche Betriebsdauer nötig ist, bereits im Gerät eingebaut ist (was bei solar- und batteriebetriebenen Geräten theoretisch denkbar wäre). Demnach sind Wirkungen von Stromausfall zunächst der Kundensphäre zuzurechnen. Allerdings, ganz so einfach ist die Lage nicht: Man (Käufer und/oder Verkäufer?) muß doch damit rechnen, daß der Strom zeitweise wegbleibt.

Unangenehmerweise gibt es verschiedene technische Formen von Stromausfall. Zunächst einmal den gänzlichen Ausfall für längere Zeit. Dieser kann praktisch auch vom Anwender herbeigeführt werden, indem er das Gerät ganz einfach ausschaltet (sei es irrtümlich oder absichtlich, das macht für das Gerät keinen Unterschied). Man sollte glauben, daß die Geräte solche Betriebsvorgänge klaglos überstehen. Dem ist aber keineswegs immer so. Zwar gibt es Geräte, die in einem solchen Fall die Dateien schließen und das Gerät herunterfahren, das ist aber eher die Ausnahme als die Regel. Vielmehr besteht die Gefahr, daß laufende Vorgänge einfach mittendrin abgebrochen werden. Ein typisches Beispiel sind Schreibvorgänge auf Festplatten. Vielfach führt Stromausfall dazu, daß der Schreibvorgang abrupt abgebrochen wird, d. h., die halbe Datei ist bereits neu, die halbe Datei noch alt.

Im ungünstigsten Fall sind dann die Daten unrettbar verloren, und es kommt außerdem zum gefürchteten „Headcrash", d. h. nichts anderes, als daß der Schreiblesekopf der Festplatte irgendwo auf der Plattenoberfläche statt in der Landezone landet und damit die Festplatte zerstört. Das sollte zwar bei neueren Festplatten nicht mehr so sein, aber längst nicht alle modernen Festplatten sind in dieser Hinsicht völlig zuverlässig.

Dabei ist der gänzliche Ausfall der Stromversorgung noch der einfachste Fall. Aus Kostenersparnisgründen werden sogenannte „dynamische RAMs" verwendet. Das sind Speicherzellen, die ähnlich wirken wie ein Kondensator. Die Zelle wird auf einen Höchstwert an Spannung aufgeladen. Legt man jetzt einen Meßverstärker an die Zelle, so mißt sie den Zustand „1". Gleichzeitig setzt ein Entladevorgang des Kondensators ein, d. h., die Spannung in dieser Speicherzelle wird niedriger und niedriger. Wenn genug Zeit verstreicht, wird – ähnlich wie bei einer stehengelassenen Autobatterie – irgendwann die Spannung so niedrig, daß aus dem Wert 1 ein Wert 0 wird.

Während die Autobatterie für diese Selbstentladung drei bis vier Monate braucht, ist Ihr Computer in der Lage, tausendmal in der Sekunde zu vergessen (oder noch öfter!). In jeder einzelnen Speicherzelle ist also nur eine relativ geringe elektrische Ladung gespeichert, die nur wenige Tausendstel Sekunden anhält. Dann muß die Ladung aufgefrischt werden. Tatsächlich ist Ihr PC ein gutes Stück seiner Zeit damit beschäftigt, seine Abermillionen Speicherzellen tausendmal oder öfter pro Sekunde immer wieder neu aufzuladen. Man könnte sagen, daß der PC ein ausgesprochenes Kurzzeitgedächtnis hat.

Tückischerweise werden nun nicht sämtliche Speicherzellen gleichzeitig neu aufgeladen (der Fachmann spricht hier vom „Refresh"), sondern hintereinander. Dabei gibt es nun auch Stromausfälle von nur recht kurzer Dauer, also beispielsweise wenige Tausendstel Sekunden, und außerdem kann es vorkommen, daß die Versorgungsspannung nicht gänzlich ausfällt, sondern nur teilweise zusammenbricht.

Je kürzer und weniger einschneidend nun der Spannungszusammenbruch ist, desto gefährlicher: Es kann sein, daß ein solcher Miniaturstromausfall von der Überwachungselektronik, die in jedem guten Computer enthalten ist (sein sollte), nicht entdeckt wird. Das führt nun wiederum dazu, daß der Refresh einiger Speicherzellen unterbleibt oder, häufiger noch, der Prozessor teilweise ausfällt und einfach an einer anderen Stelle des Programmes weitermacht. Damit haben dann einige Speicherzellen womöglich irgendwelche willkürlichen Inhalte, oder der Prozessor arbeitet Befehle, die gar nicht zusammengehören, hintereinander ab.

Ein probates Hilfsmittel dagegen sind Speicherkorrekturalgorithmen, die statt 8 Bit pro Byte beispielsweise 9 Bit speichern. Sie sind aber teuer und werden deshalb i. d. R. nicht eingebaut.

Die technische Seite ist lästig, weil nicht sicher zu prognostizieren ist, ob und in welchen Speicherzellen überhaupt solche Effekte auftreten. Prozessorfehler führen i. d. R. zum Absturz, zu Datenverlusten oder Rechenfehlern. Normalerweise sollten derartige Einbrüche zum Reset und damit zu einem geordneten Hochstarten bei Verlust relativ geringfügiger Datenmengen (beispielsweise nur ein paar Megabyte bei der gerade geöffneten Datenbank) führen. Ganz kurze Störungen können aber auch bewirken, daß nur Programm und Daten beschädigt werden – die Folgen manifestieren sich dann womöglich erst später, was besonders unangenehm sein kann.

Auf der rechtlichen Seite steht das Beweislastproblem: Da die Störungsursache – Stromausfall – einwandfrei aus der Sphäre des Kunden stammt, wird der Lieferant gerne diese Störungsursache einwenden und damit den Kunden ziemlich in Beweisnot bringen.

Vieles ist schon besser geworden (die ersten Gerätegenerationen waren noch viel empfindlicher). Dennoch ist es bis heute üblich geblieben, dort, wo

Menschenleben oder große Sachwerte in Gefahr sind, beispielsweise bei Flugzeugsteuerungen, bis zu vier unabhängig voneinander arbeitende Systeme gleichzeitig zu betreiben, um eben derartige Effekte zu kompensieren.

Gerade in Industriebetrieben ist häufig eine „Verschmutzung" der Versorgungsspannung durch Überspannungen und Spannungseinbrüche, aber auch durch hochfrequente Störstrahlungen feststellbar. Dabei spielt es keine Rolle, ob sich diese Störungsquelle direkt im Betrieb oder in der Nachbarschaft befindet. Schon ein „Schweißigel" (tragbarer Schweißtransformator für Handwerker) kann mit seinem Lichtbogen ausreichende Störungen für einen Computerausfall verursachen.

Das mindeste, was Sie dagegen tun können, ist, Ihre Daten täglich so zu sichern, daß Sie im schlimmsten Fall, bei vollständigem Ausfall aller Geräte, mit einer Neuinstallation eines neuen Systems mit den Daten von gestern weiterarbeiten können. Leider hilft das aber auch nur, wenn die Störung so massiv war, daß sie rechtzeitig entdeckt werden konnte. Die schleichende Vernichtung einiger Bytes kann sich erst später manifestieren – zu diesem Zeitpunkt sind womöglich schon sämtliche Datensicherungsbänder mit den defekten Daten überschrieben. Eine gewisse Unzuverlässigkeit ist daher der ganzen Sache „angeboren".

Interrupts und DMAs ▌

Warum haben Radio- und Fernsehsender unterschiedliche Frequenzen? Warum hat Ihr Empfänger eine Skala zur Abstimmung? Ganz einfach: Würden alle Sender auf derselben Frequenz senden, würde Ihr Gerät sämtliche Programme zugleich (übereinander) anzeigen, mit dem Effekt eines mehr oder weniger „bunten" Bildschirms.

Ähnlich können Sie sich die Sache mit den Einstellungen am PC, was Interrupts (IRQs), DMAs und Portadressen angeht, vorstellen: Es funktioniert zwar anders, hat aber denselben Effekt: Sobald auch nur auf einem einzigen dieser „Senderkanäle" eine Quelle (Hauptplatine, Adapterkarten, diverse Geräte) gleichzeitig mit einer anderen Quelle sendet, kommt ein wirres Datengemisch zustande, das zum Absturz oder zu Fehlern führt.

Den wenigsten ist bewußt, daß die prinzipiellen Strukturen heutiger PCs nicht geändert wurden (wegen der sogenannten „Rückwärtskompatibilität", d. h. der Fähigkeit, die allerältesten Programme zu verarbeiten und Daten lesen bzw. Befehle ausführen zu können, damit die alten Adapterkarten noch laufen).

„Egal ob Dein PC uralt oder brandneu ist, die folgenden Grundlagen gelten immer – an der Hardwarearchitektur des PC hat sich seit 10 Jahren nichts verändert. Und es ist auch keine Änderung in Sicht …

Von den vielen modernen Bezeichnungen und dem ganzen Gerede um Plug & Play solltest Du Dich nicht irritieren lassen: Heutige PCs basieren auf einer uralten Technik, an der seit einem Jahrzehnt improvisiert wird.

Im Laufe der Jahre sind diese Improvisationen immer schlimmer geworden: Dank der heutigen Plug & Play-Experimente ist die angeblich automatische PC-Konfiguration schwerer durchschaubar als je zuvor. Nach wie vor ist es das alte Hardware-Insiderwissen, das Du heute im Plug & Play-Zeitalter brauchst.

Früher mußte jede Steckkarte im PC manuell eingestellt werden. Dann versuchte Intel mit Plug & Play für das ein neues Konfigurationszeitalter einzuleiten. Die Erstversion der Plug & Play-Technik sollte dafür sorgen, daß vorbereitete Karten im PC automatisch erkannt und konfiguriert werden. Leider gelang es nie, die Spezifikationen für diesen Standard durchzusetzen, womit Produkte für die alte ISA Plug & Play-Architektur eine Rarität waren …"

Michael Nickles, PC-Tuning-Report 98

„So knifflig die Sache mit den DMAs, Interrupts und Boardadressen auf den ersten Blick auch erscheinen mag, sie läßt sich leicht erklären: Alle Steckkarten im PC kommunizieren über einen Datenbus (Leitungen auf dem Mainboard) mit dem Prozessor. Diese Leitungen dürfen jeweils nur von einer Karte benutzt werden. Schicken mehrere Karten gleichzeitig Daten, kommt es zum Durcheinander. Was dann bei der CPU (Central Processing Unit, wörtlich: zentrale Verarbeitungseinheit) ankommt, weiß nur Kollege Zufall.

Sind zwei Karten auf den gleichen Interrupt eingestellt, so legen sie beim Auslösen des betreffenden Interrupts natürlich gleichzeitig los, Datenwirrwarr mit unabschätzbaren Folgen (beispielsweise PC-Stillstand) ist garantiert. Gleiches passiert, wenn zwei Karten mit unterschiedlichen Interrupts dieselbe Bordadresse verwenden. Und auch beim DMA (Direct Memory Access, direkter Speicherzugriff) sieht es ähnlich aus. Obwohl beim Konfigurieren verschiedene DMAs wählbar sind, existiert auf dem Mainboard nur eine DMA-Datenleitung. Die DMA-Nummern sind lediglich ein Index, um die verschiedenen DMA-gierigen Steckkarten

zu unterscheiden. Und auch hier gilt: Sind zwei Karten auf den gleichen DMA eingestellt, folgen auch hier Aussetzer oder Systemabstürze."
PC Magazin 6/98, Booklet PC-Tuning-Report, S. 23 ff.

„ Es existieren Millionen Möglichkeiten, einen PC zu konfigurieren. Tausend Tips & Tricks helfen in Spezialfällen nahezu Unmögliches doch möglich zu machen.
Bevor Du verrückt wirst beim Versuch, eine Grafikkarte im neuen AGP-Platz stabil zum laufen zu bringen, sollte Dir eine Tatsache klar sein: Neue Techniken brauchen immer eine Weile, bis sie funktionieren."
Nickles a. a. O., S. 43

Fast schon „erfreulich" müßte man den Zustand nennen, daß solche Fehler **meist** gleich beim Einschalten auftreten. Freilich, wenn Sie den gleichen DMA für zwei Adapter vergeben, die sich (fast) nie in die Quere kommen, sondern vielleicht nur einmal beim Jahresabschluß, dann tritt Absturz mit Datenverlust eben erst dann auf.

Auch wenn es bisweilen verdrängt wird, es ist eine Grundtatsache, daß ein guter Teil der Rechenleistung und Geschwindigkeit, die durch die ständig steigende Leistungsfähigkeit der Chips heute möglich sind, dafür aufgeht, Kompromisse, Tricks und schlicht Murks des Designs aus der ersten Computergeneration zu kompensieren. Mit jeder neuen Gerätegeneration (also jedes Quartal) wird die Lage schlechter.

Ganz ohne jegliches Fachwissen können Sie in einem derartigen Umfeld nicht einmal Ihre EDV-Berater auswählen, beauftragen und überwachen.

Sowie es für jeden Handwerker seit jeher selbstverständlich ist zu wissen, wie sein Handwerkszeug funktioniert, also ein Installateur sein Schweißzeug zerlegen und wieder zusammensetzen und ein Maler seine Farben mischen kann, so wird wohl auch jeder die grundlegendsten technischen Strukturen des PCs erlernen müssen.

Jeder Taxilenker kann Auto fahren (oder sollte es zumindest können), allerdings werden nur manche hin und wieder ihren Zylinderkopf selbst austauschen. Ähnlich wird für den Computernutzer wohl das Installieren von Programmen zu den Grundkenntnissen gehören, während das Ein- und Ausbauen von Adaptern und Festplatten nicht so ganz jedermanns Sache sein dürfte.

Einen Effekt allerdings sollte jeder Computeranwender kennen, den **Altlasteneffekt:**

„Stell Dir vor, irgendwo steht ein PC mit Windows 95, er läuft absolut perfekt, alles funktioniert erstklassig, es gibt nie Abstürze, der Rechner ist eine echte Traumkiste. Trotzdem: Kein Mensch auf der Welt, nicht einmal der größte Hardwareguru und erst recht keine Diagnosesoftware aus diesem Jahrhundert kann beweisen, daß dieser Rechner perfekt ist. Irgendwo in ihm kann eine Bombe ticken. Diese Bombe kann sich irgendwann klammheimlich eingenistet haben.

- *Weil Du irgendwann einmal eine Betaversion des Internet-explorer ausprobiert hast,*
- *Weil Du irgendwann eine englische Software auf einem deutschen Windows 95 installiert hast,*
- *Weil irgendwann einmal eine Uninstallroutine versagt und Trümmer hinterlassen hat oder*
- *Weil eine Komponente Macken hat; der direkt X-Treiber, der Drukker-Treiber, eine installierte Schriftart oder was auch immer.*

Sie kann Dir immer blühen: Die Neuinstallation.“

Nickles a. a. O., S. 55

Hochspannung █

Moderne Halbleiterelemente, wie Speicher und Prozessoren, bestehen aus mehreren übereinandergelegten Schichten verschiedener Materialien, die oft nur einige Atomlagen dick sind. Um sie überhaupt herstellen zu können, wird das Material „aufgedampft", d. h., die maßgeblichen Schichten sind oft dünner als die reflektierende Schicht auf der Rückseite eines Spiegels! Klar, daß derartige Schichten anfällig sind gegen zu hohe Spannungen.

Hochspannung im Sinn von kurzfristigen Impulsen (6000 Volt während zwei Tausendstel Sekunden reichen schon) kommt häufiger vor, als man glaubt. Das Stromnetz ist mit solchen Spannungsspitzen verseucht, Umschaltspitzen aus dem E-Werk oder direkte oder indirekte Einwirkung von Unwettern sind nur Beispiele, wie Tausende Volt auch den Weg in Ihren PC finden können. Dabei muß eine derartige Spannungsspitze keineswegs das ganze Gerät zerstören. Vielmehr kann es zum Teilausfall einzelner Komponenten kommen.

Mindestens ebenso häufig erfolgen Beschädigungen durch die Einwirkung statischer Elektrizität. Schon die Armbewegung, um eine Tasse Kaffee zu trinken, kann ausreichen, um die Hand mit so viel statischer Elektrizität aufzuladen, daß der danach berührte Computerchip seinen Geist aufgibt.

Glücklicherweise ist einiges besser geworden. Meistens hält man sich auch an den Rat, ein geerdetes Metallstück zu berühren, bevor man im Gerät Änderungen vornimmt, wie z. B. den Austausch eines Adapters.

Die rechtliche Implikation all dessen ist, daß bei **einmaligen, zufällig auftretenden Störungen** der Beklagte eine überaus effiziente Verteidigungslinie in der Hand hat: Immer kann er behaupten, es wäre die ominöse Höhenstrahlung gewesen. Kein Sachverständiger war dabei, keiner hat gesehen, wie die entscheidenden Elektronen aus der Zelle geschlagen wurden. (Das kann man auch nicht sehen, sondern nur theoretisch messen.) Sie als Kläger stehen mit leeren Händen vor Gericht, zumal durch den Reset sämtliche Speicherinhalte restlos beseitigt wurden.

> Nicht reproduzierbare Geräte- und Programmfehler sind ein Bereich, in dem eine Schadenersatzklage sehr schwierig sein wird.

Selbst wenn durch nicht reproduzierbare Ausfälle Großschäden auftreten (Flugzeugabstürze, etwa durch Öffnen der Schubumkehr, Fehlfunktionen von Industrierobotern, Abschalten der Herz-Lungen-Maschine während einer Operation u. ä.), ist die Prozeßprognose für die Kläger im allgemeinen ungünstig, besonders wenn sich das System (nicht auch der Patient!) anschließend wieder zum Leben erwecken ließ und danach wieder ordnungsgemäß funktionierte. Immerhin, bei sicherheitsrelevanten Systemen wird eine Fehler- und Ausfallsicherheit als Bestandteil des zugesagten oder stillschweigend vereinbarten Maßstabes zu gelten haben. Dennoch wird man in solchen Hochrisikobereichen auch mit entsprechendem Risikokalkül und Sicherungsmaßnahmen in technischer Hinsicht arbeiten müssen.

Besser sieht die Angelegenheit natürlich aus, wenn ein Fehler reproduzierbar ist. **Reproduzierbare Ausfälle** haben es an sich, daß bei hinreichender Anzahl von Wiederholungen und entsprechendem Aufwand eine präzisere Rekonstruktion des Kausalverlaufes im allgemeinen möglich sein wird.

Dabei darf die Vielfalt der möglichen Schädigungen nicht über die an sich einfache juristische Grundstruktur hinwegtäuschen: Schadenersatz ist gewissermaßen „digital". Entweder man bekommt ihn oder nicht. Wenn man dem Grunde nach einen Anspruch nachweisen kann, ist die Liquidation mehrerer, auf der gleichen Ursache beruhender Ansprüche an sich nur mehr ein Abwicklungsproblem. D. h., es macht keinen wesentlichen Unterschied, ob Sie 200 EUR für die Miete eines Ersatzcomputers haben wollen oder 5.000.000 EUR als Ersatz für das durch den „durchgedrehten PC" abgefackelte Spanplattenwerk. Immer müßten Sie als Kläger zunächst die Hürde des Kausalitätsnachweises nehmen.

3.1 Die „Schwarzen Löcher" in der EDV

Hochspannung und Höhenstrahlung, Stromausfall und Bedienungsfehler sind nur für einen kleinen Teil der Computerausfälle tatsächlich verantwortlich. Rechtlich sind sie aber immer eine brauchbare Ausrede, weil der Gegenbeweis durch den Anwender in den meisten Fällen nicht geführt werden kann!

Diese Schwächen haben nun aus der Sicht des Nutzers mehrere unangenehme Folgen:

a) Sie sind alle längst bekannt und veröffentlicht, d. h., Sie können keineswegs so ohne weiteres behaupten, daß das Vorhandensein dieser Schwächen ein Mangel wäre. Im Gegenteil, Sie haben womöglich gekauft, obwohl Sie diese Sachverhalte kannten oder kennen mußten. Da kann man nur sagen: Selber schuld!

b) Die Veröffentlichungen liegen so weit zurück, daß Sie sich nicht daran erinnern können, oder sie sind so unverständlich, daß Sie als „durchschnittlicher Anwender" ohnehin nichts damit anzufangen wissen.

c) Trotz oder gerade wegen dieser bekannten (und theoretisch durch ein neues Systemdesign bei Computern und Programmen leicht beseitigbaren) Schwächen lebt eine ganze Beraterbranche nur davon, Geräte und Programme am Laufen zu halten, die mit Datendurchsatzraten und Leistungen arbeiten, wofür diese Systeme niemals ausgelegt waren. Es ist, als würde man einem Trabi einen Zwölfzylinder Benz-Motor einbauen: Nur noch auf der Geraden Gas geben.

Man kann daher mit Fug und Recht bei allen unseren heutigen PCs von „Systemen mit beschränkter Haftung" sprechen. Keiner, nicht einmal die größten Experten wissen genau, was sie tun.

Wären es nicht gerade Computer, ginge es also um eine andere Maschine, der Sie Ihr Vermögen, Ihre Gesundheit, womöglich Menschenleben anvertrauen, das böse Wort von der „Einlassungsfahrlässigkeit" wäre naheliegend! D. h., Sie müßten mit dem Schuldvorwurf rechnen, daß Sie objektiv gefährliche und nur bedingt geeignete Werkzeuge bzw. Maschinen eingesetzt haben.

Nur bei Computern ist – scheinbar – alles anders. Hier wird Absturz, Fehlfunktion und Schadensverursachung als quasi schicksalsgegeben hingenommen. Anscheinend besteht unser allgemeines Lebensrisiko nun eben einmal darin, an Herzversagen wegen Computerabsturz zu sterben.

Unbegreiflich ist, wie man sich das in einem liberalen Rechtsstaat mit marktwirtschaftlicher Grundverfassung als Kunde schon seit vielen Jahren gefallen lassen kann. Es hat den Anschein, als ob diese technologischen Risiken nur noch einer verschworenen Bastlergemeinde bekannt, im übrigen aber ziemlich unbewußt wären.

Wenn Ihr Computerausfall auf eine der folgenden Ursachen zurückzuführen ist oder zumindest sein könnte – und Sie beim Kauf nichts anderes vereinbart haben –, sind Ihre Karten schlecht (das nächste Mal wird Ihnen das hoffentlich nicht mehr passieren):

1. Kauf trotz dokumentierter, beim Kauf benannter oder **allgemein bekannter** Fehler:
   Selbst Schuld, kein Mitleid für den, der Schrott kauft! (Dies bezieht sich auch auf teure Markengeräte!)

2. Einwirkungen von Höhenstrahlung:
   Nicht dokumentierte, nicht reproduzierbare Abstürze oder Fehlfunktionen sind nach dem heutigen Stand der Technik eben nun einmal nicht auszuschließen. Wer mit einem PC zum Mond fliegen will, ist selbst schuld. Wenn Sie ein sicheres System brauchen, müssen Sie etwas anderes verwenden.

3. Hochspannung:
Unerklärliches, plötzliches Gerätesterben, nachdem es einmal funktioniert hat, kann schon mal passieren.

4. Bedienungsfehler:
Häufigste tatsächliche Schadensursache und häufigste Ausrede in einem.

5. Stromausfall, Stromschwankung, Stromunterbrechung.

6. Abnutzung, Alterung.

Was bleibt dann noch übrig, um gerechtfertigte Ansprüche durchzusetzen? – Mehr als genug!

Gute Erfolgsaussichten bestehen, wenn der **Fehler reproduzierbar** ist, weil Höhenstrahlen, Hochspannung, Stromausfall und Bedienungsfehler dann nachweislich ausgeschlossen sind. Das ist auch der Grund, weshalb sich die EDV-Branche bemüht, reproduzierbare Fehler als allgemein bekannte Fehler hinzustellen, deren Eintreten durch den Kauf eben „in Kauf genommen" wird. „Leider" erfolgt der Wandel bei Geräten und Programmen so schnell, daß die Hersteller mit der Fehlerpublikation nicht nachkommen und so mehr als genug Material für aussichtsreiche Klagen wegen Computerausfall übrig bleibt.

4. Wie gewinne ich einen EDV-Prozeß?

Gewinne ich meinen Prozeß? Diese Frage wird mir von vielen Klienten gestellt. Leider oft zu spät, dann nämlich, wenn der Streit schon vom Zaum gebrochen ist. Dabei können Sie jeden Prozeß gewinnen, ohne viel Sachverstand (redlicherweise vorausgesetzt, Sie sind tatsächlich im Recht).

Seltsamerweise gibt es auf der Universität für Juristen zwar Vorlesungen zu allen möglichen Themen, nicht aber zur Frage, wie man einen Prozeß gewinnt. Vermutlich ist das Thema zu praxisorientiert, vielleicht entzieht sich der Gegenstand auch wissenschaftlicher Durchdringung und Erforschung.

Um die Frage zu beantworten, muß man zunächst das zentrale Grundprinzip juristischer Entscheidungen betrachten: Richter (und auch Verwaltungsbeamte) entscheiden meist über Sachverhalte, von denen sie keine unmittelbare Kenntnis durch eigene Wahrnehmung haben. Wird ein Richter etwa Zeuge eines Verkehrsunfalles und soll er dann in dieser Sache entscheiden, so kann man ihn ablehnen. Das System stellt also typischerweise sicher, daß der, der die Entscheidung trifft, nur mittelbare Informationen über den Sachverhalt hat. Prinzipiell kennt der Richter die Wahrheit zunächst überhaupt nicht.

Nur eines ist gewiß: Mindestens einer der beiden Streitteile wird objektiv die Unwahrheit erzählen oder einen falschen Standpunkt einnehmen, beide können nicht zugleich Recht haben. Der Richter bekommt also sein Gehalt dafür, daß er sich lebenslänglich Geschichten anhört und dann herausfindet, wer „den Schmäh erzählt" hat.

> Richter beurteilen daher immer eine virtuelle Realität; ihr Bild von der Wahrheit.

In Urteilen heißt dieses Bild der „als erwiesen angenommene Sachverhalt". Dieser Sachverhalt muß mit dem tatsächlichen Sachverhalt überhaupt nicht übereinstimmen. Es ist zwar das Ziel der Prozeßordnung, daß das Bild des Richters vom Sachverhalt mit dem wahren Sachverhalt übereinstimmt, mindestens eine der Prozeßparteien hat aber das ganz gegenläufige Ziel. Manch seltsam anmutende Entscheidung und der Unterschied zwischen „Recht haben" und „Recht bekommen" gründen sich auf den Unterschied zwischen dem virtuellen Bild, das der Richter seiner Entscheidung zugrunde legen muß, und dem wahren Sachverhalt.

Damit ist auch die eingangs gestellte Frage beantwortet: **Sie gewinnen jeden Prozeß, wenn es Ihnen gelingt, für den Richter das überzeugende Bild zu malen.** Anders ausgedrückt: Sie können noch so sehr im Recht sein, ohne Beweise gilt der alte Juristenspruch: „Was nicht im Akt ist, ist nicht in der Welt."

Viele Mißverständnisse zwischen Richter, Anwalt und Mandanten resultieren daraus, daß der Mandant den wahren Sachverhalt beobachtet hat – also kennt – und seine Schlüsse aus diesem Sachverhalt (zumindest aus seiner Sicht des Sachverhaltes) ableitet, während der Richter zu einem ganz anderen Bild des Sachverhaltes kommt. Unterstellen Sie nur das Beispiel, daß beide Pkw-Lenker angeblich gleichzeitig bei Grün in die Kreuzung eingefahren sind und demnach reklamieren, schuldlos zu sein. Es kommt nicht darauf an, tatsächlich bei Grün in die Kreuzung gefahren zu sein, sondern darauf, den Richter zu überzeugen, daß man Grün hatte, als man einfuhr. **Ebenso kommt es nicht darauf an, den Vertrag so zu erfüllen, wie man den Text selbst liest, sondern so, wie ihn das Höchstgericht im Bedarfsfall auslegt.**

Prozesse zu führen ist eine Art spezialisierter Geschichtsforschung. Die Tätigkeit vor Gericht ähnelt der eines Historikers: Man versucht, den Verlauf der Geschichte zu rekonstruieren, freilich eingeschränkt auf einen bestimmten Ort und wenige Sekunden, wenn nämlich die Frage strittig ist, was A und B im Verkaufsgespräch vereinbart hätten.

In diesem Zusammenhang müssen oft alle möglichen Leute mehr oder weniger sinnvoll befragt werden, ob sie denn überhaupt zum gegebenen Zeitpunkt im Geschäftslokal waren, wenn ja, in welcher unmittelbaren Nähe zu den Sprechenden, was sie denn wörtlich gehört haben und warum sie sich an die eine Äußerung wohl, an die andere nicht mehr erinnern können (all das Jahre nach dem Gespräch), wieso sie, wenn sie schon Zeugen dieses so wichtigen Gesprächs geworden sind, nicht das eine oder andere unternommen hätten usw. usw. Man kann ganze Tage mit solchen Befragungen verbringen.

Der Leser fragt allerdings zu Recht nach Alternativen: Ein Prozeß kommt immer nur dann zustande, wenn die beiden Beteiligten verschiedener Annahme sind, was denn der Richter glauben werde. Irren sich beide in die gleiche Richtung, so herrscht auch Frieden.

Die zentrale Aufgabe ist daher die systematische Schaffung von Beweismitteln, um den Richter im Bedarfsfall vom eigenen Bild des Sachverhalts überzeugen zu können. Die Betonung liegt auf **systematisch**.

4.1 Die drei Zutaten für jeden erfolgreichen Prozeß: Geld, Beweise, Rechtsanspruch

Prozesse sind teuer, relativ und absolut. Dies hat viele gute Gründe. Nicht nur, daß die damit befaßten Experten, Juristen und Sachverständige, davon leben müssen. Die **Kostenbarriere** stellt **auch eine Selbstschutzeinrichtung** für das Gericht dar. Gerechtigkeit ist ein wertvolles Gut, gesellschaftlich, moralisch, psychologisch, aber auch wirtschaftlich.

Stellen Sie sich einmal vor, das Gericht würde kostenlos und sofort entscheiden: Wer wollte sich dann noch der Mühe einer friedlichen Lösung unterziehen, wer ein Risiko eingehen? Lange Verfahrensdauer und Kostenbarrieren sind daher notwendige Schranken, die eingeführt und aufrecht erhalten werden müssen, um den Justizapparat in seiner Funktion zu erhalten. Kostenlose Sofortjustiz für jedermann ist unfinanzierbar.

Unglücklicherweise sind die Sachverständigenkosten in EDV-Prozessen besonders hoch. Zumeist müssen vom Gericht EDV-Berater oder technische Sachverständige beigezogen werden, die dann in zeitaufwendigen Untersuchungen die Fehlerursachen erkunden, reproduzieren und dokumentieren, bevor sie ein Gutachten über den Ursache-Wirkung-Zusammenhang, die rechtlich relevante Kausalität, erstatten können.

Angenommen, Ihr Gerät funktioniert nicht. Sie vermuten einen Defekt der Netzwerkkarte (Wert 50 EUR). Nach dreijährigem Prozeß stellt sich heraus, daß das Fremdwährungsmodul des Buchhaltungsprogrammes einen exotischen Fehler aufweist: Immer dann, wenn an geraden Tagen eines ungeraden Monats das Yen-Zeichen in der letzten Buchungszeile steht, ruft eine Division durch null den Programmabsturz hervor. Da Ihr Unternehmen nur selten Yen verbucht, war die Kausalität niemandem aufgefallen, nur zeitaufwendige Recherchen des Sachverständigen brachten den wirklich Schuldigen an den Tag. Der Lieferant der Netzwerkkarte wird aber freigesprochen, und Sie zahlen so Prozeßkosten in der Höhe von 50.000 EUR – das ist das Tausendfache des Wertes der Netzwerkkarte.

Hierin liegt ein wesentlicher Grund dafür, daß die EDV-Branche rechtlich bisher weitgehend ungeschoren davonkam:

a) Der Kunde ist einfach nicht in der Lage, den exakten Kausalzusammenhang, der zum Fehler führt, zu erkunden.

b) Durch die verfallenden Geräte- und Programmpreise und die stetig steigenden Prozeßkosten entsteht ein enormes Mißverhältnis zwischen Kosten-, Zeitaufwand und möglichem Erfolg.

4.1.1 Geld: Sparen oder Rechtsschutz versichern!

Der erste Schritt gegen diesen Mißstand ist, daß Sie sich das für eine Prozeßführung erforderliche Geld verschaffen. Theoretisch könnten Sie es ansparen. Der Vorschlag ist aber nicht wirklich praktikabel. Ich rate Ihnen zum Abschluß einer Rechtsschutzversicherung, die das Kostenrisiko abdeckt.

Das Kostenrisiko trifft beide Prozeßparteien. Häufig sind Computerhändler nicht rechtsschutzversichert (nicht zuletzt wegen der in diesem Gewerbe hohen Risiken und damit auch hohen Prämien). Sind Sie versichert, Ihr Gegner nicht, dann wendet sich die oben dargelegte Kostenbetrachtung jetzt gegen ihn: Er riskiert wegen 50 EUR 50.000 EUR an Prozeßkosten. Erfahrungsgemäß ist in solchen Situationen schon der Hinweis auf eine bestehende Rechtsschutzversicherung ein wirksames Argument.

Allerdings gibt es in puncto Rechtsschutz einige Feinheiten zu beachten, wenn Sie es sich auch leisten können wollen, Recht zu bekommen.

Ausreichender Versicherungsschutz █

Hier sind **sachlicher Umfang** der Police und **Versicherungssumme** zu unterscheiden. Am Markt wird eine kaum noch überschaubare Vielzahl von Vertragsinhalten angeboten. Im Privatbereich werden die erforderlichen Risiken mit „Allgemeiner Vertragsrechtsschutz" bezeichnet, im Firmenkundengeschäft haben sich die verschiedensten Bezeichnungen eingebürgert.

Wesentlich ist, daß laut Text der Versicherungsbedingungen, die Sie vor Abschluß unbedingt genauestens prüfen sollten, nicht nur alle Streitigkeiten aus Verträgen über die Beschaffung (also Kauf- und Werkverträge sowie Nutzungs- und Lizenzverträge) von Hard- und Software jeder Art umfaßt sind, sondern auch die Verfolgung von Gewährleistungs-, Irrtumsanfechtungs-, Schadenersatz- und Produkthaftungsansprüchen sowie die Abwehr von Zahlungsklagen. Gerade im Firmenkundenbereich ist es häufig schwierig, das Risiko, von EDV-Unternehmen auf Kaufpreis/Werklohn/Lizenzgebührzahlung oder Unterlassung der Nutzung des Programmes bei Nichtzahlung geklagt zu werden, zu versichern, weil es sich dabei um einen Passivprozeß handelt. Noch problematischer (wenngleich ratsam) ist die Versicherung von Wettbewerbsansprüchen auf der Beklagtenseite.

Genauso wichtig wie der sachliche Umfang der Rechtsschutzversicherung ist eine ausreichende Versicherungssumme. Grundsätzlich gibt es zwei Modelle:

1. Das **Streitgegenstandsmodell**: Wird der versicherte Streitgegenstandswert überschritten, entfällt jeder Versicherungsschutz; darunter wird ohne jede Begrenzung für Verfahrenskosten gehaftet.

2. Das **Versicherungssummenmodell**: Hier spielt der Streitwert keine Rolle, aber nur Kosten bis zu einer bestimmten Versicherungssumme werden bezahlt.

Es gibt auch Kombinationsmodelle. Ungünstige Kombinationen können besonders im Unternehmensbereich bisweilen dazu führen, daß man im Bedarfsfall vor einem fehlenden oder zu geringen Rechtsschutz steht und damit erst wieder zur Kapitulation gezwungen wird.

Ein anderes Problem ist das Recht der freien Anwaltswahl: Gerade in EDV-Prozessen ist technisches und auch rechtliches Spezialwissen erforderlich, so daß das Recht der freien Anwaltswahl für Sie wichtig ist.

Schließlich gilt es, leistungsfreie Zeiten, Risikoausschlüsse und Obliegenheitsverletzungen zu beachten:

Manche Rechtsschutzversicherungen treten erst drei Monate nach Abschluß/Zahlung der ersten Prämie in Kraft. Achten Sie in diesem Fall darauf, daß Sie Ihr Gerät nicht zu früh kaufen.

Grundsätzlich gilt, daß ein brennendes Haus nicht mehr versichert werden kann. Wenn Sie bereits ein akutes EDV-Rechtsproblem haben, also schon ein entsprechender Streit entstanden ist, fällt dieser nicht in den Deckungsumfang einer neu abgeschlossenen Rechtsschutzversicherung.

Außerdem enthalten viele Verträge Klauseln, wonach z. B. risikoerhöhende Umstände, wie etwa die Anschaffung mehrerer Computer oder die Beschaffung aus unsicheren Quellen (Importe), gemeldet werden müssen oder Prozesse vor ausländischen Gerichten (sehr häufig!) gar nicht versichert sind.

Alles in allem ist der rechtzeitige und sachgerechte Abschluß einer ausreichenden Rechtsschutzversicherung eine nicht ganz einfache Aufgabe und eine brauchbare Übung, wenn man sich die Risiken vergegenwärtigen will, die man eingeht, wenn man daran denkt, EDV einzusetzen.

Von besonderem Vorteil ist es, wenn die Versicherung im Bedarfsfall auch die vorprozessuale Begutachtung des Schadens/Problems durch einen Privatsachverständigen bezahlt, weil Sie ja selbst manchmal nicht in der Lage sind, die eigentliche Schadensursache festzustellen und den richtigen Beklagten auszuwählen.

Bisweilen sorgt dann auch die verlangte Prämie für ein „Aha-Erlebnis" in puncto realistischer Einschätzung des Risikos.

Eine Checkliste für Ihre Rechtsschutzversicherung finden Sie im Kapitel 22.2.

4.1.2 Beweise! Beweise! Beweise!

Die geordnete Dokumentation des Beschaffungs- und Fehlerfalles muß permanent und organisiert betrieben werden. Zufallsfunde mögen zwar im Einzelfall hilfreich sein, wenn Sie aber wissen wollen, wie Sie einen Prozeß gewinnen, so gibt es darauf nur eine Antwort: die systematische, geordnete Dokumentation aller Vereinbarungen und technischen Gegebenheiten. (Genau genommen müßten Sie natürlich nur jene Vereinbarungen und Gegebenheiten dokumentieren, über die Sie dann Prozeß führen. Doch wer weiß schon im vorhinein, was zur Streitfrage wird? Wer kennt schon die Intentionen seines Gegenübers?)

Bei Gericht gilt der Grundsatz der freien Beweiswürdigung. Es ist daher durchaus möglich, 47 Zeugen, auch wenn darunter prominente Personen sind, als unglaubwürdig zu beurteilen und einer einzigen Zeugin Glauben zu schenken.

Die Anzahl der Beweismittel ist kein Garant für einen Prozeßgewinn !

Gericht, Börse und Casino haben gemeinsam, daß allein aus der Tatsache, daß die betreffende Institution noch immer existiert, der Schluß gezogen werden kann, daß es kein (bekanntes) Verfahren gibt, den Ausgang mit Sicherheit vorherzubestimmen.

Gerade weil man den Beweiswert eines Beweismittels in einer konkreten Situation so schlecht einschätzen kann, ist es erforderlich und möglich, durch die geordnete Schaffung einer Vielzahl von Beweismitteln einen sicheren Standpunkt, einen sicheren Ausgangspunkt für den Prozeß zu schaffen. Dabei gelingt es bisweilen, insbesondere mit schriftlichen, beiderseitig gegengezeichneten Urkunden aller Art, eine so klare Ausgangslage zu schaffen, daß es gar nicht erst zum Prozeß kommt.

Umgekehrt, wenn Sie gerne einmal einen Prozeß mit ungewissem Ausgang führen möchten, sollten Sie nach Möglichkeit einige widersprüchliche mündliche Vereinbarungen mit verschiedenen, nur teilweise kompetenten Leuten treffen, die sich dann an nichts mehr erinnern können (Vertreter, „Marketingtechniker").

Mit einer geordneten Dokumentation, insbesondere der getroffenen Vereinbarungen, können Sie Ihr Prozeßrisiko also erheblich senken. Allerdings ist es eine Eigenart gerade des EDV-Wesens, daß häufig schon die Information fehlt, was denn zu vereinbaren und/oder zu dokumentieren wäre.

Grundsätzlich können Sie davon ausgehen, daß Sie als Kläger für Ihre Tatsachenbehauptungen beweispflichtig sind. Aber auch dann, wenn Sie einmal Beklagter sind, ist es kein Fehler, wenn Ihr Standpunkt durch umfassende Beweismittel unterlegt ist. Das aber setzt Information voraus, Information, die, hätten Sie sie rechtzeitig gehabt, die Schadensentstehung verhindert hätte. Damit stehen Sie in der EDV ohne ein gewisses Maß an technischem Know-how auf verlorenem Posten.

4.1.3 Recht: Kein Ersatz für fehlende Kenntnisse und fehlende Beweise!

Informationen und Beweise sind das Fundament jedes Prozesses. Es liegt an Ihnen herauszufinden, welcher Sachverhalt gegeben ist, ob er rechtlich relevant ist, wo die Ursachen liegen, wer schuld daran ist. Das Gericht ist der Ort, an dem der bekannte Sachverhalt dann bewiesen wird, nicht etwa der Ort, an dem erst einmal geklärt wird, worum es überhaupt geht.

Es ist damit Ihre oft mühselige Aufgabe, den Schadensverlauf zu erkunden, damit Sie überhaupt den Schädiger feststellen können. Wenn als Schädiger beispielsweise der Verkäufer des Gerätes oder jener des Betriebssystemes oder der des Anwendungsprogrammes oder der des Netzwerkprogrammes oder ein Bedienungsfehler in Betracht kommen, dann können Sie, wenn Sie auf Nummer sicher gehen wollen, alle klagen. (Ist der für den Bedienungsfehler Verantwortliche Ihr Mitarbeiter, dann ist für den Prozeß das Arbeitsgericht zuständig.) Allerdings hat das Verfahren den Nachteil, daß wahrscheinlich bloß einer schuldig ist, d. h., drei Unschuldige mitgeklagt worden sind, was in kostenmäßiger Hinsicht mit Sicherheit fatal endet.

Computerausfälle muten oft einigermaßen „geheimnsvoll" an. Je komplexer die Zusammenhänge, desto mehr fachliche Kompetenz ist gefragt. Wie schwierig es sein kann, Kausalzusammenhänge und damit Schadensursache und -verursacher aufzudecken, soll dieses Beispiel veranschaulichen:

Bei einem Nutzer eines namhaften Buchhaltungsprogrammpaketes ereigneten sich wiederholt Programmabstürze. Eine nähere Kausalität zu irgendwelchen Sachverhalten konnte zunächst nicht festgestellt werden, was Hardwarefehler vermuten ließ und zum kompletten Austausch der Hardware und einigem Suchaufwand führte.

In weiterer Folge stellte sich heraus, daß es die meisten Programmabstürze beim Probedruck gab. Bei diesem Vorgang sollten die am Bildschirm sichtbaren Daten probeweise ausgedruckt werden. Allerdings ereigneten sich die Programmabstürze nicht immer, sondern nur bei der Auswahl bestimmter Menüpunkte/Programmfunktionen, wie z. B. bei der Eingabe einer neuen Kalenderwoche, Escape, bei Einzelaufträgen u. ä., und nur dann, wenn anschließend sofort der Probeausdruck gestartet wurde.

Durch einen Kalt- oder Warmstart (Reset) konnte das System wieder zum Laufen gebracht werden, wobei die gerade geöffnete Datei als nicht ordnungsgemäß geschlossen markiert war. Dies betraf einige, aber nicht alle Dateien, so daß begonnene Buchungen in manchen Konten verrechnet wurden, in anderen nicht.

Die Datenreorganisation wies Verkettungsfehler auf, die nie korrigiert werden konnten. Man konnte allerdings die ungültigen Datenstammsätze entfernen, mit der Folge, daß die ordnungsgemäß gebuchten Aufträge entfernt wurden, die unvollständigen hingegen erhalten blieben.

Es liegt auf der Hand, daß ein Kunde, besonders wenn mehrere Personen gleichzeitig Buchungen durchführen, Art und Auswirkungen der Fehler nicht sofort in ihrer vollen Tragweite erkennt. Letztlich legt sich das System damit aber selbst lahm.

Wesentlich zur Aufklärung des Fehlers trug der Rat des EDV-Unternehmens bei, den No-Name-PC durch sündteure Markengeräte zu ersetzen. Dieser Rat war zwar objektiv falsch, grenzte aber die Fehlerursache wesentlich ein, da der Fehler weiterhin auftrat.

Auch eine Überprüfung der Netzspannung mit einem digitalen Speicher-Multimeter erbrachte keine auffälligen Schwankungen. Erst eine aufwendige und langwierige Begutachtung durch den Gerichtssachverständigen förderte dann, teils zufällig, den Programmfehler zutage: Wenn in auszudruckenden Texten, beispielsweise Rechnungstexten, Worte vorkamen, die MS-DOS-Befehlen entsprachen, führte dies zum Absturz.

Ein DOS-Befehl ist der „DIR-Befehl". War zufällig im Bildschirminhalt die Zeichenfolge DIR, so führte dies zum Absturz. Unglücklicherweise wird mit DIR die Berufsbezeichnung „Direktor" abgekürzt. Erschwerend kam noch hinzu, daß DIR. nicht zum Absturz führte, d. h., nur wenn die Sekretärin in der Anrede den Punkt „vergessen" hatte, ereignete sich der Absturz. Auch das Wort „prompt" – in Angeboten und Rechnungen durch die Formulierung „prompt netto Kassa" durchaus häufig – führte als DOS-Befehl, der mitten im Programmmodul aktiviert wurde, zum Absturz.

Der Sachverständige kam in diesem Fall zum Ergebnis, daß aufgrund der Vielzahl der Programmmodule, von denen nur eines – und dieses nur teilweise – defekt war, der Kunde den Fehler kaum hätte erforschen können. Dazu hätte er ja sämtliche in den Computer eingegebenen Daten händisch mitschreiben müssen, bis sich ein Absturz ereignet, und das so oft, daß eine statistische Signifikanz in puncto DOS-Befehle im Eingabetext erkannt worden wäre.

Dies war auch der Grund dafür, daß das Gericht dem Kunden den Anspruch auf Ersatz sämtlicher Kosten der jahrelangen Suchaktion zusprach, die letztlich Hard- und Softwarepreis der ursprünglichen Installation um ein Vielfaches überschritten hatten.

4.1.3.1 Fachkompetenz von außen – EDV-Berater?

Mit dem Computer wurde auf breiter Front eine neue Technologie eingeführt. Die Situation läßt sich durchaus mit der Entwicklung des Automobils vergleichen: Seinerzeit hatten Sie die Wahl, sich einen Chauffeur zuzulegen oder selbst fahren zu lernen.

Immer dann, wenn wir nicht ausreichend sachkundig sind, müssen wir uns, sei es nun beim Kauf oder beim Sammeln des Tatsachenwissens für einen EDV-Prozeß, auf Berater verlassen. Schließlich ist oft eine entscheidende Hürde für eine erfolgreiche EDV-Klage, daß dem Geschädigten zwar klar ist, daß er geschädigt ist, er aber nicht gerichtsfest eruieren kann, wodurch und wie genau der Schaden oder Fehler entstanden ist. Damit gerät die Auswahl des Beraters zu einer existenziellen, zumindest aber wichtigen Frage.

Schon beim Kauf hat man die Wahl zwischen firmenabhängigen Beratern und unabhängigen Beratern. Gegen firmenabhängige Berater spricht, daß ein Teil ihrer Tätigkeit aus der Provision, die sie regelmäßig für den Verkauf der Produkte ihres Hauses erhalten, finanziert wird. Ein solcher Berater wird also immer davon profitieren, wenn er Sie von möglichst vielen seiner Produkte überzeugen kann. In der Informationsphase vor dem Kauf, wenn es also erst einmal um Vorabinformation geht, ist dieser Effekt noch nicht weiter dramatisch – schließlich können Sie Berater mehrerer Firmen befragen (und dann beim Diskonter kaufen). In weiterer Folge sollten Sie aber immer bedenken, daß die verhältnismäßig niedrigen Honorare firmenabhängiger Berater meist durch hohe Produktpreise kompensiert werden, nachdem die Leistung selbst ja nicht kostenlos sein kann.

Wirklich problematisch wird es mit Firmenberatern in einer vorprozessualen Situation. Auch dann, wenn Sie ihn bisher als verläßlichen und loyalen Partner kennengelernt haben, kann ich Ihnen nur raten, sich nach einem unabhängigen Berater umzusehen. Ein derartiger Sachverständiger wird zwar i. d. R. ein höheres Honorar fordern, dafür können Sie aber davon ausgehen, daß er nur Ihre Interessen verfolgen wird. Wichtig ist, daß dieser Berater wirklich unabhängig ist, worauf Sie bei der Auswahl besonders achten sollten.

In diesem Zusammenhang darf daran erinnert werden, daß EDV-Berater genauso wie Anwälte, Steuerberater, Notare, Ärzte, Architekten usw. für Kunstfehler bei der Beratung haften. Wenn Sie also beim Kauf als ahnungsloser Kunde einen (unabhängigen oder auch firmengebundenen!) Berater beiziehen und das Beratungsgespräch ordnungsgemäß dokumentieren, haben Sie eine faire Chance, ihn zur Verantwortung zu ziehen, wenn der von Ihnen bestellte Effekt nicht eintritt.

4.2 Warum scheitern Computerprozesse so oft?

Hier finden Sie zusammengefaßt die wesentlichsten Argumente, warum „Computerfritzen" so oft ungeschoren davonkommen, obwohl sie schuld sind. Sie können diese Liste durchaus auch im Sinne einer selbstkritischen Befundaufnahme lesen.

1. Mangels Kenntnissen: Der Fehler liegt zwar beim Hersteller, ich kann aber nicht genau genug sagen, was nicht klappt!
2. Mangels Dokumentation: Ich weiß zwar, warum es nicht klappt, kann aber die erforderlichen Beweismittel nicht herstellen.
3. Mangels Geld/Rechtsschutzversicherung: Der EDV-Prozeß würde das Tausendfache dessen kosten, warum es geht. Dieses Risiko will ich nicht eingehen
4. Wegen Fristablauf
5. Bei Kaufleuten: wegen fehlender Rüge unmittelbar nach Übergabe/ Übernahme, z. B. weil für einen vollen Test nicht genügend Personalkapazität vorhanden war bzw. zur Verfügung gestellt wurde.
6. Wegen Abhängigkeit vom Lieferanten: Bei einem Prozeß würde es zu Wartungsproblemen kommen!
7. Weil es einfach um zu wenig geht: Es ist billiger, wenn ich den Schaden selbst zahle und mich meinem eigenen Tagesgeschäft widme.

5. Wie vermeide ich einen EDV-Prozeß?

Häufig hört man, der beste Prozeß sei der, den man gar nicht hat führen müssen. Das ist absolut richtig, wenn damit gemeint ist, daß Sie Ihr Recht auch ohne Prozeß durchsetzen können. Einen Prozeß kann man aber auch immer vermeiden, indem man klein beigibt, egal um welchen Preis.

Unser Ziel aber muß sein, unsere Rechte so ökonomisch wie möglich, sowohl in zeitlicher als auch in finanzieller Hinsicht, **durchzusetzen** – also nach Möglichkeit ohne Prozeß.

Prozeßvermeidung fordert dreierlei:

1. ein gewisses Maß an Sachkompetenz,
2. einen hieb- und stichfesten EDV-Vertrag,
3. eine konsequente und gerichtsfeste Dokumentation des Schadensfalles.

5.1 Fachliche Kompetenz und präzise EDV-Verträge

Prozeßvermeidung als Strategie beginnt **vor** dem ersten Verkaufsgespräch. Wie bereits dargelegt, braucht es Sachkompetenz. Ohne jegliches einschlägiges Wissen ist es ein glücklicher Zufall, wenn keine Probleme auftauchen – sehr wahrscheinlich ist es nicht. Die Interessen der Verkäuferseite sind für den Kunden nicht immer das beste. Je ahnungsloser Sie sind, desto einfacher wird es sein, Sie über den Tisch zu ziehen. Schwarze Schafe gibt es bekannlich überall, nicht zuletzt in der Computerbranche.

Der zweite Schritt muß sein, einen hieb- und stichfesten EDV-Vertrag zu formulieren. Sie werden sich vielleicht wundern, warum Sie in diesem Buch kein Muster für einen EDV-Vertrag finden. Ich verfolge hier ganz absichtlich ein anderes Konzept: Das wichtigste an einem EDV-Vertrag ist nicht das Kleingedruckte, sind nicht die Haftungsausschlußklauseln und die Verpflichtung zum immerwährenden Bezug von Hard- und Software aus der allein seligmachenden Lieferantenquelle. Das wichtigste im

Streitfall ist der **Leistungsmaßstab**: Was muß wie und wo geliefert werden, was hat zu funktionieren?

Vertragsmuster wiegen den Anwender in einer trügerischen Scheinsicherheit. Die Leistungsspezifikationen, das Herzstück eines jeden Vertrages, sind in jedem Fall unterschiedlich – zumindest unterschiedlich genug, daß gerade kein Muster formuliert werden kann. So wie Sie nicht mit der Vorstellung zu Ihrem Architekten kommen, daß er einen Musterplan für Ihr individuelles Wohnhaus haben wird, so ist es auch nicht möglich – oder zumindest nicht sinnvoll –, einen Universal-EDV-Vertrag zu formulieren.

Gerade deswegen ist das Kapitel über die Leistungsmaßstäbe (vgl. Kapitel 6.3) eines der wichtigsten in diesem Buch. Denn im Streitfall wird es sich als entscheidend erweisen, ob Sie in Ihrem EDV-Vertrag Ihr individuelles Leistungsziel gerichtsfest spezifiziert haben.

Neben den Leistungsspezifikationen gibt es noch einige weitere Punkte, für die Sie in Ihrem EDV-Vertrag vorsorglich Regelungen treffen sollten, insbesondere betrifft das:

- Fristen,
- Beweislast sowie
- Schadensberechnung.

Fristen ▌

Die meisten gesetzlichen Fristen können durch Vertrag verlängert werden.

Sie sollten daher (auch und besonders beim Handelskauf!) folgendes vereinbaren:

„Prüf- und Rügepflicht sowie Klagsfrist wegen aller Gewährleistungs-, Irrtumsanfechtungs- und Schadenersatzansprüche fünf Jahre ab Kauf/ Vertragsabschluß/vollständiger Lieferung und Einschulung bzw. voller Kenntnis des Sachverhaltes.“

Eine solche Vereinbarung verschiebt den Ablauf der Frist immer nach hinten. Damit haben Sie zwei Fliegen mit einer Klappe geschlagen: Zum einen wird ein Fehler innerhalb eines Beobachtungszeitraums von fünf Jahren meistens gefunden (oder er ist irrelevant, weil das System ohnehin ausgeschieden wird). Zum anderen besteht keine Gefahr, daß Ansprüche verlorengehen, nur weil man nicht sofort reagiert – man hat also auch für Verhandlungen mehr Zeit.

Beweislastumkehr ▌

Formulierungsvorschlag:

> *„Tritt ein Fehler (bei Programmen: eine Fehlfunktion) auf, so wird vermutet, daß die Ursache vom Lieferanten herbeigeführt und verschuldet ist, solange er nicht das Gegenteil beweist."*

Ich muß zugeben, daß in dieser harschen, universellen Formulierung kaum ein Lieferant bereit sein wird, für seine Ware einzustehen. Allerdings, schon die Diskussion dieses Vertragspunktes anstelle der anstandslosen Akzeptanz irgendwelcher Allgemeinen Geschäfts- und Lieferbedingungen, die die Gesetzeslage noch zusätzlich zu Ihrem Nachteil verschlechtern, wird bisweilen auf beiden Seiten zu überraschenden Erkenntnissen und Einsichten führen. So wäre etwa das Problem einer Schädigung durch Überspannung technisch leicht lösbar: Es gibt Überspannungsindikatoren, die sich z. B. schwarz färben, wenn eine unzulässig hohe Spannung angelegt wurde.

Wenn eine gesetzliche Beweislastumkehr (wie sie für eine EU-Richtlinie diskutiert wird) kommt, darf davon ausgegangen werden, daß die Hersteller wohl Mittel und Wege finden, derartige Indikatoren (dann womöglich übersensible) in die Geräte einzubauen. Schäden durch Unterspannung oder Spannungseinbrüche sind durch ausreichend dimensionierte Kondensatoren in Netzteilen und eine Logik, die ein geordnetes Herunterfahren des Gerätes bei solchen Erscheinungen herbeiführt, auch nach dem heutigen Stand der Technik durchaus vermeidbar.

Einer der häufigsten Einwände des Lieferanten gegen eine derartige Beweislastumkehr wird sein, daß er nicht auch noch dafür haften wolle, daß Sie das Gerät aufgeschraubt und von irgendeinem Diskonter ein Billigteil eingebaut haben, welches sein Markengerät dann zerstört hat (obwohl durchaus auch Markengeräte Billigteile vernichten können). In solchen Fällen bietet Ihnen der Lieferant möglicherweise die Lösung an, daß Sie sich Ihrerseits dazu verpflichten, während der Vertragsdauer ausschließlich über ihn Ersatzteile zu beziehen. Aus naheliegenden Gründen möchte ich dringend abraten, daß Sie sich auf einen derartigen Vorschlag einlassen.

Schadensberechnung ▮

Formulierungsvorschlag:

„Bei Computerausfall haftet der Lieferant auch für Schäden und Nachteile im Vermögen des Kunden durch Produktionsausfall/Stillstandszeiten und Zahlungen an durch vom Ausfall beeinträchtigte Dritte."

Ganz Vorsichtige werden hier zusätzlich offenlegen, welche Kosten der Stillstand eines Geschäftsführers, eines Projektmanagers, eines EDV-Teamleiters, eines Sekretärs, eines Produktmitarbeiters kostet, damit in der Beweisführung der Höhe nach keine Schwierigkeiten entstehen.

Insbesondere Folgeschäden können sehr teuer werden. So hat in einem Schadensfall ein defektes Computerkabel (Wert keine 2000 EUR) den Stillstand einer Papiermaschine verursacht; aufgrund des Durchlaufbetriebs belief sich der Schaden pro Stunde auf 160.000 EUR!

Ein Detailproblem stellen die sogenannten „Drittschäden" dar. Das sind Schäden, die im Vermögen eines Dritten entstehen, der durch den Vertrag mit dem EDV-Lieferanten nicht direkt geschützt ist. Wenn Sie beispielsweise aufgrund eines Computerdefekts Ihren Kunden nicht rechtzeitig mit Papier, Strom, Zulieferteilen etc. versorgen können, bleibt unter Umständen auch dort das Förderband stehen. Oder wenn durch Computerausfall beispielsweise ein Sensorstecker für den Motorblock fehlt, ist die ganze Fertigung behindert, weil man den Teil nicht nachträglich einbauen kann. Schäden erleidet in dem Fall nicht nur der Kunde des Kunden, sondern auch der, der die Autos verkauft, der, der Versicherungspolicen für die Autos verkauft, der Vermieter des Geschäftslokals eines Autohändlers, der eine umsatzabhängige Miete vereinbart hat, usw. usw. Also der Kunde des Kunden des Kunden des Kunden.

Auf diese Weise breitet sich jede Schädigung bis in die Unendlichkeit aus. Das ist ein Grund dafür, daß für Drittschäden nicht gehaftet werden kann. Es muß irgendwo eine Grenze geben, da andernfalls der Schädiger in jedem einzelnen Fall bankrott wäre.

Sie können also davon ausgehen, daß, wenn Sie geschädigt werden und Sie Ihrem Kunden schadenersatzpflichtig sind, schon die Durchsetzung dieser Drittschäden schwer bis gar nicht möglich sein wird.

Deswegen enthält die Klausel im obigen Formulierungsvorschlag auch einen begrenzten Drittschadenersatzanspruch. Angesichts der möglichen Konsequenzen ist aber fraglich, ob jemand, der verstanden hat, worum es geht, eine derartige Klausel für eine Computerlieferung akzeptieren wird. Daher kann es durchaus sein, daß Sie bei Produktionsausfall durch einen Computerausfall bzw. -fehler, was die Schäden am Vermögen Ihrer Kunden angeht, auf verlorenem Posten stehen. Unglücklicherweise bieten hier auch Betriebsunterbrechungsversicherungen häufig keine Deckung – das „allgemeine Unternehmerrisiko" schlägt eben wieder einmal zu.

5.2 Konsequente und gerichtsfeste Dokumentation des Schadensfalles

Sobald sich ein Fehler zeigt, heißt es mit Konsequenz und Härte seinen Standpunkt zu demonstrieren. Dabei kommt Ihnen sehr zustatten, daß Sie Ihr Lieferant aus der Diskussion am Beginn des Vertragsverhältnisses bereits als kompetenten Partner kennengelernt hat – diverse Versuche, Sie auszutricksen, werden so hoffentlich unterbleiben.

Prozesse resultieren aus der unterschiedlichen Einschätzung über ihren Ausgang. Wenn Sie einen Prozeß vermeiden wollen, müssen Sie daher nichts weiter erreichen, als daß der Gegner seine Lage „richtig" einschätzt, nämlich so, daß er in einem Prozeß keine Chance hat. Neben einem entsprechenden Vertragsabschluß sind jetzt die gerichtsfeste Dokumentation des Schadensfalls und ein konsequentes Auftreten gefragt. D. h., Sie müssen Ihren Kontrahenten davon überzeugen, daß Sie fähig und Willens sind, den Prozeß zu gewinnen.

Gerade wer Streit vermeiden will, muß von Anfang an Härte und Konsequenz demonstrieren, um so beim Gegner jede Hoffnung auf „leichte Beute" zu zerstreuen. Dazu gehört aber auch entsprechende Selbstkritik: Jemand, der den „starken Mann" spielt, obwohl aus seinen eigenen Unterlagen hervorgeht, daß er so gut wie nichts in der Hand hat, riskiert (zwecks „Gesichtswahrung"), sich selbst in einen fragwürdigen Prozeß hineinzumanövrieren.

Rechtsanwalt – ja oder nein? ▌

Eine besonders heikle Frage ist, ob und wann Sie einen Rechtsanwalt beiziehen sollen.

> Um dem Gegner den Ernst der Lage klar und deutlich vor Augen zu führen, gibt es kein geeigneteres Mittel, als gleich das erste Reklamationsschreiben vom Rechtsanwalt verfassen zu lassen.

Dagegen spricht vielleicht zunächst, daß Sie die Genehmigung Ihrer Rechtsschutzversicherung **vor** Beauftragen Ihres Rechtsanwaltes einholen müssen. Allerdings sehen viele Bedingungen vor, daß Sofortmaßnahmen auch sofort ergriffen werden dürfen und die Genehmigung im nachhinein erteilt werden kann bzw. muß. (Das ist nur verständlich, denn es darf nicht dazu kommen, daß aufgrund von Verzögerungen durch die Rechtsschutzversicherung beispielsweise die handelsrechtliche Rügepflicht verletzt wird.)

Das nächste Argument betrifft die **Kosten:** Stellt sich heraus, daß die Reklamation ungerechtfertigt war, oder kommt es zu einer vergleichsweisen Kulanzleistung, dann bleiben Sie häufig auf den Kosten sitzen. Das gilt auch für vorprozessuale Sachverständigenkosten. Beileibe nicht jede Rechtsschutzversicherung deckt Kosten von Sachverständigengutachten, die den Zweck haben zu untersuchen, ob überhaupt ein Anspruch besteht und mit welcher Aussicht auf Erfolg dieser Anspruch wie geltend gemacht werden kann.

Erfahrungsgemäß sind Rechtsschutzversicherer aber gerne bereit, derartige Sachverständigenkosten in begrenztem Rahmen vorzufinanzieren, wenn sie dadurch die Chance erhalten, eine außergerichtliche Einigung zu erzielen oder die Deckung wegen Aussichtslosigkeit abzulehnen.

Ein weiteres weitverbreitetes Argument ist, daß manche Rechtsanwälte nur an Prozessen interessiert wären, um möglichst mühelos möglichst hohe Gebühren verdienen zu können. Abgesehen davon, daß Sie sich Ihren Rechtsanwalt selbst aussuchen und daher keinen nehmen müssen, von dem Sie glauben, er gehöre zu jener tadelnswerten Gruppe, haben Sie es gerade durch entsprechendes technisches und rechtliches Grundwissen in der Hand, den Vorgang zu kontrollieren. Immer noch treffen Sie die Entscheidungen. **Es gibt keinen Prozeß wider Ihren Willen.**

Letztlich braucht es im Einzelfall für die erforderliche Kosten-Nutzen-Abwägung schon wieder einen gewissen technischen Sachverstand. Die Situation ist aber im Grunde genommen nicht anders, als wenn jemand Bauchschmerzen verspürt: Soll er dann ein Aspro nehmen oder in das nächste Krankenhaus fahren? Nachdem es zwei Handlungsalternativen gibt, ist ein allgemein gültiger Rat ausgeschlossen. Kennt der Betreffende den

Druckpunkt zur Diagnose von Blinddarmentzündung, stehen die Chancen gut, eine gefährliche Fehlentscheidung zu vermeiden.

Sofern Sie sich nun im konkreten Fall dazu entschlossen haben, ohne die Hilfe eines Rechtsanwaltes vorzugehen, schlage ich folgendes vor: Schicken Sie dem betreffenden Lieferanten/Händler ein Reklamationsschreiben (vgl. Musterschreiben, Kapitel 23.2), und zwar mittels eigenhändigem Telegramm oder eingeschrieben mit Rückantwortkarte. Letzteres hat den Vorteil, daß der Gegner den Empfang wie ein amtliches Schriftstück quittieren muß, außerdem kostet das ganze fast nichts, macht aber einen guten Eindruck.

Häufig wird als alternative Konfliktlösung die Strategie „Kooperation statt Konfrontation" angeboten. Diese Strategie ist aber für den EDV-Bereich derzeit untauglich. Vergegenwärtigen Sie sich die Situation: Die Preise verfallen ständig, monatlich, wöchentlich – im Internet gibt es gar Tagespreise, z. B. für Speicherchips. Jede Kooperation würde daher voraussetzen, daß eine gerechte Teilnahme an diesem Preisverfall vereinbart ist. Es liegt klar auf der Hand, daß der Verkäufer darüber eine andere Ansicht haben muß als der Käufer. Denn heute verdient ein Verkäufer vor allem daran, daß er mit seinem Preis langsamer sinkt als seine Konkurrenten. Gibt er beispielsweise nur alle vier Wochen eine neue Preisliste heraus, so unterschlägt er seinen „guten, treuen Stammkunden" jeweils die Preissenkungen innerhalb dieses Zeitraumes.

Wann wird Ihnen ein Verkäufer reinen Wein einschenken?

Erst wenn der Preis dort ist, wo er hingehört: am Boden!

Wenn man davon ausgeht, daß der Normalverbraucher maximal eine Vorstellung von eingefrorenen Soft- und Hardwarepreisen hat, kann dieses Spiel durch immer neue Gerätegenerationen ständig wiederbelebt werden. Solche wirtschaftlichen Begleitumstände bieten einfach keinen Rahmen für eine längerfristig stabile Kunden-Lieferanten-Beziehung.

Wenn alles zu ständig fallenden Tagespreisen gehandelt wird und gleichzeitig die Qualität überall vergleichbar ist bzw. identische Sachen verkauft werden (z. B. Prozessoren, Speicherchips, aber auch Programmkopien), entsteht die gleiche Situation wie an der Tankstelle: Es zählt nur noch der niedrigste Tagespreis.

Sie haben daher als Kunde gar nichts in der Hand, was Sie Ihrem Lieferanten anbieten könnten, ohne gleichzeitig Ihre eigenen Interessen zu verletzen. Jede Lieferantentreue kann dazu führen, daß Sie unnötig hohe Preise zahlen.

5.3 Alternative Strategien

Nach all dem, was bisher über rechtliche Möglichkeiten gesagt wurde, sollten Sie eines nicht aus den Augen verlieren: Es ist oft genug der Fall, daß die Ursache für ein Computerproblem entweder tatsächlich bei Ihnen oder Ihren eigenen Leuten (Bedienungsfehler, Sabotage) liegt – oder Sie können zumindest den Beweis für eine Haftung Ihres Lieferanten, EDV-Beraters oder eines sonstigen Dritten nicht antreten, so daß der Rechtsweg keine (brauchbare) Lösung ist. Gegen solche Fälle ist man durch umfassende Reserve- und Sicherungssysteme am besten gewappnet. Solche Systeme können meist mit verhältnismäßig geringem Aufwand eingerichtet werden. Die Sicherheit, die sie bieten, ist bisweilen billiger und wirkungsvoller als die nötigen Beweissicherungsmaßnahmen für einen allfälligen Prozeß!

Eine alternative Strategie hat vom „worst case" auszugehen, dem Totalausfall aller Ihrer Geräte bei gleichzeitigem Abbruch sämtlicher bisheriger Lieferantenbeziehungen oder einer plötzlich auftretenden, unerklärlichen und nicht mehr behebbaren vollständigen Virenverseuchung aller Ihrer Daten und Programmbestände.

Eine tägliche Datensicherung ist selbstverständlich, ich rate zu einer Vollsicherung. Worauf beim Sichern gerne vergessen wird, sind Paßwörter, insbesondere für Netzwerkbetriebssysteme und Programme bzw. Programmeinstellungen. Achten Sie immer darauf, daß Sie selbst das höchstrangige Supervisor-Paßwort von sämtlichen Betriebssystemen und Programmen einschließlich Netzwerk innehaben. Sonst ergeht es Ihnen möglicherweise so wie dem Unternehmer, dem der gefeuerte EDV-Berater als letzten Akt sämtliche Paßwörter für nach dem Ultimo gültige Eingaben abänderte, so daß erst jemand gefunden werden mußte, der den Paßwortschutz knackt – und zwar möglichst rasch!

Es würde den Rahmen dieses Buches sprengen, jetzt ausführlicher auf Sicherungssysteme einzugehen. (Für weitere Details einer effizienten und vor allem kostengünstigen Datensicherung empfehle ich Ihnen das Buch „Datensicherung leicht gemacht" von Oliver Wagner.) Hier nur soviel: Sie müssen nicht zum EDV-Freak werden, um überprüfen zu können, daß Sie die richtigen Paßwörter, Programme, Systemdateien, Einstellungen etc. haben und frei von Computerviren sind! Um ein System aufzubauen, mit dem Sie Ihre Leute – mit ein bißchen Geschick sogar ohne Kenntnis der Beteiligten – kontrollieren können, benötigen Sie im Grunde nichts als zwei ausrangierte PCs und einen Drucker. Diese verknüpfen Sie zu einem Mini-Sicherungsnetzwerk. Auf dieses Netzwerk kopieren Sie von Zeit zu Zeit die neuesten Daten und Programmeinstellungen und prüfen, ob Sie mit den Ihnen übergebenen Paßwörtern noch alle Daten finden, alles ausdrucken können und sich keine Viren breit gemacht haben. Das einzige, worauf Sie jetzt noch achten müssen, ist, daß durch diese Maßnahme keine neue Sicherheitslücke geschaffen wird (Hausdurchsuchung durch die Staatsanwaltschaft oder das Finanzamt).

Der entscheidende Vorteil eines solchen geheimen Reservesystems ist – neben dem enormen Zugewinn an Sicherheit – der Entfall der Notwendigkeit, seinen EDV-Leuten blind vertrauen zu müssen! Durch ein Minimum an eigenverantwortlicher Befassung mit der Angelegenheit kann – auch ohne daß man zum EDV-Guru wird – die praktische Gewißheit gewonnen werden, daß alles in Ordnung ist. Abgesehen von der Erstinstallation, die durch eine Person Ihres Vertrauens erfolgen muß (was zweckmäßigerweise nicht Ihr ständiger EDV-Berater sein sollte), erschöpfen sich die laufenden Bedienungsmaßnahmen im Einschieben einer Band- oder Plattenkassette und dem Starten des Rücksicherungsprogrammes anhand einer individuell zu erstellenden „chefsicheren" Checkliste (Kontrollmaßnahmen: Programmaufrufe, Aufruf einiger Korrespondenzstücke und Daten, Erstellen von Ausdrucken).

Im Ernstfall können an dieses permanent betriebene Rumpfsystem ganz rasch etliche PCs angeschlossen werden und so ein Notbetrieb der Kernmannschaft auch bei Totalausfall des gesamten Systems, z. B. bei Blitzschlag, ad hoc hergestellt werden. Außerdem ist man von seinen EDV-Beratern/Lieferanten nicht mehr so abhängig und kann neue, billigere Produkte am Reservesystem mit weniger Risiko testen. Durch entsprechende Preisverhandlung werden sich häufig selbst die Kosten dieses Reservesystems bald rechnen.

Schließlich bietet ein solches System auch gegen Virenbefall Sicherheit: Man kann das Systemdatum des Reservesystems nach dem jeweiligen Einspielen neuer Sicherungsbänder willkürlich um drei, sechs oder zwölf Monate vor- oder zurückstellen und so Bedingungen schaffen, daß durch mögliche Störungen niemals auf Haupt-, Reservesystem und Sicherungsbändern gleichzeitig alles vernichtet ist!

Das geheime Reservesystem, wie ich es hier vorgeschlagen habe, ist auch aufwendigeren Systemen, insbesondere mit Parallelbetrieb von Servern, überlegen. Ein Parallelbetrieb erhöht zwar i. d. R. die Ausfallsicherheit, schützt aber keinesfalls gegen Computerviren, Sabotage durch Mitarbeiter, EDV-Berater und Lieferanten oder gröbere Bedienungsfehler, da all diese Effekte auf beiden parallel geschalteten Systemen gleichzeitig wirksam werden! Zuletzt ist ein solches Reservesystem auch eine geeignete Lösung, falls Sie Ihre EDV an ein externes Rechenzentrum auslagern, ohne Abhängigkeiten riskieren zu wollen.

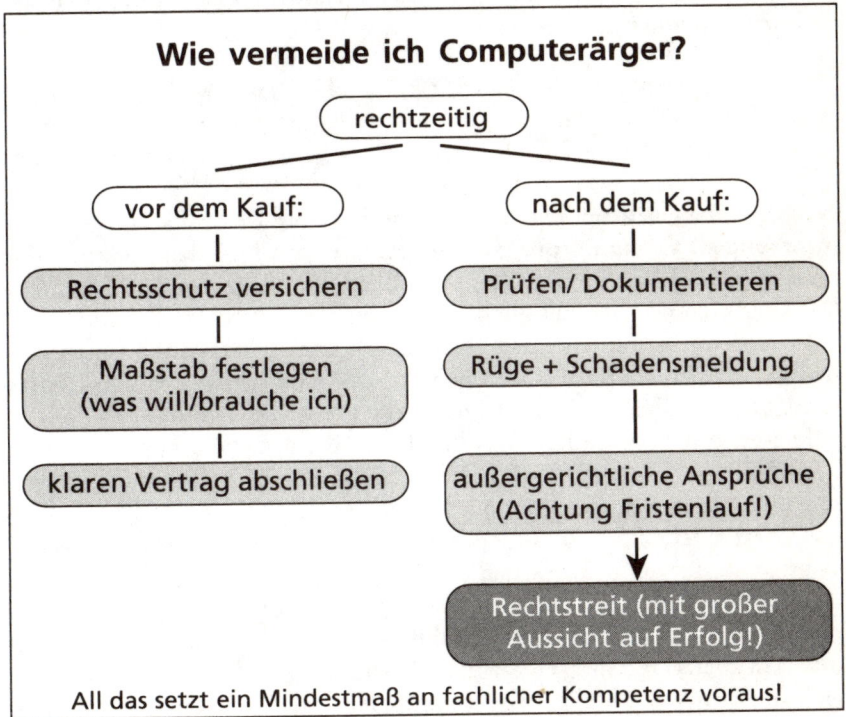

6. „EDV-Recht"

6.1 EDV – Ein neues Rechtsgebiet?

Ein neues Rechtsgebiet wird für gewöhnlich aufgetan, wenn bisher ungeregelte Bereiche entdeckt werden. Zumeist versucht man, mit den bestehenden gesetzlichen Bestimmungen das Auslangen zu finden. Wenn sich diese aber als untaugliche „Krücke" erweisen, schallt der Ruf nach dem Gesetzgeber, daß ein Sondergesetz her müsse.

Für den Bereich der elektronischen Datenverarbeitung gibt es nun für einzelne Teilaspekte Sondergesetze, wie etwa für den Datenschutz, und in andere Materien eingelagerte „EDV-Bestimmungen", z. B. für die Datenübermittlung an Gerichte; auch das Urheberrecht erwies sich als ergänzungsbedürftig.

Für den Kernbereich der hier interessierenden Frage, wie Sie als Kunde zu Ihren Rechten kommen, gibt es im wesentlichen keine speziellen Bestimmungen.

Nach einigen gelehrten Diskursen über die wahre Rechtsnatur von EDV, insbesondere Computerprogrammen, stellte man fest, daß die zum Teil über hundert Jahre alten gesetzlichen Bestimmungen, die den Kauf, den Werkvertrag und allenfalls auch die Miete regeln, durchaus ausreichen.

Programme gelten als körperliche Sache, ihre Überlassung gegen einmaliges Entgelt ist Kauf. Der Eigentumsrechtsübergang auf den Käufer erfolgt durch Übergabe des Datenträgers mit dem Programm.

Die erste rechtliche Konsequenz davon ist, daß zwischen Gerät und Programm kein Unterschied besteht. Es ist also nicht notwendig, zwischen Gerät und Programm oder – neudeutsch – „Hard- und Software" zu differenzieren. Daran ändert auch die selbstverständlich zu berücksichtigende Tatsache nichts, daß bei Programmen regelmäßig nur ein eingeschränktes Nutzungsrecht (Lizenz) eingeräumt wird.

Für die Ansprüche wegen Gewährleistung, Garantie, Produkthaftung und Schadenersatz sind Gerät und Programm gleich zu behandeln wie jede andere defekte Sache, beispielsweise fehlende Blätter in diesem Buch, ein kaputter Gebrauchtwagen oder eine explodierende Gasflasche. Spezialitäten ergeben sich nur aus besonderen technischen Zusammenhängen, auf die noch gesondert hingewiesen wird.

Grundsätzlich gelten also sämtliche Regeln über Kauf, Werkvertrag oder Miete, je nachdem, was die Vertragspartner vereinbart haben. Das hat den wesentlichen Vorteil, daß der Judikatur die strittigen Fragen seit Jahrzehnten hinlänglich bekannt und – zumindest zu einem großen Teil – auch gelöst sind.

Es gibt eine Fülle von Literatur, die sich systematisch mit Gewährleistungs- und Schadenersatzrecht des Kauf-, Werk- und Mietvertrages auseinandersetzt. Hier sollen nur die Aspekte interessieren, die für den Nutzer von EDV-Systemen in der Praxis maßgeblich sind. Es geht also um die Beantwortung der Frage, was denn zu tun ist bzw. worauf zu achten ist, wenn Computerärger nicht mehr tatenlos hingenommen, sondern mit konsequenten Rechtsmitteln bekämpft werden soll.

Wenn Sie mit Recht Ihre Ansprüche durchsetzten wollen, sind auch bei EDV-Produkten zwei Kriterien maßgeblich:

1. die Zeit und
2. der Leistungsmaßstab.

Zahlreiche Ansprüche geschädigter Kunden sind einfach durch Mißachtung des Ablaufes grundsätzlicher Fristen verlorengegangen. Der Faktor **Zeit** wird bei der Durchsetzung von Ansprüchen häufig übersehen oder erst dann geprüft, wenn es zu spät ist.

Der zweite wesentliche Faktor ist der **Maßstab** für die Vertragserfüllung. Jede Reklamation ist aus rechtlicher Sicht prinzipiell ein Vergleich des Ist-Zustandes (Computerärger) mit dem Soll-Zustand. Man kann es auch so formulieren: Der Richter fragt, ob der Kunde genau den Ärger bestellt hat, den er jetzt verspürt. Bevor Sie diese zugegebenermaßen polemische Frage mit einem entrüsteten „Selbstverständlich nicht!" von sich weisen, prüfen Sie sie erst einmal genau: Was ist denn eigentlich der geschuldete Vertragsinhalt? Wie können Sie **beweisen**, daß zwischen Soll und Ist eine rechtlich relevante Differenz klafft?

Bei näherer Prüfung entpuppt sich nämlich Computerärger häufig als ein durch mangelnde Vereinbarungen verursachtes Mißverständnis, was manchmal, aber nicht immer klagsfähig ist.

Aber der Reihe nach:

6.2 Faktor Zeit

Der Faktor Zeit ist in zweifacher Hinsicht von Bedeutung nämlich

a) als Zeitpunkt und
b) als Zeitspanne.

Der für alle rechtlichen Prüfungen maßgebliche Zeitpunkt ist der Moment der Übergabe (wenn man einmal vom Spezieskauf-Problem absieht, siehe Kap. 7.1.1). Zustände, die vor der Übergabe existieren, sind nur in Ausnahmefällen relevant, hat es doch der Verkäufer in der Hand, den Kaufgegenstand bis zur Übergabe zu verbessern. Zustände, die durch Einwirkungen nach diesem Zeitpunkt herbeigeführt werden, sind i. d. R. bedeutungslos.

Insbesondere die Gewährleistung ist ein zeit**punkt**bezogener Rechtsbehelf: Zum Zeitpunkt der Übergabe muß der Mangel sozusagen „anwesend" sein.

Die Gewährleistungsfrist versteht sich als Klagsfrist oder Einredefrist. Wenn man beispielsweise davon ausgeht, daß die Gewährleistungsfrist für ein Paket Frischmilch (samt Inhalt!) sechs Monate ist, so bedeutet dies keineswegs, daß die Milch innerhalb dieser Frist nicht sauer werden darf – beim Sauerwerden der Milch handelt es sich bekanntlich um eine natürliche Eigenschaft. Um Gewährleistung fordern zu können, ist es vielmehr erforderlich, daß die Milch bereits zum Zeitpunkt der Übergabe (Herausnehmen aus dem Regal vor Verfall des Ablaufdatums) sauer ist. In diesem Fall steht die Gewährleistungsfrist als Klags- oder Einredefrist zur Verfügung.

Was bedeutet dies nun für elektronische Geräte im allgemeinen und Computer und sonstige Hardware im besonderen? Grundsätzlich muß der reklamierte Zustand zum Zeitpunkt der Übergabe vorhanden sein. Wird nun erst nach der Übergabe ein Hardwaredefekt entdeckt, stellt sich in erster Linie die Frage, ob die Ursache für diesen Defekt aus der Sphäre des Käufers oder aus der Sphäre des Verkäufers stammt. Läßt beispielsweise ein Käufer seinen Laptop aus dem fünften Stock fallen, woraufhin er dann auch noch von einem Omnibus überrollt wird, ist recht einleuchtend, daß der Verkäufer leistungsfrei ist. Es würde doch die Pflichten des Verkäufers überspannen, würde selbst für derartige „Zufälle" nicht der

Käufer selbst haften. Dieser an sich selbstveständlichen Logik folgt auch
die Rechtsprechung:

> Die Beweislast für das Vorhandensein eines Mangels liegt grundsätzlich
> auf der Seite des Käufers. Er muß beweisen, daß die Sache nicht bloß
> zum Zeitpunkt der Untersuchung durch den gerichtlichen Sachverstän-
> digen im Prozeß mangelhaft ist, sondern den gegenständlichen Mangel
> bereits zum Zeitpunkt der Übergabe aufwies.

Dieser Rechtsgrundsatz ist in Sachen EDV problematisch. Das Grundübel (aus der Sicht des Kunden) liegt in der Besonderheit elektronischer
Schaltungen, die i. d. R. aus einer Vielzahl von elektronischen Komponenten bestehen. Bei bestimmten Defekten ist eine Beweisführung geradezu unmöglich.

Beginnen wir beim einfachen Fall: Die Mangelhaftigkeit kann sich daraus ergeben, daß diese Komponenten unrichtig angeordnet sind (Ver-
drahtungs- oder Schaltfehler) oder daß eine oder mehrere Komponenten
defekt sind. Wenn an einer Stelle in der Schaltung beispielsweise serien-
mäßig eine Diode statt eines Transistors eingebaut ist, so kann dies zu
beträchtlichen Störungen führen; wenn die Diode falsch gepolt ist und die
Betriebsspannung kurzschließt, kann sogar ein völliger Ausfall des Gerätes folgen.

Ein derartiger Fehler ist recht leicht feststellbar (in etwa so offensichtlich wie wenn ein Fahrrad ohne Lenker ausgeliefert wird). Demnach wird
der Käufer ebenso seine Beweislast recht leicht erfüllen können – zumindest solange er nicht selbst zum Lötkolben gegriffen und elektronische
„Verbesserungen" vorgenommen hat.

Kurzum: Der Fall ist klar, die rechtlichen Konsequenzen greifen.

Es ist durchaus möglich, daß derartige Defekte auch serienweise vorkommen (z. B. wenn falsche Steckverbindungen eingelötet wurden). Erfahrungsgemäß resultiert daraus aber selten ein Rechtsstreit, weil die Beweislage klar ist und außerdem kein Hersteller längere Zeit den Verkauf
einer schaltungstechnisch defekten Serie durchsteht. Dennoch:

> Sollten Sie Opfer einer derartigen Schädigung geworden sein, so bewah-
> ren Sie das defekte Material als Beweismittel auf, geben Sie es zumindest
> nicht ohne Beweissicherung (Fotos, Untersuchung durch einen Sach-
> verständigen soweit nötig) aus der Hand.

In den weitaus meisten Fällen werden Mängel allerdings schwieriger zu erkennen und noch viel schwieriger zu beweisen sein: immer dann, wenn eine an sich geeignete Elektronik im Einzelfall deswegen ausfällt, weil ein defekter Teil eingebaut wurde.

Ist ein Teil von Anfang an völlig defekt, also funktionsuntüchtig, und macht sich das auch gleich bemerkbar, so haben Sie noch Glück – Ihre Chancen, den Fehler nachzuweisen und so Ihre Ansprüche durchzusetzen, stehen gut.

Problematischer wird es, wenn ein Bauteil nur „geschwächt" ist, so daß er erst im Lauf der Zeit seinen Dienst quittiert. Wie bereits dargestellt, können besonders Halbleiterelemente wie Transistoren und Prozessoren auch durch Überspannung defekt werden. Schon ganz kurze Überspannungsspitzen, die über das Stromnetz in Ihr Gerät gelangen, reichen aus, um Ihr System zu beschädigen oder gar zu zerstören. Ähnliches kann durch statische Elektrizität verursacht werden, beispielsweise beim unsachgemäßen Ein- und Ausbau von Adaptern, Speichern und sonstigen Bestandteilen.

Das Unangenehme für Sie als Kläger ist, daß der Sachverständige an einem defekten Halbleiter unter Umständen nur feststellen kann, daß er eben defekt ist – warum er allerdings ausgefallen ist, läßt sich meist nicht mehr eruieren. Aufgrund der Tatsache, daß ein Defekt vorliegt, haben Sie theoretisch zwar noch einen Gewährleistungsanspruch – Sie werden ihn aber praktisch nicht durchsetzen, schlicht und einfach deswegen, weil Sie den Nachweis für die Schwäche dieses Bauteiles zum Übergabezeitpunkt (!) nicht antreten konnten. Und das alles, obwohl Ihnen eine Schaltung mit einem „müden Transistor", der schon knapp vor dem Totalausfall stand, übergeben wurde. Mit anderen Worten:

> Sobald Ihr Gerät einmal einwandfrei funktioniert hat, liegt bei einem späteren Ausfall die Beweislast dafür, daß als Ursache dieses Ausfalls eine Beschädigung durch Überspannung, Überlastung u. ä. ausgeschlossen ist und der Mangel bereits bei der Übergabe vorhanden war, bei Ihnen – was Ihnen i. d. R. größte praktische Probleme bereiten wird.

Dies führt dazu, daß seitens der Elektronikindustrie, beispielsweise im Bereich der Unterhaltungselektronik, Garantiezusagen gegeben werden. (In dieser Branche könnte etwa für einen Fernseher, der innerhalb der Gewährleistungsfrist defekt wird, schließlich ganz die gleiche Argumentation gebraucht werden, daß nämlich der objektive Ausfall des nagelneuen Gerätes auf die Einwirkung von Überspannung zurückzuführen ist.) Auf den Unterschied zwischen Gewährleistung und Garantie wird später noch eingegangen (vgl. Kapitel 8.3). Dazu nur so viel: In der Computerbranche sind von einer solchen Garantie Schäden durch nachträgliche Beschädigung zumeist erst recht wieder ausgenommen, so daß jegliche Leistung des Verkäufers einer elektronischen Schaltung, die beim Kunden einmal funktioniert hat, Kulanzcharakter hat, sofern es sich nicht tatsächlich um Schaltungsfehler oder überhaupt falsch eingebaute Bauteile handelt.

6.2.1 Handelsrechtliche Prüf- und Rügepflicht

Für Firmenkunden ist in diesem Zusammenhang besonders der § 377 HGB (in Deutschland und Österreich gleichlautend) von Interesse:

§ 377 HGB
(1) Ist der Kauf für beide Teile ein Handelsgeschäft, so hat der Käufer die Ware unverzüglich nach der Ablieferung durch den Verkäufer, soweit dies nach ordnungsmäßigem Geschäftsgange tunlich ist, zu untersuchen und, wenn sich ein Mangel zeigt, dem Verkäufer unverzüglich Anzeige zu machen.

(2) Unterläßt der Käufer die Anzeige, so gilt die Ware als genehmigt, es sei denn, daß es sich um einen Mangel handelt, der bei der Untersuchung nicht erkennbar war.

(3) Zeigt sich später ein solcher Mangel, so muß die Anzeige unverzüglich nach der Entdeckung gemacht werden; anderenfalls gilt die Ware auch in Ansehung dieses Mangels als genehmigt.

(4) Zur Erhaltung der Rechte des Käufers genügt die rechtzeitige Absendung der Anzeige.

(5) Hat der Verkäufer den Mangel arglistig verschwiegen, so kann er sich auf diese Vorschriften nicht berufen.

Achtung! In der Schweiz gilt die sofortige Prüfpflicht für **jedermann**, nicht nur für Handelsgeschäfte. Es gibt kein eigenes schweizerisches Handelsgesetzbuch.

Sobald der Kauf ein Handelskauf ist (also zumindest dann, wenn ein Vollkaufmann Käufer ist, beispielsweise bei Beschaffungsvorgängen von

GesmbHs und Aktiengesellschaften sowie größeren Einzelunternehmungen), sind Sie verpflichtet, die „Ware" zu untersuchen. Unter einer solchen Untersuchung ist jedenfalls ein **Probebetrieb** zu verstehen. Es darf also mit dem Abladen, Zusammenbauen und Anschließen/Einschalten des Gerätes nicht länger als unbedingt nötig (sachlich gerechtfertigt) zugewartet werden.

Das Gerät muß in zumutbarem und branchenüblichem Ausmaß erprobt werden. Bei einem PC ist es daher am zweckmäßigsten, wenn er sogleich in Betrieb genommen und benutzt wird. Problematischer ist die Untersuchungspflicht bei Programmen. Zwar wird man nicht verlangen können, daß jede Funktion des Programmes vollständig über sämtliche mögliche Wertebereiche aller Eingaben, kombiniert mit allen anderen möglichen Variablen, überprüft wird, dennoch wird ein solcher Eingangstest zumindest wesentliche Programmfunktionen erfassen müssen.

Angenommen, Sie kaufen ein Computerprogramm, haben aber noch keinen PC. Da Ihnen in diesem Fall jede Möglichkeit zur sinnlichen Wahrnehmung von Programmfehlern abgeht, ist damit eine Verletzung der kaufmännischen Untersuchungspflicht bereits bewiesen – und das kann für Sie unangenehme Folgen haben.

Die zweite Pflicht ist die **kaufmännische Rügepflicht**: Sie sind verpflichtet, sämtliche Mängel, die bei der Ablieferung durch zumutbare Untersuchungen entdeckt wurden, **sofort** geltend zu machen. Dasselbe gilt für Mängel, die erst später entdeckt werden.

Gemäß § 378 HGB finden die Vorschriften des § 377 HGB auch dann Anwendung, wenn eine andere als die bedungene Ware oder eine andere als die bedungene Menge von Waren geliefert ist, sofern die gelieferte Ware nicht offensichtlich von der Bestellung so erheblich abweicht, daß der Verkäufer die Genehmigung des Käufers als ausgeschlossen betrachten mußte.

Die Verletzung auch nur einer der beiden Pflichten (Untersuchungs- und Rügepflicht) bedeutet den **vollständigen Verlust** jeglichen Gewährleistungs- und Schadenersatzanspruches!

Wenn Sie daher ein Programm zur Steuerung einer Rakete nicht ausgiebig testen, verlieren Sie als Vollkaufmann jeden Schadenersatzanspruch, sollte die Rakete im Ernstfall infolge eines Programmfehlers abstürzen.

6.2.2 Problem Lebensdauererwartung

Elektronische Schaltungen haben einen großen Vorteil: Wenn sie einmal 24 oder 48 Stunden ununterbrochen in Betrieb waren (der Techniker spricht hier vom sogenannten „Einbrennvorgang"), funktionieren sie meist auch die nächsten Jahre problemlos. D. h., die Wahrscheinlichkeit des Eintrittes eines Fehlers ist extrem ungleich verteilt, schwache Teile machen sich meist bald bemerkbar. Es ist daher zu empfehlen, neue Geräte wenigstens 48 Stunden lang ununterbrochen in Betrieb zu halten, um Schwachstellen zu entdecken. Dann kann es mehrere Jahre dauern, bis die Ausfallswahrscheinlichkeit wieder steigt.

Eine Frage ist nun, wie lange ein Computer technisch halten muß. Wenn nichts anderes vereinbart wird, sind wie überall die sogenannten „gerechtfertigten Verbraucher- bzw. Käufererwartungen" maßgeblich.

Ein Mangel, der darin besteht, daß die vereinbarte oder üblicherweise vorausgesetzte Lebensdauer nicht erreicht wird, stellt sich typischerweise erst nach einigen Monaten oder Jahren heraus. Dann aber muß er beim Handelskauf unverzüglich (d. h. sofort nach dem Auftreten von Fehlfunktionen oder Ausfall des Gerätes) gerügt werden. Wenn Sie sich als Käufer daran nicht halten, haben Sie Ihren Anspruch schlicht durch Zeitablauf verwirkt.

Eine ähnliche Problematik ergibt sich beim Kauf von Programmen. Auch ein Programmfehler muß zum Zeitpunkt der Übergabe vorhanden gewesen sein, um rechtlich relevant zu sein. Wenn Sie beispielsweise im Programmcode Eingriffe vornehmen (unabhängig von einer allfälligen urheberrechtlichen Unzulässigkeit dieser Maßnahme), ist klar, daß der Verkäufer dafür nicht haften kann. Ebensowenig wird er für Beschädigungen durch Computerviren, teilweise gelöschten Code bei Absturz u. ä. geradestehen müssen – wiederum mit der Einschränkung, daß die Festigkeit gegen derartige Ereignisse nicht ausdrücklich oder stillschweigend vereinbart ist.

Für die Beweisführung ist es am günstigsten, die Originaldiskette nach der Herstellung von Arbeits- und allfälligen Sicherheitskopien als Beweismittel gegen den Lieferanten aufzuheben. Sie sollten wissen, daß die schadenersatzrechtliche Verjährungsfrist bis zu 30 Jahre betragen kann! Da Datenträger derartige Zeiten voraussichtlich nicht überstehen werden, sollte zumindest bei Individualprogrammen auch ein entsprechender Ausdruck oder eine andere gesicherte Dokumentationsform hergestellt werden.

Eine weitere Gefahr lauert in den Standardeinstellungen. Typischerweise werden mit Programmen gewisse Standardeinstellungen mitgeliefert, ebenso typischerweise kann allein durch eine unsinnige Veränderung dieser Einstellungen eine Störung verursacht werden. Von seiten der Lieferanten derartiger Programme wird demnach häufig das Argument bzw. die Ausrede zu hören sein, daß eben eine Veränderung, die an den Einstellungsmöglichkeiten vorgenommen wurde, oder Bedienungsfehler die Ursache für einen Fehler sind. Was also für das Programm gilt, nämlich daß der „Urzustand" bei Anlieferung dokumentiert werden muß, gilt auch für Einstellungen.

Eine nicht unumstrittene Meinung wendet die gleichen Regeln auch auf Werkaufträge an, wie sie insbesondere bei Aufträgen zur individuellen Programmierung abgeschlossen werden. Insofern werden Sie in jedem Fall gut beraten sein, wenn Sie alle Waren, also auch Software, die individuell für Sie erzeugt wird, unverzüglich prüfen und rügen.

6.2.3 Fristen

Ein weiteres Hindernis, das sich dem Kläger in den Weg stellt, ist der Ablauf relativ kurzer Fristen. Da Geräte und Programme i. d. R. bewegliche Sachen sind, muß **binnen sechs Monaten** nach der Ablieferung die Klage (in Deutschland genügt auch ein Antrag auf selbständiges Beweisverfahren) bei Gericht eingebracht werden – das gilt auch dann, wenn die kaufmännische Untersuchungs- und Rügepflicht erfüllt wurde oder nicht zur Anwendung gelangt.

Achtung: Schon die bloße Weiterverwendung trotz (nachträglich entdecktem) Mangel, kann anspruchsvernichtend wirken!
Die Gewährleistungsfrist ist also im Prinzip eine Verjährungs- bzw. Verfallsfrist für die Klage oder Einrede!

Mängel und Fehler, die erst nach Ablauf der Gewährleistungsfrist zutage treten, können unter dem Gesichtspunkt der Gewährleistung nicht mehr geltend gemacht werden, möglicherweise aber unter dem Gesichtspunkt des Schadenersatzes – hier kann die Verfallsfrist bis zu 30 Jahre dauern. In der Regel sind allerdings Schadenersatzansprüche schwieriger durchzusetzen.

Die Mängeleinrede kann durch Mängelanzeige innerhalb der Gewähr-leistungsfrist auch ohne Klage perpetuiert („verewigt") werden, mit der Wirkung, daß der offene (Kauf-)Preisrest für Entgeltminderungen wegen der gerügten Mängel auch nach Ablauf der Klagsfrist noch zur Verfügung steht. Aber Achtung: Wollen Sie mehr als den zurückbehaltenen Preisrest, müssen Sie in jedem Fall rechtzeitig klagen!

Wenn Sie bereits alles bezahlt haben und dann einen Mangel entdecken, müssen Sie ebenfalls rechtzeitig klagen, es sei denn, es gelingt Ihnen, ein Anerkenntnis und eine Vereinbarung über die Verlängerung der Gewähr-leistungsfrist zu treffen.

6.3 Der Leistungsmaßstab

Damit juristisch ein Fehler vorliegt, von dem überhaupt irgendwelche Rechtsfolgen ableitbar sind, muß eine Differenz zwischen Soll (vertrag-lich geschuldeter Leistung) und Ist (tatsächlichem Zustand) vorliegen.

Der OGH hat dies nach ausführlicher Würdigung der deutschen Recht-sprechung so auf den Punkt gebracht:

„Wird jemandem Software zur Anwendung überlassen, so soll sie – un-abhängig von Details der Vertragsgestaltung in Hinsicht auf die Immaterialgüterrechte, die die Rechtsposition des Erwerbers mehr oder weniger einschränken – funktionieren."
OGH vom 14. 10. 1997, 5 Ob 504, 505/96 (vgl. Kapitel 18)

Abseits aller gelehrten Streitereien dürfen Sie also erwarten, daß Gerät und Programm schlicht **„funktionieren"**.

Ein zentrales Problem vieler Gewährleistungsprozesse (nicht nur in der EDV) ist nun, den Maßstab für dieses Funktionieren zu ergründen.

6.3.1 Ausdrücklich zugesicherte (vereinbarte) Eigenschaften

Relativ einfach ist es, wenn die Vertragspartner einzelne Merkmale dieses „Funktionierens" im Vertrag **schriftlich** genau festgelegt haben. Wenn Sie als Käufer Ihre Leistungsvorstellungen exakt formuliert in den Vertrag aufnehmen, können Sie für die Forderung, daß diese Spezifikationen auf Punkt und Beistrich erfüllt werden, eine Rechtsgrundlage vorweisen.

Die Erfahrung zeigt, daß vollständige Leistungsspezifikationen selten sind. Ein Grundübel, denn das Prozeßthema entsteht genau dort, wo eine Lücke klafft.

In der Praxis behilft man sich dann gerne mit der Behauptung, man habe noch das Verkaufsgespräch in Erinnerung, bei dem der Verkäufer mündlich ganz bestimmte, herausragende Eigenschaften ausdrücklich zugesagt habe. Oder man argumentiert, die jetzt interessierende Eigenschaft sei aufgrund der Natur des Geschäftes stillschweigend ausdrücklich zugesagt worden. Die Chancen, damit durchzukommen, sind – für beide Seiten! – genauso vage wie das Fundament, eben die mündlichen oder stillschweigend vereinbarten Eigenschaften.

Eine Frage – auch im Sinne der Streitvermeidung – ist daher, wie Sie zu ausreichenden Spezifikationen/Leistungsanforderungen für Ihre Geräte und Programme gelangen. Grundsätzlich gibt es drei Möglichkeiten:

- die Leistungsbeschreibungen des Technikers,
- ein Pflichtenheft,
- eine Darstellung von Funktion und Kundennutzen.

Wenn Sie heute einen neuen Wagen kaufen, gehen Sie klarerweise davon aus, daß er „funktioniert". Untersuchen wir beispielhaft nur einen Parameter: die Geschwindigkeit.

Ein Wagen, der 40 km/h Spitze fährt, funktioniert, allerdings liegt auf der Hand, daß heutzutage die gerechtfertigten Verbrauchererwartungen in anderen Regionen liegen. Gesetzt den Fall, Sie hätten keine näheren Informationen zu dem Wagen, den Sie sich kaufen – auch dann können Sie beanspruchen, daß er „schnell genug" fährt. Aber wieviel ist „genug" hinsichtlich Spitzengeschwindigkeit und Beschleunigungswert? Nach dem Stand der Technik können in beiden Bereichen beträchtliche Werte erreicht werden, deren Sinnhaftigkeit im praktischen Einsatz bisweilen dahingestellt sei. Eine Rolle wird bestimmt auch der Preis spielen.

Indes wird das Problem schon erkennbar: Wenn die Vertragspartner eines solchen Kaufs „genug" nicht näher definiert haben, gibt es einfach keinen Maßstab, der von beiden Parteien anerkannt wäre. Wie wird nun aber die Rechtsfrage beurteilt, ob der Maßstab erfüllt ist oder ein Mangel vorliegt? Damit wird offenkundig, was in einem solchen Fall die erste Aufgabe des Gerichtes ist: nämlich die Hausaufgaben der Vertragsparteien nachzutragen und zunächst einmal einen „objektiven" Maßstab zu erzeugen.

Dabei handelt es sich nicht etwa um ein exotisches Randproblem, sondern ein Problem, das immer und überall auftritt. Wenn wir akzeptieren, daß vollständige Leistungsspezifikationen für jeden nur denkbaren Fall beim Kauf von Geräten und Programmen nahezu unmöglich sind, entsteht immer ein derartiger Bewertungsspielraum.

Das Gericht hat sich dann in die Lage der Parteien bei Vertragsabschluß zu versetzen. Es muß seine eigene Phantasie walten lassen, was denn redliche Vertragspartner unter Berücksichtigung von Preis, Marktsituation, Bedarf usw. vereinbart hätten, hätten sie das konkrete Problem vor Augen gehabt. Die diesbezüglichen Erwägungen werden unter den Gesichtspunkten „gerechtfertigte Verbrauchererwartungen" bzw. „typische Normalbeschaffenheit" zusammengefaßt (siehe Kapitel 19). Dabei handelt es sich um nichts anderes als um die Vorstellung des Richters davon, was der Kunde braucht bzw. was ihm im konkreten Fall als geschuldete Leistung zuzubilligen ist.

Es liegt auf der Hand, daß dieses Verfahren häufig zu unzufriedenstellenden Ergebnissen führt. Auch in vergleichbaren Fällen sind die Schwankungsbreiten oft groß, die Entscheidungen von Richter zu Richter verschieden.

So wird etwa die gerechtfertigte Verbrauchererwartung in puncto Geschwindigkeit und Beschleunigung bei einem Allrad-Geländewagen mit 35 % Kletterfähigkeit anders sein als bei einem Ferrari.

> Meist kommt dazu, daß allen Beteiligten (inklusive Richter!) die ganz unterschiedlichen Denkabläufe oft nicht hinreichend bewußt sind: Der Vorgang des Maßstabfindens wird häufig verquickt mit dem Vorgang des Maßnehmens.

Wenn in der Urteilsbegründung steht, das Auto ist nicht „schnell genug", dann kann dies grundsätzlich auf zweierlei zurückzuführen sein: entweder darauf, daß die gerechtfertigten Kundenerwartungen im konkreten Fall ein schnelleres Auto nötig gemacht hätten (= Maßstab finden = richterliche Beurteilung), oder darauf, daß das angebotene Auto von seiner Type her an sich schnell genug gewesen wäre, aber das konkrete Exemplar die erforderlichen Werte nicht (bzw. nicht mehr, bei Gebrauchtwagen) schafft (= Maß nehmen, z. B. durch ein Sachverständigengutachten). Man wird in solchen Fällen vom Richter eine hinreichend klare Unterscheidung dieser beiden möglichen Begründungen fordern müssen.

Wie gesagt, Sie als Kunde hätten es in der Hand, sich bestimmte, für Sie zweckmäßige oder notwendige Eigenschaften zusichern zu lassen. Das können Sie nun wieder mündlich oder schriftlich tun, auch konkludente Handlung ist denkbar (z. B. bei Branchensoftware).

Verkäufer von Gerät und Programm sind geneigt, das Blaue vom Himmel zu versprechen. Selbstverständlich ist das Diskontmodell der eigenen Firma i. d. R. der Spitzenklasse der Konkurrenz um Längen voraus. Wenn Sie in Hinblick darauf, ob diese Zusagen dann auch bewiesen werden können, gerne ein Risiko eingehen, dann nehmen Sie wenigstens ein paar Zeugen mit, die diese mündlichen Ausführungen mit anhören. Kommt es Monate später zu einem Prozeß, werden die Erinnerungen an dieses Kaufgespräch mit größter Wahrscheinlichkeut unterschiedlich, vielleicht sogar widersprüchlich sein – ob Ihnen derartige Zeugenaussagen dienlich sein werden, bleibt abzuwarten!

Sinvoller ist es natürlich, sich die wichtigsten Dinge auf der Rechnung vermerken zu lassen. Nur: Welche Eigenschaften sind wichtig?

Damit sind wir wieder beim Problem ausreichender technischer Kenntnisse angelangt: In der Regel haben – gerade in der EDV-Branche – Verkäufer einen enormen **Wissensvorsprung.** Die wenigsten Nutzer sind in technischen Belangen sattelfest genug, um sich bereits beim Kauf entsprechend absichern zu können. Dieses Manko könnte am einfachsten durch einen EDV-Berater ausgeglichen werden. Unglücklicherweise sind deren Kosten häufig höher als der Preis von Gerät und Programm, so daß dieser Weg ausscheidet. Zudem haben die Geräte mittlerweile eine Leistungsfähigkeit erreicht, die wahrscheinlich ausreichend ist, und echte Alternativen bestehen – zumindest bei Standardprogrammen – ohnedies nicht, warum also einen Berater einschalten?!

Selbstverständlich haben auch die Verkäufer das Problem des Leistungsmaßstabs erkannt und auf ihre Weise zu lösen versucht, nämlich anhand von Vertragsmustern und Vorgaben für die Leistungsspezifikationen. Die Rede ist hier vom „Kauf nach Prospekt". Letztlich stellen die Techniker und Marketingfachleute fest, was zu verkaufen wünschenswert wäre. Dementsprechend wird dann im Prospekt eine Leistungsbeschreibung formuliert. Es versteht sich von selbst, daß diese Spezifikationen einfach einzuhalten sind.

Ähnlich geht es auch beim Verkauf von Neuwagen zu: Die Höchstgeschwindigkeit und die maximale Beschleunigung werden deutlich herausgestrichen. Damit kommt die Information, die den vertraglichen Maßstab bildet, vom Verkäufer. Sie ist eindeutig, exakt spezifiziert, meßbar und korrekt.

Erreicht im Auslieferungsfall ein konkretes Exemplar die erforderlichen Werte nicht, weil etwa nur noch sechs von zwölf Zylindern laufen, so wird der Verkäufer i. d. R. nicht zur Überzeugung gelangen, mit dieser inferioren Leistung den vertraglichen Maßstab zu erfüllen, weswegen Gewährleistungsstreitigkeiten in diesem Bereich selten sind. Wenn sich allerdings herausstellt, daß der Kunde ein Fahrzeug mit einer höheren Höchstgeschwindigkeit gebraucht hätte, ist er selber schuld. Denn was ihn erwartet, hätte er aus dem Prospekt wissen müssen.

Der feine Unterschied zu Gerät und Programm besteht nun darin, daß viele Kunden hinsichtlich der einzelnen Leistungsmerkmale eines PC wesentlich weniger sachkundig sind als hinsichtlich Höchstgeschwindigkeit eines Kraftfahrzeuges.

Ein weiteres Problem entsteht bei der Benennung von Kriterien, die schlecht meßbar sind. Das hervorragendste Beispiel ist „industriestandardkompatibel" oder schlicht „kompatibel". Kompatibel womit?

6.3.2 Kompatibilität als Rechtsproblem

Der Hersteller eines Computers hat klarereweise das Ziel, sämtliche Kunden ausschließlich mit seinen Modellen zu versorgen. Außerdem sollten die Kunden dann auch noch alle Zusatzgeräte und Programme von ihm kaufen **müssen**. In der Frühzeit der EDV war dies ein übliches Konzept, in der Groß-EDV wird es auch noch heute durchgängig verfolgt, und zwar auf verschiedenen Ebenen.

Am einfachsten läßt sich Inkompatibilität auf mechanischer Ebene erreichen. Gerätestecker beispielsweise kann man mit runden, dreieckigen, viereckigen, fünfeckigen, sechseckigen, siebeneckigen und achteckigen Polschuhen in den Größen subminiatur, winzigklein, normalminiatur, mittelgroß und sehr groß ausstatten. Die Polanzahl kann variiert werden. Schon bei acht Polen ergeben sich hier 512 Kombinationsmöglichkeiten – dabei ist bei dieser Rechnung die räumliche Anordnung der Polschuhe noch gar nicht berücksichtigt. So bekommt jeder Hersteller seine individuellen Stecker.

Später ging man dazu über, zuverlässige elektronische Möglichkeiten zu entwickeln, Inkompatibilität selektiv herzustellen. Der Nachteil elektronischer Inkompatibilität ist, daß sie nicht einfach durch das Aneinanderfügen von irgendwelchen billigen Steckerkupplungen behoben werden kann, sondern vielmehr intelligentere Einrichtungen, wie beispielsweise „Pufferboxen" für serielle Drucker, Protokollkonverter u. ä., erforderlich werden.

Erst nachdem sich die Kunden das nicht mehr gefallen ließen, haben sich Standards etabliert. Außerdem hat sich offenbar bei den Herstellern die Überzeugung durchgesetzt, daß eine „Teilkompatibilität" für den Absatz günstiger ist, als wenn jeder vollständig sein eigenes Süppchen kocht. Wesentliche Fortschritte auf diesem Gebiet haben Normierung und Standardisierung in internationalen Gremien geleistet. Ohne sie wäre der heutige Standard sicher unmöglich.

Aus rechtlicher Sicht müssen solche anerkannten Standards Bestandteil unseres Maßstabes sein, womit folgender Grundsatz gilt:

> Ein Gerät oder Programm ist dann kompatibel, wenn es die allgemein anerkannten Normen und internationalen Standards für derartige Geräte oder Programme einhält.

Noch günstiger ist es, wenn es (ausnahmsweise) gesetzliche Regelungen gibt, in denen derartige Normen für verbindlich erklärt werden. Im Bereich der Produktsicherheit, der elektrischen Sicherheit und der Störstrahlfestigkeit sind entsprechende Normen vorhanden.

Mindestens genauso maßgeblich sind „De-facto-Standards", die sich häufig zunächst am Markt etablieren und dann zur anerkannten Norm entwickeln. Technisch wäre etwa eine CD-ROM mit einem Durchmesser von 125 mm mitunter nützlich, weil sie mehr Speichervermögen hätte – nur, man könnte sie in ein gewöhnliches Laufwerk nicht einlegen. Der „richtige" Durchmesser ist rein willkürlich gewählt, es gibt überhaupt keine technische Notwendigkeit, warum CD-ROMs nicht einige Millimeter größer oder kleiner sein sollten. Dennoch hat sich der Durchmesser von 120 mm in den allgemeinen Verbrauchererwartungen derart als Standard festgesetzt, daß eine 125 mm CD ohne Zweifel als „zu groß" qualifiziert werden würde. Das Problem tritt deswegen nicht auf, weil der Standard durchgängig anerkannt ist. Niemand kommt mehr auf die Idee, größere CDs zu produzieren. Und wenn Sie einen Computer kaufen, werden Sie mit Sicherheit nicht den CD-Durchmesser spezifizieren.

Eine zentrale Frage muß also lauten: Wann ist eine Spezifikation allgemein anerkannte Norm?
Pragmatische Antwort: Dann, wenn der Richter im Prozeß diese Spezifikation als Maßstab heranzieht. Dies wird häufig schon dann der Fall sein, wenn sie dem Sachverständigen selbstverständlich vorkommt. Inhalt eines Maßstabes ist daher, was den Konsens unter den Marktteilnehmern darstellt.

Hier kommt nun wieder der Faktor Zeit ins Spiel: Dieser Konsens, also unsere Vorstellungen davon, wann ein Gerät kompatibel ist, verändert sich **täglich!** Täglich etablieren sich neue Standards, und alte gehen unter.
Welcher Zeitpunkt gilt dann: jener des Vertragsabschlusses oder jener der Urteilsfällung? In der Theorie ist selbstverständlich der Tag des Vertragsabschlusses entscheidend. In der Praxis ist das Problem bisweilen nicht bewußt, und vor allem Sachverständige neigen dazu, immer ihr ganzes Wissen auf den Fall anzuwenden – nicht bloß jenes Wissen, das zum Zeitpunkt des Vertragsabschlusses Allgemeingut war. Dieser Faktor benachteiligt die Herstellerseite i. d. R. etwas.
Insgesamt ist der Begriff „kompatibel" einigermaßen schlüpfrig. Er hat eher etwas mit einem Schlagwort als mit einer exakten Marke auf einem Präzisionsmaßstab zu tun. Mechanische Kompatibilität kann noch am ehesten durch Normen geregelt werden, kaum jemand erzeugt beispielsweise Adapterkarten, die andere oder eine größere Anzahl von Polen haben, als dies nach den AT- oder PCI-Spezifikationen vorgesehen sind. Das wirkliche Problem beginnt, wo die Normen aufhören, vor allem im Bereich der Programme. Aus theoretischer Sicht gäbe es zu diesem interessanten Problem viel zu sagen. Hier soll es jedoch nicht um die Diskussion allgemeingültiger Lösungsansätze gehen, sondern vielmehr darum, wie Sie das Problem „Kompatibilität" in Ihrem individuellen Fall bewältigen:

Am einfachsten ist, Sie lassen sich in der Rechnung folgendes bestätigen: *„Kompatibel mit dem bereits vorhandenen System XYZ und dem Programm ABC."* Dann sind nicht irgendwelche weltweiten Standards der Maßstab, sondern Ihr bereits vorhandenes System.

Sobald Sie ein derartiges Ansinnen äußern, werden Sie auch von geübten Verkäufern rasch eine offenherzige Antwort auf die Kompatibilitätsfrage erhalten: Kaum jemand wird Ihnen so ohne weiteres die vollständige Kompatibilität mit Ihrem Gerät oder gar mit Ihren vorhandenen Altprogrammen garantieren wollen.

Die Praxis behilft sich in solchen Fällen mit einem zeitlich befristeten Umtauschrecht. Das ist aber keine wirklich befriedigende Lösung. Wenn eine Netzwerkadapterkarte 35 EUR kostet und zehn Stunden Berateraufwand nötig sind, um herauszufinden, daß die Karte eben doch nicht kompatibel ist, ist die kostenfreie Rückgabemöglichkeit höchstens ein kleines Trostpflaster.

Dies führt uns nun zurück zu unserem Ausgangspunkt, dem Maßstabproblem: Die erste Lösung, die Maßstäbe vom Hersteller verfertigen zu lassen, indem man sich auf Prospektangaben, bei Programmen auf Spezifikationen gemäß Handbüchern einläßt, ist fragwürdig. Damit wird ein Ungleichgewicht zugunsten des Verkäufers geschaffen. Aufgrund seines Informationsvorsprunges bekommt er letztlich die Möglichkeit, seine Interessen zum Vertragsgegenstand zu erheben – er legt fest, was „funktioniert" oder „kompatibel" ist.

6.3.3 Eine explosive Mischung: Geräte und Programme von verschiedenen Herstellern/Händlern

Häufig funktionieren PCs anfangs tadellos, besonders beim Diskonter oder im Lebensmittelhandel gekaufte Geräte. Sie werden äußerst sorgfältig zusammengesetzt. Die Sorgfalt bezieht sich im besonderen auf die Auswahl der Komponenten. Es werden von den billigsten Komponenten der Welt genau jene genommen, die gerade noch reibungslos zusammenarbeiten – zumindest in den meisten Fällen wird das so sein.

Die Normen und technischen Spezifikationen sehen häufig Bandbreiten vor. Das obere Ende der Bandbreite ist meist dadurch charakterisiert, daß der Bauteileaufwand um einiges höher ist.

Grundsätzlich ist einfach alles möglich. Es kann auch passieren, daß besonders hochwertige Adapter, die sich ganz besonders exakt an Vorgaben halten, gerade deswegen in Billigboards nicht funktionieren. Weit häufiger wird man seine Wunder erleben, wenn man in ein billiges Gerät vom Diskonter andere Adapter schiebt, andere Festplatten einbaut, andere Programme installiert, womöglich in Betriebssystemeinstellungen eingreift – oft geht dann gar nichts mehr.

Das soll nun nicht heißen, daß bei Spitzenmarkengeräten derartige Effekte nicht auch eintreten. Der Fachhändler hat sich mit den gleichen Problemen herumzuschlagen, wenn er aus Unmengen diverser Komponenten ein lauffähiges System zusammenstricken muß (nur beobachtet ihn keiner dabei). Wenn die ganze Arbeit durch den Einbau eines „falschen" Netzwerkadapters hinfällig ist, ist das Chaos perfekt.

Sie ahnen schon, daß Sie hier als Gewährleistungskläger ziemlich auf verlorenem Posten stehen: Eine „Kompatibilität auf die Mycrosekunde" kann nicht generell als zugesicherte oder stillschweigend vereinbarte Eigenschaft gelten. Besonders, wenn der eine Adapter funktioniert und der andere nicht und Ihr Verkäufer ohnehin passende Teile, nur etwas teurer, im Programm hat, werden Sie selten mehr ernten als den Vorschlag, Sie hätten eben die erprobten Komponenten bei ihm kaufen sollen.

Etwas unglücklicher sind Sie mit dem PC vom Lebensmittelhändler dran, der i. d. R. gar keine Zusatzgeräte verkauft. Dabei kann unter Umständen schon ein falsches Kabel den Betrieb des Gerätes nachhaltig stören.

Die Ansprüche sind dreifach abhängig:

a) Sie müssen die Ursache des fehlerhaften Zusammenwirkens der verschiedenen Fremdkomponenten ergründen.

b) Dann gilt es, einen eindeutigen Verstoß einer dieser Komponenten gegen einen gültigen Maßstab herauszufinden.

c) Schließlich ist dieser Verstoß als Verstoß gegen eine ausdrücklich zugesicherte oder gewöhnlich vorhandene, als arglistig verschwiegene u. ä. Eigenschaft nachzuweisen.

Besonders unangenehm sind Fälle, in denen der Fehler sowohl durch die Komponente A als auch durch die Komponente B verursacht wurde. Wenn also beispielsweise die neue Festplatte mit dem neuen Videoadapter im alten Motherboard nicht zusammenarbeitet, wohl aber die neue Festplatte in einem anderen neuen Computer, die neue Festplatte im alten Computer mit dem alten Videoadapter, der alte Videoadapter mit dem alten Computer und einer anderen Festplatte usw. und so fort, nur just Videoadapter neu und Festplatte neu einander nicht ertragen können.

Der beigezogene Berater wird den Kopf schütteln, erklären, daß ihm der Fehler völlig unverständlich sei. Die Begründung wird in etwa so lauten, daß der Bildschirm ersichtlicherweise kein Eingabegerät sei, weswegen aus dem Videoadapter keinerlei Daten direkt auf die Festplatte gesendet werden können, so daß eine gegenseitige Störung dieser beiden Geräte mit an Sicherheit grenzender Wahrscheinlichkeit ausgeschlossen sei!?

Wer von den dreien, Motherboardhersteller, Festplattenhersteller oder Videoadapterhersteller (Verkäufer) hat dann gegen eine ausdrücklich zugesicherte Eigenschaft verstoßen? Derartigen Zermürbungen halten erfahrungsgemäß weder Kläger noch Gerichte lange stand, so daß ganz zufällige Ergebnisse – je nach der Beurteilung der Sach- und Rechtslage durch den Sachverständigen – die Folge sind.

6.3.4 Pflichtenheft

Ein anderer häufig beschrittener Weg, besonders bei individuellen Programmen, ist der des Pflichtenheftes.

Die Erstellung eines Pflichtenheftes ist eine komplexe Aufgabe. Man muß über die Arbeitsabläufe Bescheid wissen, das Ziel, das durch das Programm oder den EDV-Einsatz erreicht werden soll, als auch die technischen Möglichkeiten und Notwendigkeiten von Programmen und Geräten kennen und die organisatorischen Auswirkungen des EDV-Einsatzes an sich abschätzen.

Dieses Wissen ist nun verteilt, die Kunden wissen, was sie wollen und was das Programm tun soll, der EDV-Berater, was der Computer kann, und keiner, was genau geschieht, wenn man den Computer an das Problem heranläßt.

Wenn Sie einen EDV-Berater mit der Installation eines EDV-Systems beauftragen, befinden Sie sich in der gleichen Rolle wie ein Bauherr, der einen Architekten mit der Erstellung von Bauplänen beauftragt. Sind diese Baupläne mangelhaft und stürzt das Gebäude daraufhin ein, so ist das zunächst Ihr Risiko als Bauherr. Sie können nun grundsätzlich den Architekten klagen, es sei denn, der Mangel der Baupläne, beispielsweise eine falsch eingezeichnete Führung der Bewehrung, wäre – wie so oft – auch für die Baufirma erkennbar gewesen.

Praktischerweise kann die ganze Judikatur zur Prüf- und Warnpflicht zumindest prinzipiell übernommen werden. D. h., der EDV-Unternehmer (Baufirma) hat in einem solchen Fall das ihm übergebene Pflichtenheft (Baupläne) zu besehen und zu durchdenken und vor offenkundigen Mängeln zu warnen. Verletzt er seine Prüf- und Warnpflicht, so haftet er.

War der Auftraggeber selbst sachkundig oder sachkundig beraten, so sind, wenn möglich, „gerechte" Anteile zuzuweisen. In diesem Zusammenhang ist eine ausreichende Haftpflichtversicherung zweckmäßig, die Schäden abdeckt, die Ihre EDV-Berater möglicherweise anrichten.

Eine Möglichkeit ist natürlich – ähnlich wie ein Generalunternehmer den ganzen Bau bei vorgegebenem Bauziel zu planen, zu errichten und zu koordinieren hat –, einem Softwarehaus einen Generalauftrag im Sinne eines umfassenden Werkauftrages zu erteilen. In diesem Fall haftet der Lieferant auch, wenn das Pflichtenheft fehlt oder Lücken aufweist.

„Hat das Softwarehaus ein Pflichtenheft zu erstellen, so schuldet es eine Ist-Analyse der Verhältnisse beim Kunden und eine konkrete Darstellung der allgemeinen und besonderen Funktionen der Software derart, daß ein hinreichender Maßstab für die Bewertung des Endergebnisses zur Verfügung steht."
OLG Düsseldorf, 10. 6. 1992, 19 U 23/91, CR 1993, 361

*„Ob die Leistung (...) dem vertraglich vorausgesetzten Gebrauch entspricht, läßt sich nur dann bestimmen, wenn dieser hinreichend spezifiziert ist. EDV-Einsteiger von der Größe eines mittelständischen Handwerksbetriebes (...) wenden sich an den Lieferanten zumeist mit dem **Ziel einer Problemlösung** (...) Der Lieferant muß sich mit Hilfe des Anwenders über dessen betriebliche Abläufe kundig machen, der Anwender muß erfahren, wie diese Abläufe gelöst werden.*
Nur so Schritt für Schritt kann der vertraglich vorausgesetzte Gebrauch konkretisiert werden. Dazu kann es notwendig sein, einen Testlauf durchzuführen und/oder die Ergebnisse in einem Pflichtenheft zu fixieren (...) Der Lieferant, der Branchenlösungen vertreibt, kennt diese Kommunikationsprobleme; er hat die überlegenen Kenntnisse. Von ihm muß daher die Beratungsinitiative ausgehen."
OLG Stuttgart, 18. 10. 1988, ECR OLG, 17,51

Eine Möglichkeit für alle jene, die es „heiß" mögen, besteht auch darin, den Lieferanten durch die eigenen Anlagen zu führen, ihn zu fragen, was denn ein Computer im konkreten Fall alles leisten kann, wenn er entsprechend programmiert wird, ihn dann im Prinzip „damit" zu einem Fixpauschalfestpreis zu beauftragen und schließlich abzuwarten, was geschieht. Dieser Vorschlag ist zwar wegen der fehlenden Leistungsspezifikationen ziemlich riskant, aber keineswegs ganz absurd, wird doch so die Erkundigungspflicht und das Beratungsrisiko zum größten Teil auf den Lieferanten überwälzt:

> *„ Entfällt die Pflicht zur Herstellung des Pflichtenheftes, so schuldet der Auftragnehmer dann eine Leistung nach dem Stand der Technik mit mittlerem Ausstattungsstandard. "*

BGH 24. 8. 1991, ECR BGH 14,88 = ECR 1992, 453 amtliche Leitsätze

Insgesamt ergibt sich daher eine breite Palette von Möglichkeiten, wie der Maßstab für die vertraglich geschuldete Leistung zustande kommen kann: beginnend bei ausdrücklich zugesicherter und vereinbarter, detailliert umschriebener Leistung und Eigenschaft über Normen- und Branchenerwartungen, gerechtfertigte Kunden-, Verbrauchererwartungen, den Stand der Technik mit mittlerem Ausstattungsstandard bis hin zur Festlegung der Leistungsspezifikationen im Einzelfall durch Gerichtsentscheidung.

6.3.5 ISO 9000-3

Die ISO 9000-3 verlangt in ihrem Punkt 5.3.1, daß „für die Durchführung der Softwareentwicklung der Lieferant einen vollständigen und eindeutigen Satz von funktionalen Forderungen haben sollte", d. h. eine Liste der geforderten Funktionen und das auch noch eindeutig und vollständig. Geregelt werden sollten:

a) Leistung,
b) Ausfallsicherheit,
c) Zuverlässigkeit,
d) Datensicherheit,
e) Persönlichkeitsschutz,
f) Schnittstellen zu anderen Hard- und Softwareprodukten.

Außerdem ist nach der ISO 9000-3 eine Validierung vorgesehen, d. h., es ist zu prüfen, ob die fertiggestellte Leistung den Spezifikationen entspricht.

Das Problem sind die Kosten: Wenn man alles ganz richtig macht, entstehen durch diese Abläufe vordergründig oft höhere Kosten als für die Programmierung selbst. Man darf allerdings nicht übersehen, daß mit der Erfüllung der Standards der ISO in den nächsten Jahren höhere Zufriedenheit, Ausfallsicherheit und Funktionalität gegeben sein sollten. Als zusätzlicher Nutzen liegt ein eindeutiger Maßstab vor – wenn es zu einem

Rechtsstreit kommt, wird die Durchsetzung von Ansprüchen wesentlich erleichtert.

6.4 Hurra, ein Fehler!

Angesichts der umfangreichen Vorarbeiten, die Sie mit der Beschaffung hatten, gestaltet sich das Auspacken und Inbetriebnehmen zu einem spannenden Moment: Versagen Gerät und Programm oder nicht? Ernten wir die Früchte unserer Bemühungen in einem problemlosen Betrieb der EDV, oder haben wir Gelegenheit zu testen, wie gut unsere Vorbereitungen auf den Ernstfall Rechtsstreit waren?

Für die Erstinbetriebnahme, wie auch für jede weitere Situation, in der sich möglicherweise ein EDV-Fehler ereignet, gilt: Dokumentieren, dokumentieren, dokumentieren!

Wenn Sie die vorangegangenen Ratschläge ernst genommen haben und daher über einen „prozeßtauglichen" Maßstab verfügen, geht es jetzt an den Meßvorgang: Es ist ein Leichtes festzustellen, ob das Ist das Soll erfüllt. Wenn nicht, und das auch beweisbar ist, liegt ein rechtlich relevanter Sachverhalt vor.

Wie dokumentieren Sie nun das Versagen der EDV? Für reproduzierbare Fehler genügt es, diese verbal und allenfalls durch eidesstättige Erklärungen der Beteiligten festzuhalten, manchmal ist auch ein kleines Video günstig. Kiloweise durch widersinnige Ausdrucke vergeudetes Papier sind ein Beweismittel – nicht nur für den unmittelbaren Schaden, sondern auch für den Zeitaufwand, der damit verbunden war.

Aus prozeßtaktischer Sicht werden bei der Dokumentation häufig mehrere Fehler gleichzeitig gemacht. Zunächst wird oft mehr oder weniger dilettantisch versucht, den Schaden selbst zu reparieren. Dabei werden weder die ergriffenen Maßnahmen noch der Zeitaufwand der damit befaßten Mitarbeiter exakt erfaßt – obwohl ja ein ersatzfähiger Schaden vorliegen kann!

D. h., sobald im normalen Betrieb der EDV irgendeine Abweichung vom Leistungsmaßstab eintritt, zunächst einmal **Hände weg von allen undokumentierten Selbsthilfemaßnahmen.** Sie sind zwar zur Schadensminderung verpflichtet und werden i. d. R. auch schon aus eigenem Interesse entsprechende Maßnahmen ergreifen, aber die Gefahr, daß sich dadurch der Schaden weiterfrißt und immer größer wird, ist nicht von der Hand zu weisen.

Ziehen Sie daher in jedem Fall Zeugen bei und dokumentieren Sie alle Eingaben und Reaktionen des Gerätes.

Sobald mit den im Handbuch aufgezeigten oder sonst üblichen Fehlerbehebungsmaßnahmen kein Ergebnis zu erzielen ist, stellt sich die Frage: Soll ich das Gerät/Programm mit einer Reklamation zurückschicken und/oder einen Sachverständigen beauftragen?

Sie erinnern sich: Wenn Sie klagen wollen, sind Sie i. d. R. für Ihre Behauptungen beweispflichtig. Es ist daher Ihre Aufgabe, zunächst einmal den Fehler soweit einzukreisen, daß eine Verursachung aus der Sphäre des Verkäufers gesichert ist. Sie müssen keineswegs den ganzen Kausalablauf erkunden. Sie müssen aber die Behauptung widerlegen können, Sie hätten den Fehler durch Eingabeirrtümer, schlechte Bedienung, Mißhandlung des Gerätes etc. selbst verursacht.

Die sichere Vorgangsweise ist, einen Sachverständigen beizuziehen. Stellt sich dann heraus, daß etwa ein Bedienungsfehler den Schaden verursacht hat, haben Sie Pech gehabt.

Wenn Sie rechtsschutzversichert sind und Ihnen nach Ihrem Versicherungsvertrag ein entsprechender Sachverständiger zur Verfügung steht, dürfen Sie diesen i. d. R. erst mit Zustimmung Ihrer Versicherung beauftragen.

Wie gesagt, fordert § 377 HGB die sofortige Rüge. Auch sonst ist eine sofortige Reklamation äußerst ratsam, nicht zuletzt, weil die Angelegenheit ja so rasch wie möglich behoben werden muß.

6.4.1 Spezifikationserfordernis der Mängelrüge

Rügen unterliegen einem Spezifikationserfordernis. Es reicht also nicht, im ersten Ärger zu erklären, die EDV-Anlage sei Schrott, und daraufhin den Verkäufer nach allen Regeln der Kunst zu verklagen. Vielmehr ist die Fehlfunktion im Detail zu beschreiben, was dazu führt, daß bei einer allzu genauen Beschreibung nur das als reklamiert gilt, was in dieser Fehlerbeschreibung enthalten ist. Eine entsprechende Mischung aus detaillierten und allgemeineren Angaben ist daher zweckmäßig.

Die Alternative wäre, den Verkäufer hinzuzuziehen, womöglich sogar Gerät und Programm einzusenden. Abgesehen davon, daß keineswegs gewiß ist, wann man die oft dringend benötigten Teile wiederbekommt (man denke nur an den zwischenzeitigen Konkurs des Verkäufers, wenn er allzuviele mangelhafte Geräte in Umlauf gesetzt hat), vernichten Sie auf diese Weise womöglich Ihr wichtigstes Beweismittel!

Behalten Sie daher bei Programmen immer eine Sicherungskopie der defekten Version für Prozeßzwecke zurück. (Selbstverständlich in einem vor Zeugen versiegelten Kuvert, damit keiner behaupten kann, Sie hätten den Fehler nachträglich selbst eingebaut.) Bei Geräten sollten Sie, soweit möglich, Seriennummern aufschreiben und entsprechende Fotos von relevanten Bereichen herstellen. Dies gilt insbesondere bei Fehlfunktionen. Wenn beispielsweise die Steuerung einer Getränkeabfüllanlage versagt und Hunderte Hektoliter Bier versickern, weil auf einer Schnittstellenplatine zur Steuerung der Abfüllanlage ein falscher Relaistyp eingebaut war, so sind für den folgenden Prozeß sowohl Fotos von der Überschwemmung als auch von der zwecks Reparatur eingesandten Platine äußerst hilfreich. Besonders, wenn Sie einen Verbesserungs-/Nachbesserungsanspruch geltend machen wollen, ist die Herausgabe des defekten Teiles unerläßlich (sofern nicht eine Reparatur vor Ort erfolgt).

6.4.2 Beratungs- und Wartungsfehler

Wiederum gilt die Faustregel „perfekte Dokumentation", was gerade hier nicht immer ganz leicht ist.

Zahlreiche Firmen nutzen die laufende Wartung zum Anknüpfen und Aufrechterhalten eines stetigen Kundenkontaktes. Nebenbei werden die kleineren oder größeren Problemchen amikal besprochen. Keiner denkt daran, die wichtigen Punkte solcher Gespräche niederzuschreiben oder ein Tonband mitlaufen zu lassen.

Besonders, wenn sich eine solche Kundenbeziehung längerfristig problemlos gestaltet, erlahmt im allgemeinen die Vorsicht, bis zu jenem Punkt, an dem der Schadensfall eintritt.

Ähnlich ist die Lage, wenn der Servicetechniker nur so vor sich hin werkelt, da und dort am Gerät schraubt, dies und das einspeichert und dann wieder von dannen zieht. In der Regel wird nicht dokumentiert, was er denn heute wieder so eingespielt hat – beispielsweise einen Computervirus.

Sollte dieses unerfreuliche Szenario tatsächlich eintreffen und schlägt der Virus dann acht Wochen später zu, besteht nicht mehr die geringste Chance, den Beweis dafür anzutreten, daß der Servicetechniker diesen Virus mit der Diskette eingeschleppt hat, mit der er beim vorigen Kunden bloß eben mal schnell eine Datei kopiert hatte.

Es ist unmöglich, alle Eventualitäten darzustellen, wodurch Sie als Kunde einen Prozeßerfolg mit Sicherheit vereiteln können, weil Sie eben eine sinnvolle und notwendige Dokumentation verabsäumt haben. Der Rat, stets maximal auf der Hut zu sein, ist für all jene Schadensfälle wertlos, mit denen man schlichtweg niemals gerechnet hätte. Solche Fälle (wie etwa die eben beschriebene undokumentierte Virusinfektion durch einen Servicetechniker) fallen dann eben unter das allgemeine Lebensrisiko. – Irgendwann muß man zur Kenntnis nehmen, daß man sich nicht gegen alles und jedes vollständig absichern kann.

> Ihr Anwalt ist nur so stark, wie Ihre Beweismittel reichen: Wenn Sie Pech gehabt haben und nichts in der Hand halten, vergessen Sie es einfach.

Ein wichtiges Ziel dieses Buches ist es auch, die Fähigkeit zur Selbstkritik zu stärken. Manche Fälle von Computerärger sind weder prozeß- noch erstattungsfähig, aus mangelnder Vorkehrung, mangelnder Vorsicht oder einfach, weil man Pech gehabt hat.

Im modernen Schadenersatzrecht besteht zwar die Grundtendenz, für jede Unbill, die uns trifft, jemand anderen verantwortlich zu machen und zu verklagen (in Amerika spricht man von der „Gesellschaft der Kläger"). Allerdings ist es auch eine wesentliche Fähigkeit zu erkennen, wann die Mittel dafür im Konkreten nicht reichen.

Das Erfordernis einer geordneten und umfassenden Dokumentation besteht daher während des ganzen „Lebenslaufes" einer EDV-Anlage, vom allerersten Beratungsgespräch bis zur umweltrechtlich einwandfreien Entsorgung, ganz besonders dann, wenn man irgendwelche Ansprüche geltend machen will.

6.5 Einige prägnante Einzelentscheidungen

An dieser Stelle sei zur weiteren Eingrenzung der Maßstabproblematik auf einige prägnante Einzelentscheidungen hingewiesen (für weitere Darstellungen vgl. auch Kapitel 19). Die Richtlinien, die hier aufzeigt werden, sind Einzelfällen entnommen und prinzipiell nur auf vergleichbare Fälle anwendbar; außerdem unterliegt gerade in der EDV die Entscheidungspraxis der Gerichte einem stetigen Wandel.

Mitwirkungspflicht des Verkäufers |

„Hat der Kunde keine oder nur laienhafte Vorstellungen und Vorkenntnisse, so gehört zur Mitwirkungspflicht des Anbieters beim Verkauf branchenspezifischer Software – hier Kraftfahrzeugwerkstätten – die Abklärung, welche von mehreren vertriebenen Versionen (...) geeignet und angemessen dimensioniert ist."
OLG Köln, 22. 10. 1993, 19 U 62/93, CR 1994, 212

Stand der Technik |

„Daß ein 286er AT als Fileserver wegen seiner geringen Verarbeitungsgeschwindigkeit nicht mehr dem Stand der Technik entspricht, hat die Klägerin als Fachfirma im Rahmen der Vertragsanbahnung aufzuklären."
OLG Köln, 11. 12. 1992, 19 U 244/91

Nicht ausreichende Speicherkapazität einer Festplatte |

„Nicht ausreichende Speicherkapazität zum vertragsgemäßen Gebrauch – Anlage mangelhaft
Teilt der Käufer Kundenanzahl (hier 1000) und Artikel des Warenlagers (hier 5000) mit, obliegt es dem Verkäufer, aus diesen Angaben die erforderliche Speicherkapazität zu errechnen."
OLG Köln, 26. 10. 1990, 19 U 28/90

Häufiges „Abstürzen" █

„Häufiges ‚Abstürzen' eines auf die Bedürfnisse des Anwenders ‚um-gestrickten' Standardprogrammes ist ein eine Wandlung rechtfertigen-der Mangel."

OLG Köln, 22. 5. 1988, CR 1989, 391

„Bei der tagtäglichen Bedienung eines Computers durch mehrere Mit-arbeiter des Klägers sind Falscheingaben nicht auszuschließen. Es ist da-her die Aufgabe des Programms, diese Fehler anzuzeigen und dem Mit-arbeiter die Art des Fehlers mitzuteilen."

LG Heilbronn, 11. 10. 1988, 2 O 17/85

„Ein Laptop, dessen Hauptspeicher von 4 MB nicht erweitert werden kann, ohne daß er ständig abstürzt, besitzt als Gerät keinen Nutzungs-wert.

Angaben in der Preisliste des Händlers und der Bedienungsanleitung des Laptops sind zumindest stillschweigend zugesicherte Eigenschaften, für die einzustehen ist, daher Wandlung."

OLG Köln, 31. 3. 1997, 19 U 174/96, Computer und Recht 2/98, S. 86

Einbau anderer statt der vereinbarten Teile █

„Nach über 2 ¹/₂ Jahren beanstandungsfreiem Betrieb kann nicht mehr geltend gemacht werden, daß in den gekauften mehreren hundert PCs statt der vereinbarten Streamercontroller Adapter aus eigener Fertigung eingebaut worden waren."

BGH 12. 3. 1997, 8 ZR 15/96, Computer und Recht 1997, S. 462

Gehört Erstinstallation zu den übernommenen Pflichten des Herstellers? █

„Bei erstmaliger Veräußerung eines umfangreichen Softwarepaketes (Branchensoftware, Handwerkerpaket, offene Postenverwaltung) an ei-nen neuen Kunden gehört die Erstinstallation bei sachgerechter Ausle-gung der getroffenen Vereinbarungen zu den übernommenen Pflichten des Herstellers. Ohne Installation keine Ablieferung und keine Abnah-me, obwohl Software selbst fehlerfrei!"

OLG Ham, 3. 2. 1997, 13 U 153/96, Computer und Recht 1998, S. 202

6.6 Folgt die Rechtsordnung dem gesunden Menschenverstand?

Theoretisch wäre es den „Erfindern einer Rechtsordnung" zum Beispiel möglich vorzuschreiben, daß der Verkäufer während der Gewährleistungsfrist für alle Schäden haftet, die entstehen. Bisweilen wird das von Konsumentenschützern auch gefordert.

Aber überlegen Sie sich die praktische Konsequenz: Daimler Benz würde sechs Monate nach Auslieferung des PKW für jede Beschädigung – auch durch Unfälle, Unachtsamkeit, Unwetter etc. – haften. Wollte man solches einführen, so müßten die Fahrzeuge unmäßig teurer werden und außerdem würde der Autohersteller für Schäden haften, die er weder (mit)verschuldet hat, noch irgendwie verhindern könnte.

Wollte man dem Verkäufer die Beweislast für die Entstehung eines Schadens zuordnen, wären die Firmen in ernsthaften Schwierigkeiten. Aus diesem Grund können Sie fürs erste davon ausgehen, daß in allen marktwirtschaftlich bestimmten Rechtsordnungen der Verkäufer jedenfalls nicht für Schäden an dem Kaufgegenstand haftet, die nach der Übereignung verursacht worden sind. Folglich wird wohl i. d. R. dem Käufer die Klägerrolle und die Beweislast für die Schadensentstehung zufallen müssen.

Die geltenden Beweislastregeln sind so gesehen durchaus plausibel. Nur haben Sie damit den Schwarzen Peter in der Hand: Sie müssen zumindest beweisen, daß Sie mit dem Gerät sachgemäß umgegangen sind, also keine Bedienungsfehler begangen haben. Dies ist bei nicht reproduzierbaren Fehlern ein schwieriges Unterfangen und erfordert langwierige Dokumentation.

Andererseits wird mit der steigenden technischen Komplexität auch das Risiko der Verkäuferseite immer größer, die Chancen des Kunden steigen: Kaufen Sie eine Vase, und lassen Sie sie nach dem Kauf fallen, so ist die Kausalität klar. Fahren Sie Ihren neuen Benz an einem Alleebaum zu Schrott, so können Sie immerhin schon behaupten, die Bremsanlage habe versagt – ohne daß dies auf den ersten Blick als möglicher Schwindel zu erkennen ist. Wenn ein Prozessor mit 8,8 Millionen Transistoren ausfällt, ist für den äußeren Betrachter in keiner Weise mehr ein Anhaltspunkt für die Schadensentstehung gegeben.

(Leider) verschiebt sich die Wahrscheinlichkeit der Verursachung mit jeder Runde, in der an der Komplexitätsspirale gedreht wird, mehr und mehr zur Verkäuferseite (siehe kritische Teileanzahl). Das bedeutet aber nur, daß die „Angriffsfläche" für eine Beweisführung größer geworden ist, es gibt einfach mehr zu untersuchen, was aber keineswegs bedeutet, daß nun die Prozesse einfacher und billiger werden oder der Käufer schon grundsätzlich vom – damit auch schwierigeren – Kausalitätsnachweis befreit wäre.

Gewisse Tendenzen aus dem Konsumentenschutzbereich gehen zwar in die Richtung, den Herstellern Beweislastumkehr aufzubürden. Wegen der dargestellten faktischen Konsequenzen wird das aber mühsam sein, wenn man nicht das Kind mit dem Bade ausgießen will.

Gegenwärtig jedenfalls kann ich Ihnen nicht raten, eine Klage gegen irgendwen einzubringen, wenn Sie beweis- und informationsmäßig mit leeren Händen dastehen, nur sagen können, irgendetwas funktioniert nicht, wer oder was dies aber verursacht habe, müsse eben erst im Prozeß geklärt werden. Das ist zweifelsohne die teuerste und gefährlichste Form der Wahrheitsfindung!

Der Sachverhalt, auf den Sie Ihre Klage stützen wollen, muß grundsätzlich bereits vor Prozeßbeginn bekannt sein. Vor Gericht geht es nur darum, diesen bekannten Sachverhalt zu beweisen. Es ist nicht Zweck des Prozesses, erst einmal herauszufinden, welcher Sachverhalt eigentlich gegeben ist. (Nur in einem Strafprozeß, wenn es Ihnen gelingt, einen Betrugsverdacht darzustellen, könnte die Ermittlung eventuell von Amts wegen und auf Staatskosten erfolgen.)

7. Vertragstypen

7.1 Kauf und Werkvertrag

In unserem Zusammenhang unterscheiden sich Kauf und Werkvertrag durch den Grad der Anpassung von Gerät oder Programm an Ihre individuellen Bedürfnisse. Damit unterscheiden sie sich auch durch den Zeitpunkt, zu dem der Vertragsgegenstand zu existieren beginnt: Nicht zwangsläufig, aber üblicherweise existiert der Kaufgegenstand bereits zum Zeitpunkt des Abschlusses eines Kaufvertrages. Besonders bei Standardgeräten und -programmen wird dies der Fall sein. Beim Werkvertrag existiert zunächst nur die Vision des Kunden vom Vertragsgegenstand. Diese Vision tritt dann nach außen, zunächst in Form eines Verkaufsgespräches und eines Vertragsinhaltes.

Daraus wird schon klar, daß der Werkvertrag wesentlich irrtumsanfälliger ist: Die Kaufsache kann i. d. R. besichtigt werden, zumindest ist sie einigermaßen exakt beschrieben. Der Gegenstand des Werkvertrages wird womöglich erst in einem interaktiven Prozeß zwischen Auftraggeber und Auftragnehmer umrissen und vertraglich festgeschrieben.

Insbesondere der Kauf von Standardsoftware ist ein Akt, der tausendfach, ja mitunter millionenfach wiederholt wird, so daß der Verkäufer zufolge zahlloser Reklamationen schon weiß, was Sache ist. Bei Individualsoftware sieht das natürlich ganz anders aus. Dementsprechend sind auch die Gewährleistungsbehelfe andersartig. Im besonderen liegen die Unterschiede in Art und Umfang von Verbesserungsansprüchen. Es liegt auf der Hand, daß Verbesserungsansprüche um so weitreichender sein können, je mehr Werkvertragscharakter der Vertrag aufweist.

Immer dann, wenn Sie etwas Individuelles, Spezielles, auf Ihre Bedürfnisse Zugeschnittenes brauchen, kommen Sie um einen Auftrag im Sinne eines Werkvertrages, zumindest aber um einen Kauf mit werkvertraglichen Spezifikationselementen (Anpassung einer Gattungssache an Kundenerfordernisse) nicht herum.

Besonders beliebt (weil kosteneffizient) ist die Anpassung von Standardprogrammen oder Modulen (z. B. SAP oder KHK) auf individuellen Bedarf. Bisweilen beschränkt sich diese, gerne als kosten- und zeitaufwendige Spezialistentätigkeit beschriebene Individualisierung auf die Anpassung einiger Parameter oder auf die Programmierung einiger Hilfsprogramme, sogenannter „Makros". Dem Sachunkundigen droht hier oft Ausbeutung durch überhöhte Preise. Dies ist vor allem dann häufig der Fall, wenn in einer Branche, beispielsweise im Gastgewerbe oder bei Kfz-Mechanikern, ein und dasselbe Standardpaket vielfach auf gleiche Weise „individualisiert" und jedem vorgegaukelt wird, er sei der einzige, der eine derartige Anpassung benötige.

Nachträglich zu entdecken, daß man Opfer einer derartigen Ausbeutung geworden ist, ist zwar ärgerlich, aber unter Vollkaufleuten meist nicht reparabel. Solange ein solcherart „individualisiertes" Programmpaket funktioniert, liegt auch kein direkter Fall von Computerausfall vor.

Dennoch gilt grundsätzlich eine Regel: Je mehr Werkvertragselemente Ihr Auftrag beinhaltet, desto besser ist Ihre Rechtsstellung, wenn Ihre individuellen Bedürfnisse nicht erfüllt werden.

Ich empfehle Ihnen daher, auch Standardsoftwarepakete nicht einfach zu kaufen, sondern einen Auftrag auf Lieferung, Installation und Anpassung sowie gegebenenfalls Einschulung zu erteilen.

Die bei entsprechend harten Verhandlungen geringfügigen Mehrkosten rentieren sich allemal, wenn man dem entgegenhält, daß man im Werkvertragsfall auch einen Anspruch auf Verbesserung hat, der, unabhängig vom Entgelt, bis zur Neuprogrammierung geht. Das Werkvertragsrecht verneint einen Anspruch auf Verbesserung grundsätzlich nur dort, wo dies objektiv unmöglich oder mit unverhältnismäßig hohen Kosten verbunden ist. Haben Sie beispielsweise einem Betreuer Ihren Dackel Waldi zum Ausführen übergeben und wird das arme Tier bei Ausführung dieses Auftrages fehlerhafterweise vom Omnibus überrollt, so ist die „Wiederherstellung" des Dackels nach heutigem Stand der Wissenschaft objektiv unmöglich.

Glücklicherweise ist bei Computerprogrammen technisch die Beseitigung eines Fehlers immer möglich, indem der fehlerhafte Code durch einen besseren, fehlerlosen ersetzt wird.

Hat man die fehlerhafte Zeile erst einmal entdeckt, ist die Ausbesserung meist sogar relativ leicht, rasch und billig möglich. Der größte Aufwand besteht daher gar nicht in der eigentlichen Mangelbehebung, sondern in der Suche nach der Fehlerursache.

Hier kommt nun ein wesentlicher **Unterschied zwischen der Gewährleistung und dem Schadenersatzanspruch** ins Spiel: Gewährleistung ist ein (zwar zeitlich kurz befristeter) verschuldensunabhängiger Anspruch im Sinne einer **Erfolgshaftung**. Steht fest, daß Gewähr zu leisten ist, dann muß der geschuldete Zustand herbeigeführt werden. Unverhältnismäßigkeit des Aufwandes liegt nur vor, wenn der Nutzen für den Besteller die Sanierungskosten nicht rechtfertigt.

Die Grenze für den Behebungsaufwand richtet sich nicht etwa nach dem Werklohn für die Programmierung oder Individualisierung, das entscheidende Kriterium sind die Kosten einer alternativen Handlung: Wenn beispielsweise das Computerprogramm beim Jahrhundertwechsel versagt, so ist als Alternative die händische Buchführung des Kunden heranzuziehen. Dabei hat diese händische Buchhaltung selbstverständlich in Ansehung sämtlicher Kriterien, wie insbesondere der Tagfertigkeit, dem Ergebnis der vertragskonformen Computerbuchhaltung zu entsprechen. Da EDV meist eingesetzt wird, um exorbitante Personalkosten zu sparen und Wettbewerbsfähigkeit herzustellen, kann man sich leicht ausrechnen, daß i. d. R. der Barwert dieser Alternativkosten so hoch sein wird, daß er die Kosten der Neuprogrammierung eines defekten Moduls locker übersteigt.

Eine weitere Limitierung der Behebungskosten findet sich unter Umständen dort, wo Schadensminderung dadurch betrieben werden kann, daß ein Konkurrenzprodukt, das die vermißten Funktionalitäten aufweist, billiger ist. Der Kauf dieses Konkurrenzproduktes einschließlich der Datenkonvertierung und der Umschulung sowie des Produktivitätsverlustes der Mitarbeiter in der Einschulungs- und Umstiegsphase wären ein Rechenwert, der als Begrenzung für die Sanierungskosten herangezogen werden könnte. Das würde allerdings bedeuten, daß man einen Gewährleistungspflichtigen deswegen aus seiner Haftung entläßt, weil die Konkurrenz ein billigeres und besseres Produkt herstellt, ein Gedanke, der dem Gewährleistungsrecht in dieser Form fremd ist. Ein Installateur kann die Verbesserung eines undichten Wasserablaufs ja auch nicht mit der Begründung verweigern, sein Mitbewerber wäre in der Lage, die gleiche Leistung um das halbe Geld zu erbringen!

Wenn es Ihnen also in erster Linie darum geht, Ihr Ziel des EDV-Einsatzes zu erreichen, d. h., Sie unter allen Umständen den Anspruch auf Verbesserung/Nachbesserung brauchen, ist der Werkauftrag mit exakt spezifizierten Leistungszielen, genau abgegrenztem Leistungszeitraum und der Höhe nach fixiertem Entgelt (mit Pönale) das Mittel Ihrer Wahl.

7.1.1 Gattungskauf – Spezieskauf

Unter Spezies versteht man eine einzigartige Einzelsache, wie beispielsweise ein bestimmtes Ölbild Karls des Großen, unter Gattungssachen dagegen Dinge, die in vergleichbarer Qualität mehrfach existieren, wie Kaffeebohnen zum Beispiel. In letzterem Fall hat der Käufer i. d. R. kein Interesse an der Ausfolgung einzelner, individueller, anhand bestimmter Merkmale bezeichneter und spezifizierter Kaffeebohnen, er will schlicht ein Kilo Kaffee.

Zahlreiche juristische „Orgasmen" in Form von Rechtsgutachten, Artikeln in Fachzeitschriften, Kommentarspalten in Lehr- und Studienbüchern u. ä. verdanken ihre Geburt nun der feinsinnigen Möglichkeit, zwischen Gattungs- und Speziessachen differenzieren zu können. Das liegt daran, daß die Gefahrtragungsregeln an dieser Unterscheidung anknüpfen: Bei zufälligem Untergang vor Übergabe entfällt (zwangsläufig) die Verpflichtung zur Übergabe einer einzigartigen Sache (Spezies), während bei Diebstahl aus dem Kaffeelager eine Ersatzbeschaffung möglich ist.

An sich ist unser Thema der Computerausfall, was impliziert, daß Gerät und Programm die juristisch schwierigen ersten Etappen auf dem Weg zu Ihnen bereits zurückgelegt haben müssen, denn, was nicht vorhanden ist, kann auch nicht ausfallen.

Aber, Gott sei Dank, die Unterscheidung in Spezies- und Gattungssachen ist nicht nur für die Preisgefahr (das wirtschaftliche Risiko des zufälligen Unterganges der Sache), sondern auch für die Sachmängelhaftung von Bedeutung. Die Verbesserung bzw. Nachlieferung einer mangelfreien Sache ist nämlich beim Spezieskauf von vornherein nicht oder nur schwer möglich: Wer das Ölbild Karls des Großen besichtigt und kauft und nachher reklamiert, daß Karl der Große hier ohne Schnurrbart dargestellt wird, hat Pech gehabt: Offensichtliches ist kein Mangel. Wer hingegen ein Kilo Kaffee kauft und dann 20 grüne (ungebrannte) Bohnen findet, könnte diese rechtens aussondern und gegen 20 gebrannte Exemplare austauschen.

Damit sind wir nun bei der interessanten Frage angelangt, ob – das Vorhandensein eines Mangels als Verstoß gegen einen objektiven, vertraglichen oder gesetzlichen Maßstab einmal vorausgesetzt – nun nur Wandlung oder Minderung oder auch Verbesserung oder Nachlieferung einer mangelfreien Sache bzw. der Nachtrag des Fehlenden verlangt werden kann.

Spezieskauf wäre es beispielsweise, wenn eine einzigartige, individuell bestimmte, „unvertretbare", also gewissermaßen „einmalige" Anlage gekauft wird. Gerät und Programme sind heute Massenwaren, wirklich Einzigartiges, von dem kein Duplikat existiert, ist kaum zu finden. Denkbar wäre etwa der Fall einer gebrauchten Groß-EDV-Anlage, deren Komponenten nicht mehr hergestellt werden und auch auf dem Markt nicht mehr erhältlich sind. Weist ein solches Programm bösartige Eigenschaften auf, wie beispielsweise Einstellung der Tätigkeit am 31. 12. 2000, so ist mit Wandlung oder Minderung oft wenig getan. Indes scheitert eine Verbesserung meist an den technischen Möglichkeiten, so daß sich die Frage, ob ein solcher Eingriff in Museumsstücke der EDV rechtlich geschuldet ist, mangels praktischer Durchsetzbarkeit nicht stellt.

Geräte und Programme sind „Gattungssachen besonderer Art": Manches Betriebssystem wird häufiger verkauft, als ein Kilo Kaffee Bohnen enthält. Wenn ein derartiges Betriebssystem „spinnt", liegt daher der Gedanke nahe, daß man die gleichen Ansprüche haben könnte, wie wenn man eine grüne Bohne gefunden hätte. Leider aber besteht zwischen Kaffeebohnen und Computerprogrammen ein rechtserheblicher Unterschied: Kaffeebohnen gibt es in guter (gebrannter) und schlechter (ungebrannter) Qualität, Betriebssysteme jedoch arbeiten nach dem Prinzip „einmal Macke, immer Macke". D. h., ein solches Betriebssystem wird zwar millionenfach verkauft, jedes System ist aber die idente Kopie eines fehlerhaften Urproduktes. Der Austausch einer Kopie gegen eine andere ist damit sinnlos, weil alle die gleichen Abstürze bei schweren Systemfehlern aufweisen. Dies gibt nun ein tadelloses Betätigungsfeld für Dissertationen und Habilitationsschriften aller Art: Eine Gattungssache mit Spezieseigenschaft!

7.2 Dienstvertrag

Bisweilen werden Geräte von eigenen Leuten zusammengebaut und vor allem Programme von firmeneigenen Programmierern erstellt. Ist dem so, liegt in mehr oder weniger selbständiger Form ein Dienstvertrag vor.

Der wesentliche Unterschied zwischen Dienst- und Werkvertrag besteht darin, daß der Dienstverpflichtete kunstgerechte Tätigkeit und Bemühung schuldet, d. h., sein Entgelt auch bekommt, wenn sein Einsatz zwar kunstgerecht, aber dennoch „für die Katz" war, während der Werkunternehmer schon von vornherein keinen Werklohnanspruch hat, wenn er das Ziel seines Auftrages verfehlt (strenge Erfolgshaftung).

Der Vertrag mit einem selbständigen Dienstverpflichteten, wie Unternehmensberater, EDV-Berater, kann für den Betreffenden ganz beträchtliche Haftungsrisiken mit sich bringen. Gegenüber Angestellten (unselbständigen Dienstverpflichteten) besteht **prinzipiell** auch ein Anspruch wegen nicht ordnungsgemäßer Dienstverrichtung. Erfahrungsgemäß verhindern aber Arbeitnehmerschutzvorschriften und ihre extensive Auslegung zugunsten der Arbeitnehmer und schlicht deren Bonität die Betreibung größerer Schadenssummen.

Bei Beschäftigung eigener Mitarbeiter zur Computerprogrammierung sollte man sicherstellen, daß

a) durch entsprechende Vereinbarungen das Urheberrecht bei der Firma bleibt und

b) fortlaufend eine entsprechende Dokumentation erstellt wird, die ein Weiterarbeiten nach dem Ausscheiden des Mitarbeiters garantiert.

7.2.1 Sabotage durch Mitarbeiter

Es sind schon Fälle bekannt geworden, wo Dienstnehmer bei ihrem Ausscheiden wesentliche Programmodule mitgenommen haben oder zeitliche Sperren einprogrammiert haben, mit dem Ergebnis, daß sechs Wochen später die EDV lahmgelegt war!

Unabhängig von zivil- und strafrechtlichen Haftungen für derartige Vorkommnisse ergibt sich daraus häufig eine Erpressungssituation für das Unternehmen, denn die faktischen Möglichkeiten sind beschränkt: Wenn in einem 1000-Mann-Betrieb das Netzwerk ausfällt, hilft es recht wenig, wenn man in drei Jahren ein Urteil bekommt, das den untreuen Mitarbeiter zur Herausgabe des Administratorpaßworts verpflichtet.

Eine besonders heimtückische Falle besteht darin, daß der EDV-Administrator Module einbaut, die in bestimmten Abständen, beispielsweise alle zehn Tage, die Eingabe eines neuen Paßwortes erfordern, also praktisch „verlängert" werden müssen. Dagegen hilft kein Rechtsmittel. Selbst wenn es möglich wäre, einen solchen Mitarbeiter unmittelbar nach Entdeckung der Tat in Beugehaft zu nehmen, übersteht er die Haft einige Wochen länger als der 1000-Mann-Betrieb den Ausfall der ganzen EDV.

Gegen solche Formen von „EDV-Terrorismus" hilft nur eigene Sachkompetenz, Dokumentation und Kontrolle: Keiner, wirklich keiner, kann Ihnen absolute Sicherheit darüber geben, was Ihr PC wirklich tut, welche „Zeitbomben" Ihre Leute in den Tiefen Ihres Systems möglicherweise verborgen haben. Durch welche Strategien Sie sich schützen können, wurde bereits angesprochen (vgl. Kap. 5.3).

Zahlreiche Fälle derartiger Computerkriminalität werden niemals bekannt, obwohl riesige Schadenssummen durch Erpressungsgelder an untreue Mitarbeiter und EDV-Berater anfallen – klarerweise wollen die betroffenen Unternehmen solche Schädigungen verheimlichen. Aus diesem Grund gibt es erst recht keine Entscheidungspraxis!

7.3 Mietvertrag

Eine weitere Möglichkeit, sich Gerät und Programm zu verschaffen, ist der Mietvertrag.

Die Gewährleistungsbehelfe des Mietrechtes unterscheiden sich wesentlich von jenen des Kaufes und des Werkvertrages sowie des Dienstleistungsvertrages. Zahlreiche Vorschriften des Mieterschutzes knüpfen an die Vermietung von **unbeweglichen** Sachen, hauptsächlich Wohnungen, an und sind damit auf Computerprogramme unanwendbar.

Die Einzelheiten eines derartigen Vertragswerkes spiegeln meist die Machtverhältnisse zwischen Mieter und Vermieter wider und sind bestimmt durch

a) Informationsübergewicht des Vermieters,
b) wirtschaftliches Übergewicht des Vermieters,
c) rechtliches Übergewicht des Vermieters.

Dies, obwohl der Mieterschutz seine Ursache gerade in dem enormen Machtungleichgewicht zwischen Vermieter und Mieter hat und der EDV-Anwender noch wesentlich vitaler in seinen Interessen betroffen sein kann als der Mieter einer Wohnung. Dem Mieter einer Wohnung kann man seine Wohnung nämlich i. d. R. nicht von heute auf morgen entziehen. Theoretisch könnte der Hauseigentümer die Eingangstüre zumauern. Die daraufhin fällige Besitzstörungsklage leistet aber, daß die Wohnung sofort zugänglich gemacht werden muß, selbst dann, wenn monatelanger Mietzinsrückstand besteht.

Einen säumigen Mieter aus seiner Wohnung auszusperren, fällt unter das Selbsthilfeverbot, denn man setzt den Mieter so der Gefahr der Obdachlosigkeit aus und verwehrt ihm außerdem den Zutritt zu seinem Eigentum. Als EDV-Anwender sind Sie in einer vergleichbaren Lage: Die gemietete Hard- und Software hat Ihre lebenswichtigen Unternehmensdaten fest im Griff. Gerät weg, Daten weg. – Nur mit einem kleinen Unterschied: Womöglich ist in Ihrem System ein Fernwartungsmodem eingebaut, das es der Computerfirma ermöglicht, Ihr Gerät jederzeit und sofort ausschalten zu können. Ein solches Vorgehen ist zwar zivil- und strafrechtlich sehr bedenklich, dennoch geraten Sie in enormen Zugzwang, weil kein Exekutor das abgeschaltete System ohne Paßwort wieder anfahren kann und daher jede einstweilige Verfügung praktisch ohne Wirkung bleibt.

Das, obwohl die Daten oft mehr wert sind als alle Geräte und Programme zusammen!

7.3.1 Lieferantenabhängigkeit

Besonders bei Mietverträgen ergibt sich oft eine massive Abhängigkeit vom Lieferanten, indem Ihnen, insbesondere unter Wartungsgesichtspunkten, der Einbau fremder Komponenten verboten wird. Gleichzeitig werden Sie dann vielleicht auch noch verpflichtet, ausschließlich die teuren Berater Ihres EDV-Partners einzusetzen, seine teuren Techniker zu rufen und die Programmlizenzen zum Bruttopreis von ihm zu beziehen.

> **TIP**
> Selbst wenn Sie in einer derartigen Falle gefangen sind, der Mietvertrag erstreckt sich immer nur auf die gemieteten Gegenstände. Sie können also parallel zu einem derartigen Netzwerk ein zweites Netzwerk aufziehen.

Insbesondere dann, wenn sich Ihre EDV-Aufgaben in allgemeine Aufgaben und Spezialaufgaben unterteilen lassen, ist es zweckmäßig, für allgemeine Aufgaben gekaufte Standardgeräte und -programme einzusetzen und nur spezialisierte Arbeitsplätze zu mieten. So wird etwa eine Architekturkanzlei die CAD-Arbeitsplätze und -Programme anmieten, Textverarbeitung, Buchhaltung und Auftragsverwaltung (einschließlich Verwaltung der Leistungsverzeichnisse und Ausschreibungsbedingungen) aber unter Umständen mit Standardgerät und -programmen abwickeln.

Wenn schon Mietverträge, dann Aufspaltung und Minimierung des Mietanteils!

7.3.2 Gewährleistung beim Mietvertrag

Grundsätzlich ist der Vermieter verpflichtet, dem Mieter die Sache in brauchbarem Zustand zu übergeben **und zu erhalten.** Er darf überdies die Ausübung der Rechte des Bestandnehmers nicht stören und hat auch Störungen durch Dritte zu unterbinden.

Ein Vorteil für den Mieter ist daher die Perpetuierung der Gewährleistung: Kommt im Zuge des Mietvertrages irgendein Mangel auf, so ist der Vermieter verpflichtet, die vermietete Sache wieder in einen gebrauchsfähigen Zustand zu versetzen.

Dieser Aspekt der Gewährleistung würde an sich dafür sprechen, Gerät und Programme zu mieten – erstreckt sich doch die Wirkung der Gewährleistung auf die gesamte Mietdauer. Daher wird gerade dieses umfassende Gewährleistungsrecht meist vertraglich beschränkt. Denn je mehr Ausschlußklauseln sich in Ihrem Vertrag verstecken, desto geringer stehen die Chancen auf irgendwelche Ansprüche. Am einfachsten verlangen Sie in der Angebotsphase ein Vertragsformular Ihres EDV-Partners. Wenn Sie dann alle Haftungsausschlüsse gelesen haben, die in diesem Formular mit ziemlicher Sicherheit zu finden sein werden, wissen Sie ungefähr, wie ein Vertrag wasserdicht zu Ihren Gunsten zu gestalten wäre.

Der Nachteil der Gewährleistung des Mietrechtes ist, daß bei nicht gehöriger Erfüllung der Vermieterpflichten ganz oder teilweise Zinsminderung eintritt. D. h., bei Computerausfall einer gemieteten Anlage entfällt die Pflicht zur Zinszahlung bis zur Behebung des Mangels.

Sie können in Ihrem Mietvertrag – wie auch bei einem Kauf oder Werkvertrag – die Gewährleistungs- und Schadenersatzfristen beliebig verlängern. Für einen sachkundigen Anwender wäre es auch denkbar, sich einen ganzen Katalog von Eigenschaften ausdrücklich zusichern zu lassen, entsprechende Pönalen, Reaktionszeiten, Schadenersatzverpflichtungen u. ä. garantieren zu lassen, einen vertragsernannten EDV-Berater Ihres Vertrauens als Ad-hoc-Schiedsrichter einzusetzen und eine angemessene Bankgarantie für die Dauer der nächsten fünf Jahre sowie eine entsprechende vinkulierte Versicherung für Ausfallsschäden zu verlangen. – Das Zivilrecht ist von weitgehender **Vertragsfreiheit** gekennzeichnet!

Das Problem ist nicht so sehr, daß Ihr Anwalt nicht in der Lage sein wird, einen derartig umfassenden Klauselkatalog zu formulieren. Vielmehr werden Sie sehr bald erkennen müssen, daß Sie keinen Vertragspartner mehr finden oder einen unerhörten Preis zahlen sollen, denn die EDV-Branche ist sich der Risiken und Möglichkeiten, die von einem solchen Vertrag ausgehen, sehr wohl bewußt.

Immerhin, wenn Versuche der Konstruktion einer dauernden Abhängigkeit im Verkaufsgespräch klar und deutlich aufgedeckt werden, sind Ihre Chancen größer, als wenn Sie im nachhinein „am Tropf Ihrer EDV-Firma hängen" und finanziell so ausgezehrt werden, daß Sie einen Systemwechsel gar nicht mehr durchführen können.

7.4 Leasingverträge

Noch schlimmer als bei der Miete kann die Situation des EDV-Anwenders beim Leasing sein.

Unter Leasing werden generell Mischformen zwischen Kauf-, Werk- und Mietvertrag verstanden, d. h., so mancher EDV-Lieferant hat sich alles, was aus den gesetzlichen Typen für ihn nützlich ist, herausgepickt und aufgrund seiner jahrelangen Erfahrung einen umfassenden Knebelungsvertrag formuliert.

> Das Übergewicht und damit die Abhängigkeit ruht beim Leasing auf soliden Fundamenten – sowohl in technischer und wirtschaftlicher als auch in rechtlicher Hinsicht. Damit sind einer unentrinnbaren Ausbeutungssituation Tür und Tor geöffnet.

In aller Regel werden beim Leasing Gewährleistungs- und Schadenersatzansprüche durch entsprechende Vertragsklauseln minimiert. Zu beachten ist, daß die Beschneidung derartiger Regreßansprüche unter Umständen auch ein Hindernis dafür ist, daß Sie selbst irgendwelche Versicherungen eingehen können.

Die Beurteilung der jeweiligen Vertragskonstruktion erfordert sowohl in rechtlicher als auch in technischer Hinsicht umfassende Kenntnisse und große Erfahrung, schon allein um die daraus resultierenden tatsächlichen Risiken für Ihren Betrieb aufzudecken.

Viele Leasingverträge enthalten Klauseln, die ein vernünftiger Kaufmann ohne Zwang niemals unterfertigen würde! Nur, Sie brauchen die Anlage und womöglich auch die Leasingfinazierung aus steuerlichen Gründen. Wenn Sie sich aber zu derartigen Klauseln bereit finden, ist im allgemeinen nicht damit zu rechnen, daß sie wegen Sittenwidrigkeit anfechtbar sind.

Ungeachtet der an sich guten Prognose für Miet- und Leasingverträge wegen Perpetuierung der Gewährleistung für die ganze Dauer des Vertragsverhältnisses ist die tatsächliche Durchsetzbarkeit irgendwelcher Schadenersatzansprüche wegen dieser vertraglichen Ausschlußklausel als ziemlich ungünstig zu beurteilen.

8. Ansprüche bei Mängeln

Auf den folgenden Seiten erwartet Sie keine Zusammenfassung des „Gewährleistungsgarantieprodukthaftungsschadenersatzrechtes" des ABGB/BGB/OR. Aus der umfassenden und komplexen Materie soll nur das herausgepickt werden, was in einem Ratgeber für die Praxis Sinn macht. Versuchen wir daher, die Welt mit den Augen eines Computernutzers zu sehen, der von einem Fehler betroffen ist.

Ein Computerausfall hat mehr oder weniger drastische Konsequenzen, er berührt womöglich eine ganze Reihe verschiedener Aspekte:

- Einrichtung eines Notbetriebs
- Beschaffung eines Ersatzgerätes
- Aufrüstung des bestehenden Gerätes oder Neugerät
- Produktionsausfall
- Stillstand
- Zusätzlicher Zeitaufwand für EDV-Personal und andere Mitarbeiter
- Vermögensschäden
- Gewinnentgang
- Schadenersatzpflichten gegenüber eigenen Kunden bei Lieferverzug u. ä.
- Wettbewerbsnachteile (Konkurrenz liefert früher, gewinnt Marktanteile)
- Rufschädigung
- Computerärger statt Freizeit
- Sachschäden
- Körperverletzungen
- Todesfälle

Je nach Beweislage – ein Verschulden des Herstellers/Verkäufers vorausgesetzt – können all diese Schäden geltend gemacht werden. Wenn man sich die Vielfalt der möglichen Ansprüche vergegenwärtigt, ist klar, daß es hier keine einfachen Regeln geben kann! Trotzdem können all diese Ansprüche grob in zwei Gruppen geteilt werden – nämlich nach der Frage, worum es Ihnen geht:

a) um Maßnahmen, die direkt Ihren Vertragsgegenstand betreffen, also das fehlerhafte Gerät oder Programm.

Hier kommen prinzipiell in Betracht:
- Wandlung = Aufhebung des Vertrages, also Ware zurück, Geld zurück;
- Preisminderung = Reduktion des Entgeltes, um die Minderung des Gebrauchswertes abzugelten;
- Verbesserung = Beseitigung des Fehlers, so daß Gerät oder Programm anschließend klaglos funktioniert.

b) um alle anderen Ansprüche, die nicht unmittelbar der „Heilung" des primären Defektes, sondern dem Ausgleich aller sonstigen Nachteile dienen.

Praktischerweise fällt alles darunter, vom Ersatzgerät und Notbetrieb über die Abgeltung von Ärger, Freizeitverlust und Mehrkosten, von Vermögensschäden wegen Produktionsausfall, Stillstand, Gewinnentgang und von Schäden am eingerichteten Gewerbebetrieb, sonstigen Vermögens-, Sach- und Personenschäden bis hin zur Hinterbliebenenrente bei Todesfällen zufolge Computerausfalls.

Wie meist sind die juristischen Anstrengungen umgekehrt proportional zum praktischen Nutzen der Denkarbeit. So auch hier: Über das Thema Gewährleistung beim Computer-/Programmkauf wurde zuerst und wesentlich mehr gearbeitet als über die Schadenersatzansprüche. Historisch betrachtet stand das Recht der Gewährleistung generell im Vordergrund. Erst neuerdings macht sich die Idee breit, daß es doch nicht alles gewesen sein kann, wenn ein kaputter Teil wieder zum Laufen gebracht wird. Die Haftung für Mangelfolgeschäden ist gerade im Bereich der EDV wirtschaftlich meist wesentlich bedeutender als die Gewährleistung, die vielleicht die Refundierung des vollen Kaufpreises für Standardhard- und -software leistet und dann den Anwender mit seinem restlichen Elend alleine läßt.

Glücklicherweise wird mehr und mehr der Standpunkt anerkannt, der fordert, daß Gewährleistung und Schadenersatz nebeneinander stehen können, so daß es sich der Geschädigte aussuchen kann, was er wählt, Gewährleistung oder Schadenersatz. Als einzige Grenze bleibt die Bereicherung durch Doppelliquidation, denn nach zentraleuropäischem Rechtsverständnis kann die Kumulation mehrerer Rechtsbehelfe nicht dazu führen, daß der Geschädigte besser steht, als wenn von allem Anfang an ordnungsgemäß erfüllt worden wäre.

So selbstverständlich ist das aber gar nicht: Der anglo-amerikanische Rechtskreis gewährt zuweilen exemplarisch Schadenersatz in absurder Höhe (als Kompensation für immaterielles Ungemach, Abgeltung des Ärgers an sich über den Schadenersatz hinaus), aus dem Gedanken, daß die Rechtsordnung bei der Kompensation des Verstoßes nicht stehen bleiben darf.

Soll Schadenersatz wirklich abschreckende Wirkung haben, so muß der Schädiger fühlbar **bestraft** werden, d. h., gegen ihn müssen solche Ansprüche durchsetzbar sein, die er auch spürt, wenn er ein Großkonzern ist. Allein dem Risiko, in derartige Klagen verwickelt zu werden, wird erzieherische Wirkung zugeschrieben.

Angesichts des Betragens der EDV-Branche ist zu hoffen, daß derartige fortschrittliche Entwicklungen auch rasch in zentraleuropäische Rechtsordnungen und Gemeinschaftsrichtlinien einfließen.

Ein gewisser Druck geht vom amerikanischen Rechtskreis allemal aus: Wenn sich Hersteller im einen Staat einem hohen Risiko exemplarischen Schadenersatzes mit Strafcharakter gegenübersehen und andere Staaten existieren, in denen solche Regelungen noch nicht bestehen, ist es attraktiv, potentiell fehlerhafte Produkte eher in letzteren Staaten zu testen. Die zentraleuropäischen Staaten werden auf diese Weise zum Mülleimer, zum Experimentierlabor für Pfuschprodukte, weil man sich hier um Ärger und Arbeitszeit seiner Kunden keine großen Gedanken machen muß.

Abgesehen davon ist generell die Tendenz festzustellen, daß die Gewährleistungsbehelfe durch den Schadenersatz wegen Mangelfolgeschäden zurückgedrängt werden. Sobald man den Schadenersatzanspruch auf den Schaden, der in der Mangelhaftigkeit der gelieferten Sache an sich besteht, ausdehnt und überdies dieser Schadenersatzanspruch mehr leistet als der Gewährleistungsanspruch, wird mit der Zeit das Gewährleistungsrecht an praktischer Bedeutung verlieren.

Ganz besonders deutlich zeigt sich dies beim UN-Kaufrecht: Das Übereinkommen der Vereinten Nationen über Verträge über den Internationalen Warenkauf von 1980 schafft selbst materielles Kaufrecht und kennt nicht mehr jene feinziselierten Unterscheidungen zwischen ursprünglicher Unmöglichkeit der Leistung, Verzug, nachträglicher Unmöglichkeit, Gewährleistung, positiver Vertragsverletzung, sondern nur noch die wesentliche Vertragsverletzung und die unwesentliche Vertragsverletzung. Der Schadenersatzanspruch ist danach verschuldensunabhängige Garantiehaftung mit eingeschränkten Entlastungsmöglichkeiten für den beschuldigten Verkäufer.

Damit ist auch das Ziel der Rechtsvereinheitlichung vorgegeben. Bis es aber soweit ist, müssen wir einen Teil unserer Aufmerksamkeit doch noch einigen elementaren Rechtsstrukturen widmen: Die Beschaffung von Gerät und Programm kann in rechtlicher Hinsicht durch Kauf, durch Werkvertrag, durch Miete oder durch eine Mischung dieser Typen, zumeist als „Leasingvertrag" bezeichnet, erfolgen. Weil das noch zu einfach und übersichtlich ist, gibt es Kauf- und Mietleasing mit Finanzierungscharakter („Abschreibungscharakter"), wobei Elemente des Werkvertrages besonders dann eingestreut sein können, wenn individuelle Geräte- oder Programmeigenschaften erforderlich sind.

Wo – wie in den meisten zentraleuropäischen Rechtsordnungen – kein Typenzwang herrscht, sind die vom Gesetz angebotenen Vertragstypen nur das Ausgangsmaterial, der „Baukasten" für den Verfasser des individuellen Vertrages (Vertragsformulars), was dann eine breite Vielfalt an juristischen Lösungen zuläßt:

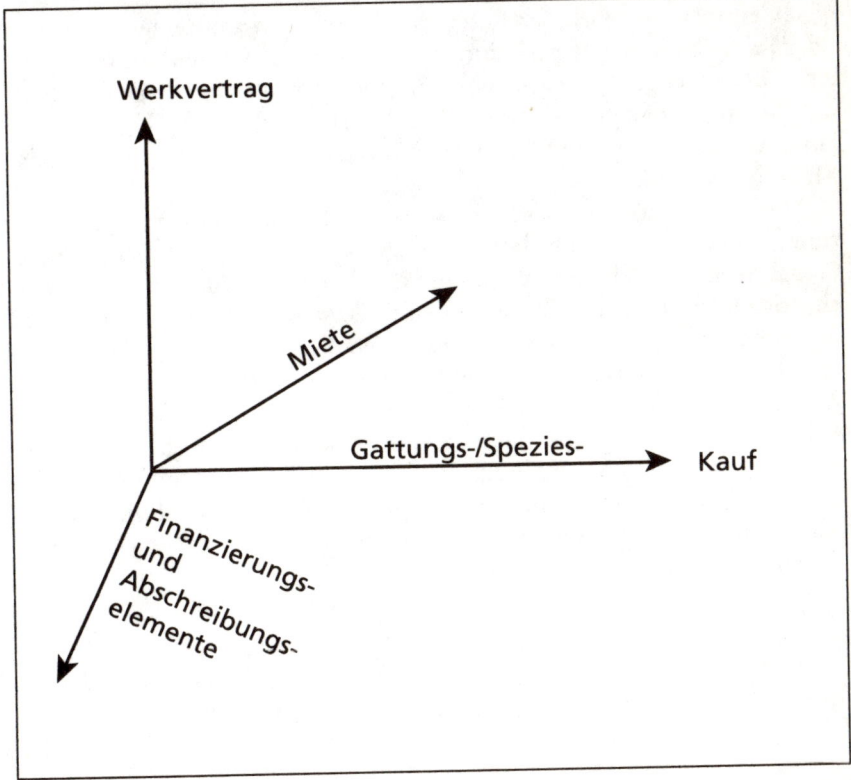

Die Techniker unter den Lesern werden bereits festgestellt haben, daß in dieser Grafik ein vierdimensionaler Raum zweidimensional abgebildet wurde (vier Achsen). So wie in dieser Abbildung gibt es auch in der „Natur" des Gerichtssaals keine einfachen, ein- oder zweidimensionalen Lösungen (zumal die weitere Dimension „Beweiswürdigung" ausgeblendet wurde). Diese Vieldimensionalität bedeutet auch eine eigene Lösung von Fall zu Fall, so daß anscheinend widersprüchliche Lösungen (in verschiedenen Dimensionen) nebeneinander bestehen können. Wenn Sie also ein BGH- oder OGH-Urteil haben, ist keineswegs garantiert, daß Ihr durchaus vergleichbarer, ähnlicher Fall genauso ausgeht. Denn möglicherweise stellt sich heraus – was mitunter erst nach einem teuren Prozeß geschieht –, daß Ihr Fall in einer entscheidenden Dimension eben doch verschieden war.

Präzedenzfälle haben „mittelstarke Kausalität", d. h., man kann sich einigermaßen darauf verlassen, daß das Gericht in ähnlichen Fällen wieder gleich entscheiden wird. Sind aber andere Sachverhaltselemente gegeben oder hat sich die Rechtsprechung zwischenzeitig weiterentwickelt, so ist ein anderes, möglicherweise auch ein genau gegenteiliges Ergebnis möglich, wenngleich nicht wahrscheinlich. Man fühlt sich an die Unschärferelation erinnert, wo sich auch mitunter durch die Tatsache der Messung das Meßergebnis verändert.

Aber, keine Angst, ganz so schlimm ist das Juristensystem nicht. Änderungen der Rechtsprechung brauchen ihre Zeit, und ein abweichender Sachverhalt ist bei eingehender Befassung mit dem Einzelfall auch im vorhinein auffindbar. In den veröffentlichten Entscheidungsbegründungen wird im allgemeinen der Sachverhalt in aller Detailtreue geschildert, bevor daraus entsprechende rechtliche Schlüsse gezogen werden. Wenn Sie daher Zweifel hinsichtlich der beabsichtigten Rechtsverfolgung haben, lassen Sie sich doch von Ihrem Anwalt einige Volltexte solcher Entscheidungen beschaffen, und vergleichen Sie selbst die technischen Sachverhalte mit Ihrem Fall. (Aus diesem Grund ist im Kapitel 18 eine Entscheidung ausführlich wiedergegeben, damit Sie sich schon jetzt ein Bild machen können.)

Doch nun zu den „harten Fakten".

8.1 Gewährleistung

Wenn Gerät oder Programm ausfällt, so liegt zunächst der Gedanke an die Gewährleistung nahe. Gewährleistungsansprüche setzen voraus, daß die mangelhafte Ware/Leistung gerügt und ein bestimmter Rechtsbehelf gewählt wird. Generell gibt es folgende Möglichkeiten:

- die Wandlung (= Vertragsaufhebung, Ware zurück – Geld zurück),
- die Nachbesserung/Verbesserung in einer angemessenen Frist und
- die Preisminderung.

Die Ausübung dieser Rechte ist, wie bereits dargelegt, durch eine **sechsmonatige Frist** begrenzt. Bei Software beginnt diese Frist erst ab vollständiger Ablieferung (wenn vereinbart, umfaßt dies auch die Einschulung) zu laufen und bei ausdrücklich zugesagten Eigenschaften unter Umständen erst ab der Erkennbarkeit des Fehlens einer solchen Eigenschaft.

Betrachtet man den Wert eines PC und den Umstand, daß man verschiedene Komponenten wie den Monitor meist extra nutzen kann, so wird in der Praxis die Auseinandersetzung mit Gewährleistungsthemen nur dann im Vordergrund stehen, wenn eine größere Stückzahl von Geräten im Spiel ist – ansonsten steht der Wert der Sache an sich in keiner vernünftigen Relation zu den Prozeßkosten und dem zeitlichen Aufwand, der damit verbunden ist. Ähnliches gilt für Standardsoftwarepakete um wenige hundert oder tausend Euro. Meistens wird aus der Sicht des Kunden der Wert der gespeicherten Daten und des Produktivitätsverlustes zufolge Arbeitsstillstand bei weitem überwiegen, d. h., es wird ihm in erster Linie um Schadenersatzansprüche gehen.

8.1.1 Verbesserung oder Preisminderung oder Wandlung?

Bei Computerausfall gebieten die **Schadensminderungspflicht** und die praktische Vernunft, den Schaden durch ehestmögliche Wiederaufnahme des Betriebes so gering wie möglich zu halten.

Diesem Wunsch kommt zustatten, daß das Wahlrecht unter den uns zur Verfügung stehenden Gewährleistungsbehelfen dem Käufer zusteht, d. h., Sie müssen nicht eine Firma verbessern lassen, zu der Sie aufgrund entsprechender Fehlleistungen das Vertrauen bereits verloren haben.

Sie müssen auch nicht Verbesserungsarbeiten an Ihrem System zulassen, wenn Sie Sorge um die **Geheimhaltung** Ihrer Daten oder Betriebs- und Geschäftsgeheimnisse haben. Nur beschränken Sie dann Ihre Möglichkeiten bei der Ausübung des Wahlrechtes: Wenn Sie das Gerät unverändert behalten wollen, kommen weder Verbesserung noch Wandlung in Betracht. In diesem Fall steht Ihnen nur noch der Anspruch der Preisminderung zur Verfügung. Nur, selbst eine Preisminderung auf Null kompensiert häufig nicht die Höhe der tatsächlichen Rettungskosten.

8.1.2 Notreparatur

Es ist ziemlich fraglich, ob aus der Gewährleistung eine Notreparatur oder ein Ersatzgerät gefordert werden können. Ansätze dazu sieht etwa die ÖNORM B 2110 (Allgemeine Vertragsbestimmungen für Bauleistungen) vor:

> *ÖNORM B 2110 Punkt 2.44.3.7*
> *Wenn zum Zeitpunkt der Feststellung des Mangels eine endgültige Behebung nicht möglich oder für den AG [Arbeitgeber] nicht zumutbar ist, der AG eine behelfsmäßige Behebung verlangen kann, der zum geeigneten Zeitpunkt die endgültige folgen muß. In diesem Fall trägt der AN [Arbeitnehmer] auch die Kosten der vorläufigen Behebung. Durch die behelfsmäßige Behebung tritt eine Unterbrechung der Gewährleistungsfrist im Sinne von Punkt 2.44.8 (1) ein.*

Diese auch bei haustechnischen Anlagen gern gebrauchte Formulierung kann durchaus **Vorlage** für ähnliche Vereinbarungen sein.

Dennoch, auch unter einer behelfsmäßigen Reparatur ist etwas anderes zu verstehen als ein zweites, ersatz- bzw. leihweise zur Verfügung gestelltes Gerät. Außerdem ist zu beachten, daß bei einem Systemfehler auch das Ersatzgerät denselben Systemfehler haben wird. Wenn die Rakete in der Steuerung einen Fehler hat, stürzt auch die Ersatzrakete ab.

Spätestens an diesem Punkt wird der Bereich des Gewährleistungsrechtes verlassen. Ohne gesonderte vertragliche Vereinbarung wird i. d. R. kein Anspruch auf ein Ersatzgerät bestehen – die Mangelbehebung selbst muß (erst) in „angemessener" Zeit erfolgen. Wenn Sie nun Ihre Personalkosten berechnen, die durch Stillstand der EDV pro Stunde entstehen, ist es leicht möglich, daß noch am Vormittag des Schadenseintrittes der Neupreis des defekten Teils überschritten wird.

Damit verlagert sich die Hauptdiskussion um die rechtliche Qualifikation von EDV-Problemen endgültig vom Gewährleistungs- ins Schadenersatzrecht.

8.2 Schadenersatz

In der „Hierarchie" möglicher Folgeschäden stellen die Vermögensschäden sozusagen den „Einstieg" dar. Rechtens besteht kein Unterschied zwischen einem Ersatzcomputer, einer Datatypistin, die verlorene Daten wieder eintippen muß, oder einem eilig beigezogenen Sachverständigen, der das Gerät wieder „zum Leben erweckt".

Kann man den Anspruch als Schadenersatzanspruch beurteilen, so sind vom Kläger

- Schaden,
- Kausalität,
- Rechtswidrigkeit und
- Verschulden des Beklagten (hier fallweise Beweislastumkehr, d. h., bei Vertragsverletzung muß sich der Beklagte vom Vorwurf des Verschuldens freibeweisen)

nachzuweisen. Der OGH läßt darüber hinaus die kumulative Geltendmachung von Schadenersatz- und Gewährleistungsansprüchen, die in der Mangelhaftigkeit der Sache an sich liegen, zu.

Zu erinnern ist an die **Fristen** für Verfall und Verjährung, die von sofort (§ 377 HGB) über sechs Monate bis 30 Jahre (bei Arglist) gehen! Dabei ist besonders auf die Verjährungsfrist für Schadenersatz wegen Nichterfüllung gemäß **§ 638 BGB** hinzuweisen (Deutschland sechs Monate; Österreich drei Jahre).

8.2.1 Kausalität

Die erste Schranke für den erfolgreichen Schadenersatzkläger ist die Notwendigkeit, daß er die Kausalität, d. h. den Ursache-Wirkung-Zusammenhang, zwischen einem Verstoß des Verkäufers gegen eine gesetzliche oder vertragliche Pflicht und dem eingetretenen Schaden beweisen kann.

Das Risiko, daß die Entstehung des Schadens letztlich nicht aufgeklärt (sondern allenfalls vom Lieferanten erfolgreich verdunkelt) werden kann, trägt der Käufer!

Für die Klagsfähigkeit eines Anspruches ist daher neben einem eindeutigen Verstoß gegen einen Maßstab auch die Erforschung, Offenlegung und Beweisführung der Ursache-Wirkung-Beziehung erforderlich.

Dabei muß allerdings nicht der ganze Kausalverlauf streng naturwissenschaftlich darstellbar oder überhaupt erforschbar sein. Es genügt, den Maßstabverstoß unter Beweis zu stellen: Wenn etwa der Computer fortwährend in Abständen zwischen drei und 25 Minuten aus unerklärlichen Gründen abstürzt, so liegt in diesem „Verhalten" bereits der Maßstabverstoß. Auch ohne vertragliche Spezifikation einer maximalen „Absturzrate" sind 11,2 A/h – Abstürze pro Stunde, eine neue Maßeinheit des Computerzeitalters – zu viel.

8.2.2 Rechtswidrigkeit

Eine andere Hürde, die sich dem Schadenersatzkläger entgegenstellt, ist, daß nicht für jeden herbeigeführten Schaden gehaftet wird. Es gibt auch **Fälle erlaubter Schädigung**.

Wenn beispielsweise der Zahnarzt an einem Ihrer Zähne herumbohrt, so empfinden Sie Schmerz, den Sie ganz objektiv als Schaden betrachten. Auch die Kausalität ist klar, ja sogar die Schuldform des Vorsatzes: Der Zahnarzt zielt zwar meist nicht darauf ab, er nimmt es aber in Kauf, daß seine Tätigkeit Schmerzen verursacht. Dennoch, seine Tätigkeit ist nicht rechtswidrig (solange kein Kunstfehler vorliegt), damit gibt es für Zahnschmerzen beim Zahnarzt keinen Ersatz.

Erforderlich ist also der Beweis der Rechtswidrigkeit, des Verstoßes gegen eine Norm. Als Norm, gegen die verstoßen wird, kommt nun entweder ein Schutzgesetz (z. B. elektrotechnische Bestimmungen gegen Stromschlag) oder der Vertrag in Betracht. Hier ist wieder unser Ansatz: Nur ein Verstoß gegen den vertraglichen Maßstab, einen Mindeststandard oder ein Schutzgesetz macht schadenersatzpflichtig. Wäre der Schaden auch bei Lieferung von Gerät oder Programm in maßstabgerechter Qualität eingetreten, so gibt es keinen Ersatz. Damit wird die enorme Bedeutung klarer Maßstäbe neuerlich offenbar.

Alle Ansprüche wegen Computerausfall stehen und fallen mit Ihrer Möglichkeit, einen Verstoß gegen einen Qualitätsmaßstab nachzuweisen.

Juristisch spricht man von „positiver Vertragsverletzung" oder „Schlechterfüllung", die in allen Fällen dazu führt, daß der Gläubiger einen Schaden erleidet, der von dem Schaden verschieden ist, der ihm durch die gänzliche oder teilweise Nichterbringung der versprochenen Leistung entstanden ist. Mit anderen Worten, Ihr Schlechterfüllungsschaden erfaßt alle Rechtsgüter mit der Ausnahme von Fehlern an Gerät und Programm selbst.

Hier nun ist es durchaus wesentlich, welche Rechtsordnung zur Anwendung gelangt (in Details siehe Kapitel 19, 20 und 21). Das ABGB läßt leicht fahrlässige Verletzung irgendwelcher vertraglicher Pflichten genügen, wobei auch der pflichtwidrig handelt, der seine Leistung mangelhaft erbringt. Nach dem BGB muß beim Kauf eine zugesicherte Eigenschaft fehlen oder ein Mangel **arglistig** verschwiegen werden oder ein Werkvertrag vorliegen (Individualsoftware) oder der Verkäufer eine Pflichtverletzung (z. B. mangelhafte Beratung oder Einschulung) begangen haben, wobei bei Mängeln an der Kaufsache die Gewährleistung den Schadenersatzanspruch verdrängt.

D. h., das BGB sieht beim Kauf im Normalfall nur Wandlung, Preisminderung oder Verbesserung vor, Schadenersatz jedoch nur bei Fehlen einer zugesicherten Eigenschaft oder bei arglistigem Verschweigen eines Fehlers oder Vorspiegeln einer nicht vorhandenen Eigenschaft. Das wieder bedeutet, daß Sie beispielsweise behaupten und beweisen müssen, daß der Schaden gerade dadurch entstanden ist, daß der Verkäufer seine Beratungspflicht verletzt hat. (Der EDV-Anbieter ist verpflichtet, einen als Laien erkennbaren Kunden hinsichtlich der Eignung der Software zu beraten; OLG Zelle vom 21. 1. 1996, 13 U 55/95, Computer und Recht 1996, S. 538.)

Es macht also einen wesentlichen Unterschied, ob Sie als Kunde den Ahnungslosen gemimt und mit Bitte um Beratung an den Verkäufer herangetreten sind oder im Vertrauen auf Ihr Fachwissen beim nächsten Diskonter ins Regal gegriffen haben. Dabei ist es durchaus günstig, wenn ein Kauf vorliegt. Für unentgeltlich erteilten Rat ist eine Haftung viel schwerer durchzusetzen! Sie sollten also dem Fachhändler nach umfassender und gut dokumentierter Beratung mindestens ein Standardprogrammpaket abkaufen, auch damit Sie eine Rechnung haben.

Noch wenig gerichtserprobt ist eine Vorgangsweise, bei der man sich vom Fachhändler umfassend beraten läßt und dann doch beim Diskonter kauft.

Ist der Berater EDV-Berater und erhält er für seine fehlerhafte Beratung ein, wenngleich geringes, Entgelt, so haftet er für Ihre Fehlentscheidung – die Haftung für Kunstfehler bei der Beratung ist nicht von der Höhe des Beraterhonorars abhängig. Auch wenn die Beratung unter Werkvertrag und nicht unter Kauf fällt, wird man Fachhändler nicht völlig von sämtlichen Folgen einer falschen Beratung lossprechen können (auch dann nicht, wenn es aufgrund zu hoher Preise zu keinem Kauf gekommen ist und der Berater damit unbelohnt und kostenlos geblieben ist). Hier werden Sie im Einzelfall zwischen Sicherheit und Kauf beim Diskonter abzuwägen haben.

Ein anderer Weg ist die Behauptung, ein Mangel sei arglistig verschwiegen worden. Arglistig handelt, „wer sich bewußt ist, daß ein bestimmter Umstand für die Entschließung seines Vertragspartners von Erheblichkeit ist, nach Treu und Glauben diesen Umstand mitzuteilen verpflichtet ist, und ihn trotzdem nicht offenbart" (BGHZ 117, 318).

Wenn man diesen Aufklärungsmaßstab nun hinreichend anspannt, beispielsweise die Werbung mancher Geräte- und Programmhersteller ernst nimmt und ihnen wirklich jene Sachkompetenz für das Beratungsgespräch zusinnt, die sie nach ihrer Werbung vorgeben zu besitzen, ist bald etwas arglistig verschwiegen. Auf diese Weise können im großen und ganzen Ansprüche für behelfsmäßige Reparatur, endgültige Reparatur, Notgeräte, Produktionsausfälle, Stillstandszeiten etc. geltend gemacht werden.

Grundsätzlich das gleiche gilt für Sachschäden wie verdorbene Ware, fehlerhaft lackierte Bleche oder der computergesicherten Weide entlaufene Pferde.

Ansprüche bei Computerausfall

Kauf :
- Wandlung
- Preisminderung
- Verbesserung (event./manchmal, je nach Lage des Einzelfalls)

Werkvertrag:
- Wandlung
- Verbesserung
- Preisminderung

Dienstvertrag:
- Wandlung
- Verbesserung (Preisminderung eingeschränkt, Arbeitsrecht beachten!)

Miete/Leasing:
- Gewährleistung während der gesamten Mietzeit
- Mietzinsminderung als primärer Gewährleistungsanspruch

In allen Fällen:
Schadenersatz wegen positiver Vertragsverletzung, Schlechterfüllung.

Achtung:
- Gewährleistung = durchsetzbare Erfolgshaftung (verschuldensunabhängig!)
- Schadenersatz setzt Schaden und Kausalität und rechtswidriges schuldhaftes Handeln/Unterlassen voraus, Beweislast liegt weitgehend beim Kläger.
- kurze Fristen HGB/OR:
  - Prüf- und Rügepflicht sofort,
  - Gewährleistungsfrist: bewegliche Sachen Kauf-/Werkvertrag sofort bis 6 Monate,
  - Schadenersatzfrist: sofort (bei Verletzung einer bestehenden Prüf- und Rügepflicht), 6 Monate, 3 Jahre, manchmal bis zu 10 bzw. 30 Jahre (länderspezifisch verschieden!)

Daher ist bei Anlagen, die bereits längere Zeit vor dem Ausfall in Betrieb waren, Schadenersatzhaftung oft der einzige Ausweg (Verschuldensnachweisproblematik)!

8.3 Garantie

Teils aus Marketinggründen (weil es ja auch die anderen tun), teils weil wirklich die gesetzlichen Rechtsbehelfe nicht ausreichen, werden fallweise Garantien gewährt oder verlangt.

Garantien stellen eine vertragliche Zusage dar. Bestehen Sie daher darauf, daß Ihnen Ihr Lieferant Eigenschaften nicht nur zusichert, sondern ausdrücklich **garantiert**. Es gibt keinen Rechtsanspruch auf eine Garantie vor Vertragsabschluß. Wenn Ihr Händler keine Garantie gewähren will, können Sie nur den Händler austauschen.

Eine einmal gegebene Garantie ist für den garantierenden Vertragspartner eine harte Sache: Sie umschreibt vertragliche Pflichten, der Grundsatz „Verträge sind einzuhalten", gilt auch hier.

Nachdem es keinen gesetzlichen Mindestinhalt für eine Garantie gibt, kommt alles vor: von einer umfassenden Garantie, die die Interessen des Kunden ausreichend berücksichtigt, bis hin zu einer bloßen Verwendungszusage, die das Papier, auf das sie geschrieben ist, nicht wert ist.

Die Garantie ersetzt die gesetzliche Gewährleistungspflicht des Verkäufers nicht!

Vielmehr bestehen Garantie und Gewährleistung nebeneinander. D. h., daß eine Beschränkung des Gewährleistungs- oder Haftungsumfanges unter das gesetzliche Existenzminimum mit Hinweis auf eine Garantie (wie fallweise versucht) unzulässig ist.

Es ist durchaus statthaft, den Verfall einer vertraglichen Garantie bei Öffnung des Garantiesiegels vorzusehen. Der Gewährleistungsanspruch kann deswegen jedoch nicht verfallen. Hier ist maximal eine Umkehr der Beweislast möglich.

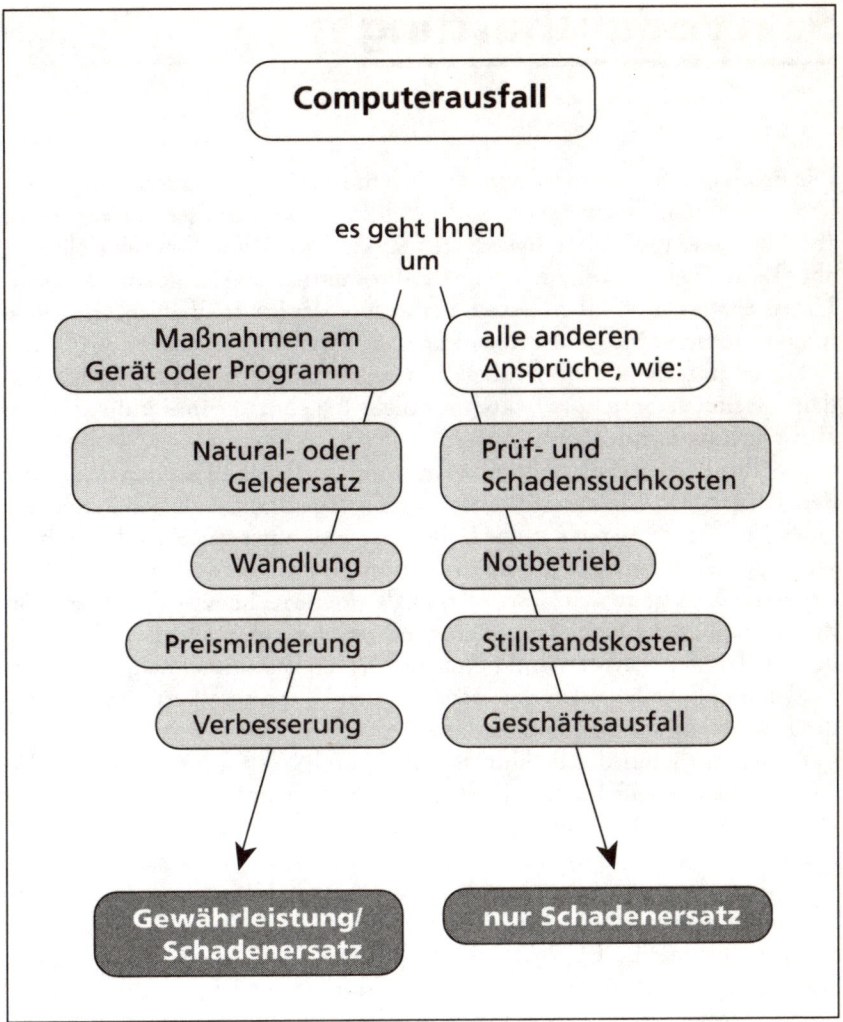

9. Produkthaftung

Die Produkthaftung greift grundsätzlich nur für Schäden durch das gefährliche Produkt, nicht für Schäden am gefährlichen Produkt selbst. Wenn z. B. Ihr Computer explodiert, bekommen Sie eine neue Wohnungseinrichtung, aber keinen neuen Computer. Von der Produkthaftung ausgenommen sind Unternehmersachschäden (je nach Umsetzung der Produkthaftungsrichtlinie in den einzelnen Mitgliedsstaaten) und reine Vermögensschäden.

Geräte unterliegen immer der Produkthaftung, Programme zumindest dann, wenn sie Serienprodukte und nicht Ergebnisse eines individuellen Werkvertrages sind.

Die Produkthaftung sieht eine Reihe wesentlicher Erleichterungen für den Kläger vor. Ein wesentlicher Vorteil liegt darin, daß der Nachweis eines Verschuldens nicht erforderlich ist. Eine unerwartete oder unnotwendige Fehlerhaftigkeit, also die Unterschreitung anerkannter Sicherheitsstandards ist ausreichend, es muß also keine rechtswidrige Verletzung des vertraglichen Qualitätsmaßstabes bewiesen werden. Die Beweislast für den Fehler, den Schaden und den ursächlichen Zusammenhang zwischen Fehler und Schaden, also den Nachweis für die Kausalkette, trifft allerdings nach wie vor den Geschädigten!

Außerdem kann die Produkthaftung durch Vertrag im voraus weder ausgeschlossen noch beschränkt werden. Die Verjährungsfrist ist drei Jahre ab Kenntnis, die absolute Verjährungsfrist zehn Jahre ab Inverkehrsetzen. Auch diese Punkte erleichtern die Durchsetzung des Ersatzanspruches.

Es darf nicht übersehen werden, daß die Produkthaftung primär eine Konsumentenschutzvorschrift ist. Angesichts eines Selbstbehaltes in der Höhe von rund 500 EUR (derzeit DM 1125,–), was in etwa dem Gegenwert eines PC entspricht, und des Ausschlusses von Unternehmersachschäden sowie Vermögensschäden, wird die Produkthaftung i. d. R. nur selten eine Rolle spielen (z. B. Körperverletzung infolge einer Anspruchsneurose wegen Computerausfall).

Ersatzpflichtig ist der Produzent oder Importeur in den EWR, also nicht der Händler! Der Händler ist lediglich verpflichtet, in einem Schadensfall innerhalb angemessener Zeit seinen Lieferanten, Erzeuger oder Importeur zu benennen. Tut er dies nicht, wird er selbst schadenersatzpflichtig.

Als Hersteller gilt jeder, der das Endprodukt, einen Grundstoff oder ein Teilprodukt hergestellt hat. Darüber hinaus aber auch jeder, der sich durch das Anbringen seines Namens, seiner Marke oder eines anderen Kennzeichens als Hersteller ausgibt. Wenn also jemand aus Taiwan importierte Computer als sein eigenes Produkt verkauft, indem er sein Markenzeichen aufklebt, haftet er, als ob er der Hersteller wäre!

Ein gänzlich anderes Problem ist, daß fehlerhafte Computerfunktionen durchaus zum Entstehen von Produkthaftungsansprüchen gegen Ihr Unternehmen führen können. Wenn beispielsweise Ihr PC-gesteuerter Schweißroboter den Plastikrahmen Ihrer Fenster unfachgerecht mit dem Beschlag verbindet, woraufhin die Fenster ausbrechen und herabfallen, so haben Sie womöglich kein Verschulden, weil Sie die zumutbare Qualitätssicherung eingehalten haben. Darauf kommt es aber nicht an, weil die Produkthaftung eben verschuldensunabhängig ist.

9.1 Produkthaftung für Raubkopien

Überraschenderweise umfaßt die Produkthaftung auch Raubkopien! Die Frage, ob jemand zur Nutzung eines Computerprogrammes berechtigt ist, ist produkthaftungsrechtlich irrelevant.

Eine grundsätzliche Voraussetzung für das Inkrafttreten der Produkthaftung ist, daß ein Produkt in Verkehr gebracht wurde. Nach der EU-Richtlinie zur Produkthaftung ist dies der Fall, sobald es „der Unternehmer, gleich aufgrund welchen Titels, einem anderen in dessen Verfügungsmacht oder zu dessen Gebrauch übergeben hat. Die Versendung an den Abnehmer genügt."

Nun wird zum Produkthaftungsgesetz die Ansicht vertreten, daß die Übergabe freiwillig, d. h. mit Wissen und Wollen des Unternehmers geschehen sein muß. Demnach unterliegen gestohlene Sachen an sich nicht der Produkthaftung – auch wenn sich diese Wertung nicht aufrechterhalten lassen wird: Beispielsweise stiehlt jemand unmittelbar beim Hersteller ein Feuerzeug. Dieses Feuerzeug explodiert dann bei der Benützung in der vollbesetzten Straßenbahn, oder es wird am Schwarzmarkt verkauft und explodiert in der Hand eines gutgläubigen Käufers. Warum soll der Hersteller ausgerechnet deswegen haftungsfrei sein, weil der Dieb zufällig ein defektes Exemplar gestohlen hat? Hätte er das defekte Exemplar nicht gestohlen, so wäre es genauso in die Vertriebskanäle gelangt. Vor allem ist nicht einzusehen, wieso das unschuldige Opfer aufgrund des Zufalls, durch eine gestohlene Sache geschädigt worden zu sein, keinen Ersatz bekommen soll.

Was unterscheidet nun laut Produkthaftung Raubkopien von herkömmlichem Diebesgut, also vom Diebstahl körperlicher Sachen? Computerprogramme werden i. d. R. vom Erzeuger in einem ersten Schritt vollkommen rechtmäßig verkauft und damit in Verkehr gesetzt. Erst danach erfolgt die Raubkopie. **D. h., meist wird die Raubkopie aus einer legalen Kopie hergestellt, die bereits längst in Verkehr gebracht wurde.**

Da die Produkthaftung am Moment des Inverkehrbringens und nicht am urheberrechtlich dominierten Begriff der Raubkopie ansetzt, haftet der Programmhersteller aus der Produkthaftung – gleichgültig, ob er im konkreten Fall eine Lizenzgebühr erhalten hat oder nicht – zumindest dann, wenn die Kopie von einem Exemplar gezogen wurde, das mit Wissen und Wollen des Herstellers einmal in Verkehr gesetzt wurde.

10. Irrtumsanfechtung

Zusätzlich zu den Rechtsbereichen Gewährleistung und Schadenersatz spielt auch die Irrtumsanfechtung eine gewisse Rolle.

> Unter Irrtum versteht man eine nicht zutreffende Vorstellung von Tatsachen.

In der EDV-Branche unterliegen sowohl Lieferant als auch Kunde häufig Irrtümern, was sich ebenso häufig erst nach einiger Zeit herausstellt.

Ein Irrtum kann beispielsweise hinsichtlich der Bedeutung und Tragweite des Inhalts einer abgegebenen Erklärung vorliegen:

> *„A bestellt bei einem Zeitschriftenverlag die Zeitschrift ‚Pig International' in der Annahme, es handelt sich um ein Pornomagazin. Als die Zeitschrift bei ihm eintrifft, stellt er erstaunt fest, daß es sich um eine Fachzeitschrift des Internationalen Schweinezüchterverbandes handelt."*
>
> Zerres, Bürgerliches Recht[2], S. 46

In diesem Fall ist Anfechtbarkeit wegen Irrtums möglich, obwohl die Bestellung eindeutig war. Der Irrtum bezog sich auf die Erklärung, d. h. auf eine falsche Vorstellung vom Inhalt des Magazines.

Hier liegt auch die Lösung für das interessante, aber hier nicht weiter zu verfolgende Detailproblem, was geschieht, wenn durch einen Computermangel fehlerhafte Erklärungen versendet werden: Angenommen, Sie geben per E-Mail eine Bestellung von 20 17-Zoll Bildschirmen auf. Aufgrund eines Programmfehlers wird die Bestellung irrtümlich mit der Serienbrieffunktion gekoppelt, so daß die Bestellung an alle 300 in der gespeicherten Liste angeführten Computerhändler geht. Als Ergebnis werden Ihnen 6000 Bildschirme geliefert. In diesem Fall stehen die Chancen übrigens gut, daß Sie alle 6000 Bildschirme behalten und bezahlen müssen, sofern man Ihnen keinen Erklärungs- oder Geschäftsirrtum bzw. Übermittlungsfehler zubilligt.

Ein Geschäftsirrtum kann auch vorliegen, wenn eine unrichtige Vorstellung über Eigenschaften einer Person oder Sache, die im Verkehr als wesentlich angesehen werden, vorliegt (sogennanter „Eigenschaftsirrtum").

Gerade bei Gerät und Programm kommt es häufig vor, daß Eigenschaften unterstellt werden, die wesentlich sind, aber nicht vorliegen.

Keine Anfechtung ist möglich bei Motiv- oder Kalkulationsirrtum, außer in Fällen von Täuschung und Drohung. Die arglistige Täuschung ist den strafrechtlichen Betrugstatbeständen verwandt.

10.1 Overselling und Underselling

Ebenso hart an der Grenze des Strafrechtes, bisweilen diese überschreitend, sind zwei durchaus häufig zu beobachtende Verkaufsstrategien: Overselling und Underselling.

Ausgangspunkt ist, daß der Kauf eines Computers bzw. einer „EDV-Gesamtlösung" ein Rechtsgeschäft ist, das einen hohen Informationsgrad voraussetzt. Da die meisten Kunden nicht ausreichend sachkundig sind, spricht man von einem beratungsbedürftigen Rechtsgeschäft, d. h., der Verkäufer muß mehr oder weniger den Bedarf des Kunden erforschen und daraufhin eine angepaßte Lösung anbieten. Der Kunde ist dazu gezwungen, mangelnde eigene Sachkompetenz durch blindes Vertrauen in den Verkäufer zu kompensieren.

Es gibt nun die expliziten **Marketingstrategien** des Over- und Underselling, die darin bestehen, dem Kunden **gezielt** eine für seine Zwecke über- oder unterdimensionierte Konfiguration zu verkaufen.

Der Vorteil für den Verkäufer bei der überdimensionierten Konfiguration liegt auf der Hand: ein vielfacher Umsatz, ein zufriedener Kunde, alles läuft – und vor allem: Der Kunde ist auf absehbare Zeit versorgt und damit vom Markt genommen. Optimal, wenn die Lösung so teuer ist, daß mit Miet- oder Leasingverträgen eine Knebelung auf lange Zeit möglich ist, auch Wartungsverträge sind in diesem Sinne gut geeignet.

Ist der Kunde allerdings kritisch und neigt zu Preisvergleichen, so wird das Gegenteil davon, der Verkauf einer unterdimensionierten Konfiguration, betrieben. Damit ist man immer Billigstbieter. Zur Absicherung empfiehlt es sich, den Kunden nach seinem Bedarf zu fragen und dann den „wirklichen Bedarf" herauszuarbeiten. So wird man beispielsweise dahingehend beraten, daß gar keine so großen Festplatten erforderlich sind, weil schließlich auch mit einer kleineren Platte das Auslangen gefunden werden kann, wenn man alle Quartale die Daten heraussichert und dann löscht. Oder man hört, daß schwarzweiße oder grünweiße 14-Zoll-Bildschirme für die Textverarbeitung ausreichend sind – Jahrzehnte wurden sie für diesen Zweck tadellos eingesetzt etc. etc. Zustande kommt dann ein System, das die vom Kunden ausdrücklich spezifizierten Einsatzzwecke – im günstigsten Fall – gerade noch abdeckt, aber nicht ohne weiteres erweiterbar ist und schon bald wegen diverser Unbequemlichkeiten beim Einsatz – dann selbstverständlich kostenaufwendig – ausgebaut werden muß.

Soweit **bewiesen** werden kann, daß der Verkäufer absichtlich eine dieser beiden Strategien verfolgt hat, um den Kunden über das wahre Erfordernis zu täuschen und ihn dadurch an seinem Vermögen zu schädigen (indem letztlich zu teure Geräte und Programme angeschafft werden mußten), also immer dann, wenn der Verkäufer von dieser Strategie auch tatsächlich etwas hat, wobei der Versuch ausreicht, ist die Grenze des Strafrechtes erreicht bzw. überschritten!

Zivilrechtlich können derartige Sachverhalte – selbstverständlich entsprechende Dokumentation des Verkaufsgespräches vorausgesetzt! – zur gänzlichen Vertragsaufhebung wegen Irrtum führen, allenfalls auch zu Schadenersatzpflichten wegen Veranlassung eines Irrtums. Die Anfechtungserklärung bzw. Klage ist je nach Sachverhalt verschieden befristet (Näheres siehe Kapitel 19, 20 und 21).

11. Kundenknebelung als Marketingstrategie

11.1 Garantiesiegel

Immer wieder wird in den Allgemeinen Geschäftsbedingungen versucht, die Haftung des Herstellers zu beschränken oder gar auszuschließen. Der völlige Ausschluß jeglicher Gewährleistungsansprüche bei fabrikneuen Produkten wird als sittenwidrig betrachtet. Im übrigen ist eine Regelung durch Vertrag an sich zulässig, soweit sie im Einzelfall nicht in gegenüber dem Verbraucher garantierte Mindestrechte eingreift.

Bei der Garantie ist darüber hinaus ein Verfall des Garantieanspruches (nicht auch des Gewährleistungsanspruches!) bei Verletzung des Garantiesiegels innerhalb der Garantiefrist zulässig. Selbstverständlich ist der Käufer zufolge des Eigentumsrechtsüberganges berechtigt, das Garantiesiegel aufzubrechen, nur kann im Einzelfall damit der vertraglich vereinbarte Anspruchsverlust verbunden sein.

Da moderne PCs so aufgebaut sind, daß Teile leicht ein- und ausgebaut werden können und zahlreiche Zusatzprodukte gerade für diesen Zweck angeboten werden, muß man i. d. R. auch davon ausgehen, daß es einen ordentlichen Gebrauch des Gerätes darstellt, wenn es geöffnet und durch Einstecken oder Einbauen weiterer Teile modifiziert wird.

Die Modifizierbarkeit ist wohl als gewöhnlich vorausgesetzte Eigenschaft anzuerkennen.

Dagegen steht allerdings das Interesse des Verkäufers, nicht zur Verantwortung gezogen zu werden, falls eben durch die neu eingebauten Teile eine Störung verursacht wird. Daraus resultiert das weitverbreitete Problem, daß sich in solchen Fällen sowohl der Gerätehersteller als auch der Hersteller des Einbauteils jeweils auf den anderen ausreden und der Kunde mangels Sachkompetenz und Meßeinrichtung den wahren Schuldigen nicht ermitteln kann.

Solange das Garantiesiegel den Zweck hat, den Verkäufer vor unberechtigten Ansprüchen zu schützen, spricht einiges dafür, einen solchen Verfall anzuerkennen oder zumindest dem Käufer eine Beweislastumkehr aufzubürden, wonach er zu beweisen hat, daß der von ihm vorgenommene Eingriff unschädlich war.

Davon streng zu trennen sind allerdings die Fälle rechtsmißbräuchlicher Anwendung derartiger Garantiesiegel: Zweck des Siegels könnte auch sein sicherzustellen, daß das Gerät nur vom Hersteller gewartet wird, daß Zusatzgeräte und Zusatzprogramme nur von einem Hersteller gekauft werden. Telefonanlagenhersteller haben dieses System zur Perfektion entwickelt.

11.2 Knebelungsverträge

Häufig kann man nicht einmal die Teile am freien Markt kaufen, die notwendig sind, um etwa eine Telefonanlage ohne den teuren Techniker der Herstellerfirma zu erweitern. Zumindest dort, wo derartige Vorgangsweisen den Zweck haben, den Kunden zu knebeln und ihm den Zutritt zu billigeren Leistungen der Mitbewerber zu verwehren, liegt ein schwerwiegendes Indiz für sittenwidriges Verhalten vor.

In diesem Zusammenhang sei daran erinnert, daß es vor allem in der Groß-EDV bis vor kurzem üblich war, Geräte überhaupt nicht zu verkaufen, sondern bloß zu vermieten (ebenso auch bei Telefonanlagen, Kopierern etc.): Wenn hier im Vertrag dem Mieter zur Auflage gemacht wird, sämtliche Reparaturen nur vom teuren Werkskundendienst durchführen zu lassen und keinerlei Fremdteile einbauen zu lassen, so ist dies in rechtlicher Hinsicht durchsetzbar, weil das Gerät nach wie vor im Eigentum des Vermieters steht.

Ganz modern ist eine ähnliche Variante beim Verkauf von Handys, wo ein beträchtlicher Preisnachlaß an die Bedingung gebunden ist, daß man zwölf Monate die Telefongesellschaft nicht wechselt.

In all diesen Fällen ist das Kartellrecht oft nur eine schwache Hilfe, weil die diesbezüglichen Vertragsklauseln im allgemeinen einer Nichtigkeitsprüfung standhalten. Sie sollten daher solche Miet- und Leasingverträge vermeiden oder zumindest Preisanpassungsklauseln vorsehen, die dafür sorgen, daß der Wettbewerb seine preisdämpfende Wirkung auch bei allen künftigen Leistungen entfaltet.

Eine solche Klausel könnte so aussehen, daß sich der Lieferant zwar prinzipiell zur Erbringung der gewünschten zusätzlichen Lieferungen und Leistungen verpflichtet; sollte allerdings kein Einvernehmen über den Preis erzielt werden, gilt ein marktüblicher Preis, wie bei einem unter Konkurrenz abgeschlossenen Erstgeschäft, als vereinbart. Damit haben Sie im Zweifel die Möglichkeit, die notwendigen Leistungen und Lieferungen zu beziehen und den Preis durch den vom Gericht bestellten Sachverständigen nachprüfen zu lassen.

Sollte Ihr Vermieter auf derartige Klauseln nicht eingehen, sollten Sie bei der Kaufentscheidung immer berücksichtigen, daß Sie sich in eine mitunter **jahrelange Ausbeutungssituation** begeben und selbst bei radikalem Preisverfall, wie z. B. bei Telefonanlagen, zusehen müssen, wie alle Ihre Mitbewerber längst in den Genuß der niedrigen Neupreise kommen, während Sie noch den alten Vertrag bedienen müssen.

11.3 Allgemeine Geschäftsbedingungen

Zahlreiche EDV-Firmen versuchen durch gefinkelte Allgemeine Geschäftsbedingungen (AGB) ihre Gewährleistungs- und Schadenersatzverpflichtungen zu beschränken. Diese Beschränkungen unterliegen einer Inhaltskontrolle. Nichtige, sittenwidrige, gesetzwidrige Bedingungen sind rechtsunwirksam! Darüber hinaus ist auch durch Konsumentenschutzvorschriften eine weitgehende Inhaltskontrolle durch das Gericht möglich.

Sie sollten sich also nicht durch den Verweis auf irgendeine Bestimmung aus diesen AGB ins Bockshorn jagen lassen, sondern im Einzelfall Rat darüber einholen, ob die Bestimmung überhaupt wirksam ist. So ist es beispielsweise nicht zulässig, die Gewährleistungspflicht für fabriksneue Sachen gänzlich aufzuheben. Zulässig ist, sich das Recht auszubedingen, zunächst verbessern zu dürfen. Ob allerdings der Käufer mehr als einen vergeblichen Verbesserungsversuch über sich ergehen lassen muß, ist fraglich. Verweigert der Verkäufer die Verbesserung, so ist immer noch Minderung, Rücktritt und Schadenersatz offen.

11.4 Wartungs- und Serviceverträge

Wie jeder Vertrag im Bereich der EDV, so regeln auch diese Vertragstypen Leistung und Gegenleistung (Entgelt). Allerdings mit einem Grundproblem: Die Vertragsinhalte sind zum Zeitpunkt des Vertragsabschlusses nicht im Detail bekannt. Weder Zeitpunkt noch Art des Computerausfalls sind vorhersehbar. Dasselbe gilt für die Dauer der Arbeiten, die notwendigen Ersatzteile u. ä.

Damit wird eigentlich ein Vertrag mit unbestimmtem Leistungsinhalt und unbestimmtem Entgelt angestrebt. Der Regelungsinhalt ist alles und nichts zugleich. Klar, daß das keiner will. Diese Verträge haben daher eine gewisse Ähnlichkeit mit einer Versicherungspolice, sie enthalten viel Kleingedrucktes, das bestimmt, was vom Leistungsumfang nicht umfaßt ist.

Leistungsumfang |

Hier gibt es die unterschiedlichsten Gestaltungsmöglichkeiten, sowohl in puncto Leistungsinhalt als auch Leistungszeit (Reaktionszeit).

Es sind schon Fälle bekannt geworden, in denen sich der Lieferant bloß dazu verpflichtete, bei Computerausfall den Schaden zu besichtigen! Die Erstellung einer Expertise und die Behebung des Fehlers sollten dann extra kosten. Nicht ganz so schlimm sind Verträge, wonach immerhin die Arbeitszeit bis zu einem gewissen Grad pauschaliert ist – „nur" für jeden zeitlichen oder sonstigen Mehraufwand werden zusätzliche Entgelte fällig. Das „Luxusmodell" stellen All-inclusive-Verträge dar, bei denen sich der Lieferant verpflichtet, alle Geräte etwa innerhalb von vier Stunden wieder zum Laufen zu bringen, bei sonstiger Ersatzbeistellung gegen pauschaliertes Entgelt. Das hört sich gut an, ist aber in der Praxis so exorbitant teuer, daß es sich meistens besser rechnet, statt dessen einige Reservegeräte zu beschaffen, die Sie bis zu ihrem Einsatz für weniger wichtige Aufgaben verwenden können.

Entgelt |

Das Entgelt reicht von laufenden Monatsraten bis zu einsatzabhängigen Einmalzahlungen.

Ein häufiges Übel von Wartungs- und Serviceverträgen ist eine langfristige, teure Bindung!

Zumeist werden solche Wartungs- und Serviceverträge von Verkäufern angestrebt, um den Kunden in eine Abhängigkeit zu drängen, aus der er im Idealfall nie mehr loskommt!

Gerade wenn der Wartungsaufwand pauschaliert ist, wird es häufig als „selbstverständlich" erachtet, daß der Kunde selbst keinerlei eigene Eingriffe in die Anlage vornehmen darf. Damit ist aber festgeschrieben, daß er in Zukunft sämtliches neues Material und alle Programme – womöglich zum Listenpreis – von einem einzigen Vertragspartner kaufen muß. Außerdem sind solche Verträge i. d. R. erst nach langen Fristen kündbar. Sie erinnern sich, daß Geräte, die einmal funktionieren, eine lange Zeit eine geringe Ausfallwahrscheinlichkeit haben und erst nach Erreichen der prognostizierten Lebensdauer die Fehlerrate wieder ansteigt. Bei Verträgen mit Kündigungsfristen bedeutet das im Endeffekt, daß, solange alles gut geht, die hohen monatlichen Raten gezahlt werden müssen (!) – später ist eine Kündigung selbstverständlich möglich.

Eine andere Möglichkeit, den Kunden an sich zu binden, bieten – oft versteckte – Klauseln, nach denen im Zuge der Wartung für nicht mehr aktuelle Teile neue Teile eingebaut werden dürfen (die der Kunde natürlich zusätzlich zu bezahlen hat). So wird dem Kunden unauffällig eine neue Gerätegeneration aufoktroyiert und gleichzeitig schleichend eine neue inkompatible Technologie eines Herstellers eingeführt, und damit gibt es erst recht wieder kein Entrinnen aus einer langfristigen Bindung.

Bitte beachten Sie, daß in der EDV alle Preise ständig fallen! Langfristige Bindungen mit Fixpreisen sind daher tendenziell immer ein Nachteil für den Kunden, werden doch die bei Vertragsabschluß gültigen Preise i. d. R. eingefroren!

Außerdem sind die Lieferanten meistens leistungsfrei, wenn die Gerätegeneration nach etwa fünf bis zehn Jahren ausgelaufen ist und man dringend noch ein paar Ersatzteile benötigen würde, um die Anlage noch ein paar Monate weiter zu betreiben, weil man beispielsweise auf eine neue, leistungsfähigere Generation der Konkurrenz warten, alte Datensicherungen noch lesen möchte u. ä.

Von Markenherstellern wird fallweise auch die Strategie verfolgt, ganz einseitige, nicht auf den ersten Blick als solche erkennbare Knebelungsverträge anzubieten, durch die der Kunde an die Liferantenfirma gebunden ist, die auch sämtliche Wartungen und Reparaturen und Neuverkäufe durchführt, wobei aber die jeweilige Bruttopreisliste zur Anwendung gelangt. Damit hat man dann endgültig einen „Regieauftrag" erteilt, bei dem der Lieferant aufgrund seines Informationsvorsprunges letztlich den Absatz selbst bestimmt.

Der Abschluß herkömmlicher Wartungs- und Serviceverträge kann daher grundsätzlich nicht empfohlen werden. Statt dessen schlage ich vor, „Standby-Verträge" zu schließen, in denen sich der Lieferant einseitig verpflichtet, innerhalb einer garantierten Zeit Dienstleistungen und Lieferungen zu erbringen, wobei Zahlungen nur anfallen, wenn tatsächlich Leistungen erbracht werden (vgl. Mustervertrag, Kapitel 23.4).

Mit einem derartigen Vertrag haben Sie es in der Hand, Ihren Lieferanten im Bedarfsfall unter Wettbewerbsdruck zu setzten, wenn etwa der Computerhändler um die Ecke nur mehr 20 EUR pro Stunde verlangt, während in Ihrem Vertrag noch 250 EUR Stundensatz festgeschrieben sind, oder wenn der Preis von einem MB Speicheraufstockung so hoch ist wie bei der Konkurrenz der ganze zum Systembetrieb erforderliche 32 MB Hauptspeicher (alles Fälle aus der Praxis!).

Wichtig ist, daß sich Ihr Lieferant sowohl zu Lieferung und Einbau als auch zur Lieferung von Ersatzteilen zu angemessenen Preisen verpflichtet und daß diese Verpflichtung über einen bestimmten längeren Zeitraum (fünf bis acht Jahre) besteht.
Ist Ihr Lieferant erst einmal dem Wettbewerbsdruck ausgesetzt, wird er erfahrungsgemäß in puncto Preisfindung konsensbereit sein.

Durch einen geeigneten Vertrag mit ausreichend spezifischen Vereinbarungen können Sie es erreichen, daß Sie als Kunde genau das bekommen, was Sie brauchen: Einen zuverlässigen Lieferanten, auf den Sie bei Bedarf zurückgreifen **können, aber nicht müssen.** Sie haben dann die Möglichkeit, die **Basisversorgung** mit billigen Geräteteilen vom Diskonter durchzuführen und nur dort, wo es gebraucht wird, vom Spezialisten abdecken zu lassen.

Eine technische Falle darf natürlich nicht übersehen werden: Die Leute des Lieferanten, der auf diese Weise zum Lückenbüßer gestempelt wird, könnten versuchen, unnötige Reparaturen durchzuführen und vom Diskonter erworbenes Material, obwohl es brauchbar ist, durch eigenes zu ersetzen.

Da heutzutage in vielen Fällen die Platinen, die beim Diskonter verkauft werden, technisch identisch sind mit jenen, die es im Fachhandel gibt, können Sie einen solchen Austausch günstigstenfalls noch an der Seriennummer der Platine feststellen. Seien Sie also trotz eines solchen Vertrages auf der Hut.

Außerdem dürfte der Vorschlag eines Wartungs- und Servicevertrages gemäß Muster (vgl. Kapitel 23.4) zu einer heftigen Diskussion mit Ihrem Lieferanten führen. Im Zuge dieser Diskussion wird es aber leicht gelingen, die Schwächen der Marketingstrategien offenzulegen und einen „gerechten Ausgleich" bzw. einen neuen Lieferanten zu finden.

12. Strafrecht: Betrug durch die EDV-Branche

Bislang wurde hauptsächlich die zivilrechtliche Komponente vom Computerausfall diskutiert.

Daß eine strafrechtliche Haftung für die Verbreitung von Raubkopien gegeben ist, ist selbstverständlich und sollte nur am Rande erwähnt werden. Daß Ihr Händler haftet, wenn er Ihnen eine Raubkopie verkauft und Sie daher ein zweites Mal Lizenzgebühr beim Berechtigten zahlen müssen, ist klar. Daß Sie beim Regreß gegen den Schuldigen voraussichtlich mit vielen anderen Geschädigten im selben Boot sitzen und der Raubkopierer wirtschaftlich am Ende sein dürfte, ist wahrscheinlich. Ihr Geld werden Sie demnach in den meisten solcher Fälle nicht mehr sehen.

Ein gerne übersehener Aspekt ist aber, daß laut Strafgesetzbuch jeder haftet, der sich aufgrund arglistiger Täuschung bereichert bzw. einen anderen schädigt:

§ 263 Betrug (Deutsches Strafgesetzbuch)
Wer in der Absicht, sich oder einem Dritten einen rechtswidrigen Vermögensvorteil zu verschaffen, das Vermögen eines anderen dadurch beschädigt, daß er durch Vorspiegelung falscher oder durch Entstellung oder Unterdrückung wahrer Tatsachen einen Irrtum erregt oder unterhält, wird mit Freiheitsstrafe bis zu fünf Jahren oder mit Geldstrafe bestraft. Der Versuch ist strafbar. In besonders schweren Fällen ist die Strafe Freiheitsstrafe von einem Jahr bis zu zehn Jahren. § 243 Abs. 2 sowie die §§ 247 und 248a gelten entsprechend.

§ 146 Betrug (Österreichisches Strafgesetzbuch)
Wer mit dem Vorsatz, durch das Verhalten des Getäuschten sich oder einen Dritten unrechtmäßig zu bereichern, jemanden durch Täuschung über Tatsachen zu einer Handlung, Duldung oder Unterlassung verleitet, die diesen oder einen anderen am Vermögen schädigt, ist mit Freiheitsstrafe bis zu sechs Monaten oder mit Geldstrafe bis zu 360 Tagsätzen zu bestrafen.

Art. 148 Betrug (Schweizerisches Strafgesetzbuch)
Wer in der Absicht, sich oder einen andern unrechtmässig zu bereichern,
jemanden durch Vorspiegelung oder Unterdrückung von Tatsachen arg-
listig irreführt oder den Irrtum eines andern arglistig benutzt und so
den Irrenden zu einem Verhalten bestimmt, wodurch dieser sich selbst
oder einen andern am Vermögen schädigt, wird mit Zuchthaus bis zu
fünf Jahren oder mit Gefängnis bestraft. Der Betrüger wird mit Zucht-
haus bis zu zehn Jahren und mit Busse bestraft, wenn er den Betrug
gewerbemässig betreibt.

Wenn Ihnen also beispielsweise ein Mitarbeiter eines namhaften Softwarehauses einen unwahren Sachverhalt vorspiegeln und Sie so in Irrtum führen sollte, etwa über die Leistungsfähigkeit der eigenen Produkte oder die
Minderwertigkeit des Konkurrenzproduktes, so besteht eine strafrechtliche Haftung.

Für den Betrugstatbestand ist maßgeblich, ob eine konkrete, gerechtfertigte Verbrauchererwartung hinsichtlich einer bestimmten Produkt-
eigenschaft in Schädigungs- oder Gewinnabsicht enttäuscht wurde, also
in einem wesentlichen Punkt Mangelfreiheit betrügerisch vorgespiegelt
wird. Natürlich wird das nicht für jeden, sondern nur für einen einigermaßen bedeutenden Programmfehler gelten können.

Der wesentliche Vorteil für Sie ist die Verfolgung des Täters von Amts
wegen (d. h., die Sachverständigengebühren bezahlt das Gericht). Der
Nachteil ist, daß ein solches Verfahren nur bei einem begründeten Tatver-
dacht eingeleitet wird und die zivilrechtlichen **Verjährungsfristen wei-
terlaufen** können. Sie kommen so zwar um die Verfahrenskosten herum,
werden sich aber eine entsprechende Dokumentation i. d. R. nicht erspa-
ren. Ihre wahrheitsgemäße Zeugenaussage ist allerdings ein Beweismittel.

Wenn das Gericht Ihnen glaubt, daß Sie vorsätzlich vom Verkäufer in
Irrtum geführt wurden, und den Verkäufer verurteilt, ist Ihre Rechtsposition im anschließenden Zivilprozeß naturgemäß sehr günstig. Zumeist
kommt es schon im Vorfeld derartiger Prozesse zu einem angemessenen
Vergleich, wobei Sie zumindest eine Verjährungsverzichtserklärung erhalten haben sollten, wenn Sie mit dem Zivilprozeß zuwarten.

Arglistige Täuschungen sind – gerade in der Softwarebranche – durchaus häufiger, als man vermuten möchte. Wenn etwa in der Literatur Fehler
beschrieben sind, die ausschlaggebend dafür sein könnten, daß Sie nicht
kaufen, liegt zumindest im arglistigen Verschweigen eines derartigen be-

kannten Fehlers (die Verletzung einer strafrechtlich anerkannten Auf-
klärungspflicht kann auch ausreichend sein) der Verdacht auf eine Betrugs-
handlung nahe.

Dabei sind die Verkäufer von Programmen keineswegs nur dazu verpflichtet, bekannte „Bugs" zuzugeben. Sie dürfen auf Nachfrage auch nichts
verschweigen, was firmenintern bekannt und für den Vertragsabschluß
relevant ist. Einer strengeren Auffassung zufolge besteht sogar eine Auf-
klärungspflicht, so daß die Softwarehersteller nicht berechtigt sind, derartige Bugs geheimzuhalten. Dies wird zumindest dort zu bejahen sein, wo
Körper-, Vermögens- oder Sachschäden mit höherer Wahrscheinlichkeit
drohen. Verneint man diesen Standpunkt, so würde dies auf das Recht
hinauslaufen, bekanntermaßen gefährliche Software weiterhin verkaufen
zu dürfen. Ein Autohersteller, dessen Fahrzeuge bei gewissen Belastungs-
situationen umkippen, kommt von selbst nicht auf die Idee, diese zu verkaufen. Chips, Geräte und Programmhersteller finden aber heute noch
nichts dabei, fehlerhafte Sachen in Umlauf zu setzen, obwohl diese Fehler
oft zu haarsträubenden, schwerwiegenden Konsequenzen führen können.
Bisweilen hört man die lapidare Meldung, der Bug sei bekannt, an seiner
Behebung werde gearbeitet, der Kunde müsse den Fehler eben solange
hinnehmen.

13. Rechtsprechungstendenzen

Angesichts der auffallenden Sorglosigkeit der Herstellerseite ist damit zu rechnen, daß eine ähnliche Entwicklung Platz greifen wird, wie sie im Bauwesen zu beobachten war: Vor nun schon längerer Zeit, in den Aufbaujahren, war es durchaus üblich, daß die Kunden die eine oder andere Mangelhaftigkeit hinzunehmen hatten. Moderne Konsumentenschutzgesichtspunkte haben sich dann allmählich durchgesetzt und die Judikatur immer strenger und strenger gestaltet, bis schlußendlich jetzt in Österreich für eine mangelhafte Bauleistung Bargeldersatz ohne Verbesserungsmöglichkeit für den Verkäufer/Werkhersteller bis zur Grenze der Bereicherung gefordert werden kann. (Auch in Deutschland und in der Schweiz gibt es solche Tendenzen.)

Offenbar wird auch in der Computerbranche erst eine entsprechende Verschärfung der Rechtsprechung eine wesentliche Verbesserung der Situation mit sich bringen, was aber auch sachangemessen ist: Zum enormen Informationsvorsprung kommt die breite Gestaltungsmöglichkeit und der enorme wirtschaftliche Vorteil, der aus Einsparungen aus der Unterlassung gebotener Aufklärung, aber auch Produktgestaltung oder Verbesserung gezogen wird. Der rasche Technologiewandel führt zu einem immer größeren Abstand, zu einem immer höher werdenden Gefälle zwischen Verkäufer und Käufer. Dies muß rechtlich durch verschärfte Sorgfaltsanforderungen an die Verkäuferseite kompensiert werden. Je weniger die Käuferseite mit dem technischen Fortschritt Schritt halten kann, desto mehr wächst die Verantwortung in die gebotene Beratungs- und Aufklärungsleistung der Verkäuferseite, will man sich nicht auf den Standpunkt stellen, daß, wer sich auf gänzlich neue und unerprobte Technologien einläßt, eben ein Risiko zu tragen und Pech hat, wenn etwas schief geht.

Eine derartige Wertung würde dem gesellschaftlich erwünschten Fortschritt mehr im Wege stehen als eine Verschärfung der Beratungs- und Aufklärungspflichten. Dazu kommt die Tatsache, daß nur die Verkäuferseite über das allerneueste technologische Wissen verfügen kann, das sich im Verhältnis zu den Produkten, die davon betroffen sind, nur langsam, allmählich ausbreitet. Wegen dieser fehlenden Verfügbarkeit von Information kann eine permanente Weiterbildungs- und Erkundigungspflicht des Käufers objektiv gar nicht bestehen.

Genau diese Einsicht läßt hoffen. Die Prognose für die Entwicklung der Rechtsprechung bei der Durchsetzung von Ansprüchen wegen Computerausfalls ist günstig.

13.1 Wellenförmige Ausbreitung von Wissen

Wissen kommt aus den Entwicklungsabteilungen der großen Hard- und Softwareschmieden. Es erreicht zuerst den Verkäufer und bei den heutigen Produktzyklen den Käufer in den seltensten Fällen noch rechtzeitig.

Information, besonders über neue Produkte, wird wellenförmig verbreitet: Zunächst wird das Produkt entwickelt und selbstverständlich alles aufs äußerste geheimgehalten. Die ersten „Informationshäppchen", die nach außen getragen werden, folgen häufig mehr Marketing- als technischen Gesichtspunkten und sind bisweilen sogar ziemlich irreführend. Mit dem tatsächlichen Erscheinen des Produktes auf dem Markt wird dann oft eine Informationsflut freigesetzt, die kurzfristig weder zu verarbeiten noch zu verstehen ist. Auf der anderen Seite werden oft selbst noch zu diesem Zeipunkt wichtige Informationen über das Produkt (z. B. Einstellungen, um das Betriebssystem mit Konkurrenzprogrammen besser zusammenarbeiten zu lassen) absichtlich geheimgehalten und die Kunden nach wie vor mit verlockenden Werbesprüchen statt mit echter Information abgespeist.

Bei einer derartigen Informationspolitik sind rechtlich zwei Schlußfolgerungen naheliegend:

a) Wer im Verkauf mit Werbeaussagen statt mit adäquater Information arbeitet, legt sich selbst einen strengen Maßstab an und muß damit rechnen, daß seine Produkte an genau diesen Aussagen gemessen werden.

b) Je größer das Informationsgefälle zwischen Hersteller und Kunden wird und je rascher die Produktzyklen aufeinanderfolgen, desto mehr werden die Erkundigungs- und Informationspflichten des Kunden zwangsläufig hinter die Beratungs- und Aufklärungspflichten des Verkäufers zurücktreten müssen, da die Verkäuferseite die notwendige Selbstinformation der Käuferseite geradezu unmöglich macht!

14. Versichern beruhigt

Angesichts des bisher Gesagten ist offenkundig, daß Sie als Kunde zwar nicht wehrlos sind, aber

a) von allem Anfang an mit entsprechender Sachkompetenz und Beharrlichkeit Ihr Vorgehen planen und dokumentieren müssen und

b) aufgrund technischer und rechtlicher Gegebenheiten trotzdem ein beachtliches Restrisiko verbleibt (selbst wenn man einmal davon absieht, daß Prozesse grundsätzlich nicht immer so ausgehen, wie sie ausgehen sollten).

Dies führt zur marktwirtschaftlichen Lösung, daß dieses Risiko etwas wert ist, d. h. gegen Prämie auf eine Versicherung übertragen werden kann. Dabei sind die Gestaltungsmöglichkeiten äußerst vielfältig.

14.1 Geräteausfallversicherungen

Versicherungsmöglichkeit besteht zunächst gegen den unmittelbaren Ausfall des Gerätes. Solche Versicherungen werden als „Elektrogeräteversicherung" oder „EDV-Anlagen-Versicherung" u. ä. bezeichnet und sind beispielsweise für Industrie- und Gewerbeanlagen durchaus üblich. (PCs im Privatbereich sind schwer versicherbar.)

Der Versicherungsumfang ist die Beseitigung des durch die Mangelhaftigkeit der Anlage an sich gegebenen Zustands. Die Versicherung umfaßt also mehr oder weniger die Reparaturkosten.

Dabei ist zu bedenken, daß Programme nicht im eigentlichen Sinn „repariert" werden können bzw. nicht repariert zu werden brauchen: Flugs hat man eine kleine Obliegenheit in den Versicherungsvertrag eingeschleust, daß Sie von Ihren wertvollen Programmen Kopien herstellen und selbige an einem Ort außerhalb der Anlage verwahren müssen. Schon reduziert sich der Deckungsumfang beträchtlich, denn, haben Sie gesichert, gibt es keinen Schaden, haben Sie nicht gesichert, ist die Versicherung leistungsfrei.

Ähnliches gilt für Daten (Informationsverlust oder Datenträgerversicherung). Die Wiederherstellung von Daten verursacht meist wesentlich höhere Kosten als jene zerstörter Hardware. Zumeist ist der Aufwand für die Datenrekonstruktion betraglich limitiert, fallweise mit lächerlich niedrigen Summen.

Weitere gern benützte Einschränkungen betreffen den Grund des Geräteausfalls: Blitzschlag wird allgemein akzeptiert, Sabotage schon weniger, Internetviren sind sowieso eine Obliegenheitsverletzung, weil ein Internetanschluß eine meldepflichtige Gefahrenerhöhung darstellt (?) und ohne Meldung zur sofortigen Leistungsfreiheit des Versicherers führen könnte.

Bitte beachten Sie, daß auch Transportrisiken, Risiken der Neubeschaffung, Mehrkosten und Überstunden, Luftfrachten etc. bei der Bemessung der Versicherungssumme zu berücksichtigen sind.

Zur Abschätzung des Ihnen verbleibenden Restrisikos einige Zitate aus Versicherungsvertragsunterlagen:

„Die Daten sind nur versichert, wenn sie wiederbeschaffbar und für den Versicherungsnehmer erforderlich sind."

„Versichert ist unvorhergesehene und plötzliche Beschädigung oder Zerstörung sowie Verlust der versicherten Datenträger, wenn die Beschädigung durch Bedienungsfehler, Ungeschicklichkeit, Fahrlässigkeit, Böswilligkeit, Sabotage visuell ohne Hilfsmittel erkennbar ist."
D. h.: Ist der Datenträger nicht sichtbar physisch beschädigt, so sind Bedienungsfehler unversichert!

„Datenwiederbeschaffungs- und Aufbringungskosten sind versichert, wenn versicherte Daten durch einen an den Datenträgern oder an der Datenverarbeitungsanlage eingetretenen Sachschaden, verursacht durch eine der vorher angeführten Gefahren, verloren gehen."
D. h.: In der Police findet sich eine Liste von Gefahrenereignissen (z. B. Brand, Blitzschlag, Explosion, Kurzschluß, Lichtbogen etc.), in die Tastatur eindringender Kaffee ist wohl versichert („Feuchtigkeit aller Art"). Allerdings muß der Datenträger physisch beschädigt werden. Wird der Datenträger durch ein Magnetfeld gelöscht oder läßt sich die Ursache des Ausfalls nicht rekonstruieren (z. B. nicht reproduzierbare Lesefehler), so liegt auch kein Versicherungsfall vor.

„Nicht versicherte Sachen: In der Police nicht angeführte oder ausdrücklich ausgeschlossene Sachen, fest eingebaute Datenträger."
D. h.: Ihre Festplatte ist von der Versicherung von vornherein ausgenommen. Ebenfalls nicht versichert sind

- Schäden, für die Dritte (Hersteller, Verkäufer etc.) zu haften haben,
- Schäden als Folge dauernder chemischer, thermischer, mechanischer, elektrischer oder elektromagnetischer Einflüsse und daraus entstehender Korrosion, Oxidation, Ablagerungen aller Art,
- Schäden durch Abnützung und Alterung,
- Schäden, die außerhalb des Aufstellungsraumes entstehen,
- Schäden durch dauernde Witterungseinflüsse,
- Schäden durch Inbetriebnahme nach einem Schaden vor der endgültigen Wiederherstellung,
- Schäden durch Fehler und Mängel, die bereits bei Vertragsabschluß vorhanden waren,
- Schäden durch vorsätzliche oder grob fahrlässige Handlungen oder Unterlassungen des Versicherungsnehmers oder der den Betrieb leitenden Personen,
- Kosten einer vorläufigen Reparatur, Vermögensschäden aller Art, Leistungsmängel,
- Datenverlust durch fehlerhaftes Programmieren oder Operating, irrtümliches Wegwerfen der Datenträger bzw. Löschen der Daten,
- mißbräuchlicher Eingriff auf die versicherten Daten von außen.

Damit sind häufige Schadensursachen und Gefahren des Datenverlustes glattweg unversichert! Im Schadensfall ist der Versicherungsnehmer unter anderem verpflichtet, das Schadensbild nach Möglichkeit bis zur Besichtigung durch den Versicherer unverändert zu erhalten – d. h. Stillstand bis zur Besichtigung.

Bei Datenverlust werden die Wiederbeschaffungs- und Wiederaufbringungskosten ersetzt „sofern diese Kosten innerhalb eines Jahres ab Schadenseintritt anfallen".

„Die Informationsverlust- und Datenträgerversicherung kann nur in Verbindung mit der EDV-Anlagen-Versicherung abgeschlossen werden."
Auch gut, alles aus einer Hand!?

Weniger kleinlich als bei der Festlegung des Haftungsumfanges sind die Versicherer im allgemeinen bei der Ermittlung der Versicherungssumme: Allein die Eingabe von 1 MB erfordert bei einer Schreibgeschwindigkeit von 200 Zeichen pro Minute (= 12.000 Zeichen pro Stunde = 96.000 Zeichen pro Arbeitstag) rund zehn Arbeitstage. Dazu kommt aber noch die Arbeitszeit, die erforderlich ist, um diese Daten, beispielsweise aus vorhandenen Ausdrucken, Kundenunterlagen, Telefonbüchern, alten Akten etc., zu beschaffen. Die hierfür erforderlichen Zeiten sind kaum abschätzbar, vor allem wird der Aufwand davon abhängen, wie weit organisiertes, gedrucktes Material vorhanden ist, das allenfalls auch mit einem Scanner eingegeben werden kann. Wenn Daten tatsächlich neu erhoben werden müssen, um sie wieder einzugeben, beträgt der Erhebungsaufwand mit Sicherheit ein Vielfaches des Wiedereingabeaufwandes. Schätzt man in einem solchen Fall, daß 20 Zeichen pro Minute erhoben werden können (als Mittelwert), so werden demnach pro Megabyte verlorener Daten 100 Arbeitstage für die Wiedergewinnung der Daten und zehn weitere Arbeitstage für ihre Eingabe erforderlich. Unterstellt man Lohnaufwendungen von 25 EUR pro Stunde, so ergibt sich ein Wert von 22.000 EUR pro Megabyte.

Vermutlich dürften die meisten Versicherungssummen bereits durch den Verlust weniger Megabytes derartiger Daten erschöpft sein. Erschöpft werden aber wohl auch die Personalressourcen des von einem solchen Datenverlust betroffenen Unternehmens sein, so daß zumindest für existenzielle Unternehmensdaten versichern – sowohl hinsichtlich des Umfanges der versicherten Risiken als auch der Höhe des Schadens, aber auch der zeitlichen Komponente bis zur Wiederherstellung – nicht wirklich beruhigen kann.

Sinnigerweise verlangen Versicherer auch gerne einen Wartungsvertrag (Full-Service-Vertrag) für EDV-Anlagen mit vorbeugender Instandhaltung einschließlich der Behebung von Alterungsstörungen und „innerer Betriebsstörungen" sowie der Durchführung notwendiger technischer Änderungen. So wird das Risiko minimiert – auf Kosten des Kunden. Außerdem besteht so bei Wartungsfehlern ein Regreßanspruch der Versicherung gegen den Serviceleistenden.

14.2 Betriebs-unterbrechungsversicherung

Die zweite Stufe der Versicherung ist die Betriebsunterbrechungsversicherung. Für gewöhnlich sind Schäden aus der Betriebsunterbrechung durch Computerausfälle nicht erfaßt, d. h. nur (wenn überhaupt) gegen gesonderte Vereinbarung und Prämie versicherbar.

Sodann sind selbstredend entsprechende Obliegenheiten, beginnend bei der Auswahl von Gerät, Programm und Berater (nur befugte und geeignete Gewerbetreibende) bis hin zur Dokumentation und Einhaltung von Qualitätsstandards vorgesehen.

Generell sorgen niedrige Haftungshöchstgrenzen dafür, daß das Unternehmerrisiko dort bleibt, wo es nach Ansicht der Versicherer hingehört, nämlich im Unternehmen. Selbstverständlich sind Regreßansprüche entsprechend zu beweissichern.

Bezeichnenderweise sind schwierig bis gar nicht versicherbar: Produktionssteuerungsanlagen, Prototypen, Eigenkonstruktionen, Mietanlagen u. ä.

14.3 Haftpflicht für Sach-, Personen- und Vermögensschäden

Die dritte Stufe betrifft die gesetzliche und vertragliche Haftpflicht für Sach-, Personen- und Vermögensschäden, die durch Computerausfälle verursacht werden.

Hier besteht teilweise Deckung in der Unternehmenshaftpflichtversicherung. Ob aber der Umweltschaden, der durch auslaufendes Heizöl wegen der defekten Gebäudesteuerung hervorgerufen wird, mitversichert ist, fördert erst eine detaillierte Analyse zutage.

14.4 Versicherung von reinen Vermögensschäden

Die „Oberstufe" in diesem Bereich stellt die Versicherung von reinen Vermögensschäden dar, die beispielsweise durch eine verspätete Auslieferung von Waren verursacht werden (wenn etwa fünf Millionen Schokolade-weihnachtsmänner am 27. 12. ausgeliefert werden). Derlei unangenehme, die Substanz des Unternehmens bedrohende Beispiele gibt es ohne Ende.

Das prinzipielle Problem ist, daß bei der Versicherung von Vermögens-schäden sehr rasch die Grenze der Versicherbarkeit erreicht ist.

Ein Argument der Versicherer besteht nun darin, daß bei exzessiver Mög-lichkeit, Vermögensschäden zu versichern, die Gefahr des Mißbrauchs wächst. Gerade weil Computerschäden oft einmalig und nicht reprodu-zierbar auftreten, gleichzeitig aber enorme Vermögensschäden verursa-chen können, ist ein gewisses Mißbrauchspotential nicht von der Hand zu weisen.

Viel schwerwiegender aber dürfte das Argument sein, daß es einfach unüberblickbar ist, durch welche Kausalverläufe beträchtliche Vermögens-schäden entstehen können. Dazu kommt, daß keine entsprechende Fall-zahl zur Abschätzung des Risikos zur Verfügung steht. Wie viele Weih-nachtsmannproduzenten mit computergesteuerten Fertigungs- und Ver-sandstraßen gibt es denn schon?

So sind genau jene Risiken nicht versicherbar, die regelmäßig den Ruin des Betroffenen verursachen und damit eine Wiederholung, die für eine statistisch signifikante Fallzahl der Schadensfälle zur versicherungsmathe-matischen Abschätzung notwendig wäre, unterbinden. „Ohne Wieder-holungsgefahr kein versicherbares Risiko." Überraschenderweise gelingt es bei entsprechendem Verhandlungsgeschick bisweilen dennoch, Risiken zu versichern, die das Vorstellungsvermögen so manchen Versicherers sprengen.

14.5 Rechtsschutzversicherung

Auf die Vorteile einer Rechtsschutzversicherung zur Versicherung der Kostenrisiken durch Prozesse mit Herstellern/Verkäufern wurde bereits ausführlich eingegangen.

Ergänzend wäre hier an die Abwehr von Risiken durch Prozesse mit Kunden zu denken (soweit diese nicht durch die Haftpflichtversicherung gedeckt sind). Angesichts des umfassenden Schadenspotentials (= Versi-cherungsbedarfs) ist nicht mit niedrigen Prämien für einen sinnvollen Deckungsumfang zu rechnen.

Allein Sie haben die Wahl, sich umfassend zu versichern oder etwas mehr Geld in Gerät und Programm zu investieren – eine reizvolle Optimierungsaufgabe. Daß die Versicherungsprämien im gleichen Ausmaß wie die Hard- und Softwarepreise sinken, ist nicht zu erwarten.

Die Versicherungen sind zwar aufgrund der wachsenden Fallzahl, was die Einschätzbarkeit der Risiken verbessert, potentiell einem gewissen Wettbewerbsdruck ausgesetzt. Andererseits steigt durch die immer größere Verbreitung von Geräten und Programmen wiederum das Risikopotential der Versicherer.

15. Sonderfragen

15.1 Schädigung durch unerwünschte Programmeigenschaften

Manchmal enthalten Programme Eigenschaften, die vom Käufer nicht erwünscht sind und ihn vom Kauf abhalten würden, wären sie ihm bekannt.

Gemeint sind beispielsweise „Hintertürfunktionen" von Verschlüsselungsprogrammen, die einen undokumentierten Zugriff auf Daten ermöglichen oder den Computer bzw. das ganze Netzwerk auf die Seriennummern der verwendeten Programmkopien durchscannen – sobald ein Modem eingeschaltet wird, werden diese Nummern dann an eine Firmenzentrale im Ausland übersendet, egal ob der Kunde dies will oder nicht (schon tatsächlich geschehen!). Oder Module, die die Systemgeschwindigkeit um 20 % herabsetzen, sobald Konkurrenzprogramme eingesetzt werden etc. etc.

Immer geht es darum, daß der Kunde ein Programm kauft, das seinen eigenen Computer dazu veranlaßt, sich gegen seine Interessen zu wenden: Auch hier gilt als Maßstab der Inhalt des Vertrages. Wird auf solche Funktionen nicht hingewiesen und sind sie kundenschädlich oder aus einem allgemein verstandenen Blickpunkt unerwünscht oder unzumutbar, so muß der Fehler beseitigt und der Schaden wieder gutgemacht werden.

Im allgemeinen werden derart abwegige Funktionen nur vorsätzlich in das Programm eingefügt werden können, so daß auch entsprechende Schadenersatzansprüche zu bejahen sind.

Daß ein Verkäufer/Hersteller, der Ihnen mit betrügerischen Absichten in einem wesentlichen Punkt Mangelfreiheit vorgaukelt, auch vor dem Strafgericht belangt werden kann, wurde bereits diskutiert (vgl. Kapitel 12).

15.2 Gebrauchtprogrammhandel

Hard- und Software veralten schnell. Ständig kommen neue, leistungsfähigere Systeme und Programmpakete auf den Markt. Die Leistungsfähigkeit hat mittlerweile allerdings ein Niveau erreicht, daß für viele Anwendungszecke Betriebssysteme und Standardprogrammpakete, die vor wenigen Jahren oder einem knappen Jahrzehnt angeschafft wurden, leicht ausreichend sind.

Geht es um die Überlegung, neue Programme anzuschaffen, wird oft ins Kalkül gezogen, daß die Mitarbeiter erst wieder neue Tastaturkommandos und Befehlsabläufe, Dateneingaben etc. erlernen müßten. Auch auf neuen Geräten funktionieren alte, bewährte Programme oft ganz erstaunlich schnell und gut!

Ein anderer Faktor, der für gebrauchte Programme spricht, ist der Preis, der in den meisten Fällen verhältnismäßig attraktiv ausfällt. Es ist klar, daß den Programmherstellern diese Sachverhalte beim Absatz der jeweils neuesten Versionen ein massiver Dorn im Auge sind.

Wie steht es nun rechtlich um den Gebrauchtprogrammhandel? Eine EWG-Richtlinie vom 14. 5. 1991 über den Rechtsschutz von Computerprogrammen (Abl EG Nr. 2 122/42) gebietet europaweit den Grundsatz der „Erschöpfung" von Urheberrechten. Vereinfacht ausgedrückt verliert der Urheber seine Rechtsposition als Urheber, sobald mit seiner Einwilligung ein Werkstück ausgeliefert wird. Dies bedeutet also, daß ein einmal verkauftes Programm beliebig lange weiter genutzt und beliebig oft weiterverkauft werden darf. Das bedeutet aber nicht, daß der jeweilige Verkäufer eine weitere Programmkopie behalten und weiternutzen darf! Im Gegenteil, unter Werkstück ist nur eine rechtmäßig hergestellte Programmkopie zu verstehen, so daß beim Verkauf eines Gebrauchtprogrammes immer sämtliche Lizenzrechte auf den Käufer übergehen und der Verkäufer alle Programmkopien löschen muß.

Es ist im Prinzip das gleiche wie mit einem Buch: Sobald der Verlag ein Exemplar verkauft hat, hat er grundsätzlich keinerlei Einfluß mehr darauf, was in weiterer Folge mit diesem Exemplar geschieht.

Entgegenstehende Verbreitungsbeschränkungen, etwa daß ein verkauftes Programm gar nicht oder nur mit Zustimmung des Herstellers weiterverkauft werden darf, sind rechtsunwirksam. Nach § 137 Abs. 1 BGB (bzw. § 364 c ABGB) ist ein vertragsmäßiges Veräußerungs- oder Verkaufsverbot gegen Dritte unwirksam, es hat also keinerlei dingliche Wirkung. Außerdem bestimmt § 69 c des (deutschen) Urhebergesetzes (sinngemäß gleich § 16 Abs. 3 österreichisches UrhG), daß der Rechtsinhaber das ausschließliche Recht hat, folgende Handlungen vorzunehmen oder zu gestatten:

§ 69 c (deutsches) UrhG
(3) Jede Form der Verbreitung des Originals eines Computer-programmes oder von Vervielfältigungsstücken einschließlich der Vermietung. Wird ein Vervielfältigungsstück eines Computerprogrammes mit Zustimmung des Rechtsinhabers im Gebiet der europäischen Gemeinschaft im Wege der Veräußerung in Verkehr gebracht, so erschöpft sich das Verbreitungsrecht in bezug auf dieses Vervielfältigungsstück mit Ausnahme des Vermietrechtes.

Damit stehen die Programmhersteller gemeinschaftsweit auf verlorenem Posten: Der freie Warenverkehr mit legalen Lizenzen darf nicht behindert werden!

Was aber, wenn die Lizenzen nicht legal sind? In diesem Zusammenhang ergibt sich ein interessantes Rechtsproblem: Einige Länder der Gemeinschaft sehen unter besonderen Voraussetzungen auch an gestohlenen Sachen einen gutgläubigen Rechtserwerb vor. Begünstigt sind Erwerbsformen wie Kauf beim befugten Gewerbsmann oder bei einer Versteigerung (besonders in Österreich). Konsequent auf Software angewendet würde dies bedeuten, daß auch Raubkopien gutgläubig erworben werden können und in weiterer Folge von den Bestimmungen über den freien Warenverkehr begünstigt sind.

Da das Urheberrecht derzeit aber von den Interessen der Programmhersteller dominiert wird, ist dieser Fall nicht so einfach! Immerhin müßte man im Auslegungsweg dazu kommen, daß die Einwilligung des Berechtigten (Urhebers) beim gutgläubigen Eigentumsrechtserwerb im Falle der Nichtberechtigung durch den Gutglaubensvorgang ersetzt wird, eine Auffassung, die angedacht ist, bisher aber noch nicht durchgesetzt werden konnte.

Besonders im Hinblick darauf, daß angeblich immer wieder erhebliche Mengen von Programmen direkt beim Händler gestohlen worden seien (die Firma Microsoft spricht von mehreren 100.000 gestohlenen Windows-Kopien), drängen sich Verbraucherschutzerwägungen auf: Wenn derartige Programme im regulären Handel wieder auftauchen und vom befugten Gewerbsmann nach Treu und Glauben redlich erworben werden (und auch bezahlt werden!), warum soll dann der nichtsahnende Käufer das Risiko tragen?

Für das planmäßige Inverkehrsetzen von Raubkopien via Internet sind derartige Muster ohnedies unbrauchbar, fehlt es doch regelmäßig sowohl an der Entgeltlichkeit als auch am guten Glauben!

Bis auf weiteres ist es daher beim Erwerb von gebrauchter Software zweckmäßig, sich darüber zu vergewissern, daß das gute Stück zumindest beim ersten Mal mit Einwilligung des Berechtigten in Verkehr gebracht wurde. Dazu kann beispielsweise eine schriftliche Meldung an den Hersteller dienen. Manche Hersteller, die Sinn und Zweck der gemeinschaftsrechtlichen Bestimmungen und ihrer einzelstaatlichen Umsetzungen noch nicht richtig verstanden haben, werden möglicherweise unqualifiziert darauf reagieren.

In den meisten Fällen kann die Zustimmung des Rechteinhabers beispielsweise mittels Originaldokumentationen, Lieferscheinen, Rechnungen, Handbüchern und Zertifikaten, besonders wenn dort fälschungssichere Hologramme aufgeklebt sind, als hinreichender Nachweis betrachtet werden.

Die Rechtslage ist auch ein Grund für die zunehmende „Updateritis". Um alte Versionen aus dem Verkehr zu ziehen, werden häufig alte Versionen als Voraussetzung für den Kauf eines billigen Updates vorausgesetzt. Bei entsprechender Gestaltung müssen Sie dann zwecks Nachweisführung ein ganzes Programmuseum horten. Stellen Sie sich beispielsweise vor, Sie hätten 100 Rechner im Unternehmen, alle verwenden das Betriebssystem MS-DOS, von Beginn an bis in seine heutige Version. Dann sollten Sie sämtliche Updates zur Hand haben! Wenn das keine Beschränkung des Warenverkehrs ist!? (Meist wird in Lizenzabkommen die Löschung und Vernichtung der alten Kopien verlangt, was auch problematisch ist, ist doch damit der Nachweis der Berechtigung zum Update zerstört.)

Wenn man den Erschöpfungsgrundsatz dann allerdings so auslegt, daß der Inhaber einer ganzen Update-Serie zufolge mangelnder dinglicher Wirkung der Verbreitungsbeschränkungen berechtigt wäre, die Programmversionen lizenzvertragswidrig einzeln zu verkaufen, wäre der Zusammenhang dieser Update-Serie aufgehoben, allerdings mit dem fragwürdigen Effekt, daß dann der Inhaber mehr Rechte übertragen hätte als er selber gehabt hat. Deswegen ist es auch möglich, daß die Rechtsprechung diesen Einzelfall kritisch prüfen und unter Umständen zum Nachteil des Kunden entscheiden könnte. Um nicht das Verbot dinglicher Veräußerungsbeschränkungen zu verletzen, wird man wohl eine klar unterscheidbare Kennzeichnung von Update- und Vollversionen verlangen müssen.

Insgesamt wird das Problem des Gebrauchtsoftwaremarktes enorm an Bedeutung gewinnen, und es braucht sicher noch einige kundenfreundlichere Gesetzesbestimmungen, um zu einem zufriedenstellenden Endergebnis zu gelangen. Bereits jetzt aber steht einem sachgerecht durchgeführten Gebrauchtsoftwarekauf, wenn also die Lizenz mit erwiesener Zustimmung des Rechteinhabers in der EU veräußert wird, nichts mehr im Wege!

Etwas anderes wäre der Erwerb von Lizenzen außerhalb des Gemeinschaftsgebietes. In einer neueren Entscheidung hat der EuGH dazu gesagt, daß sich der Erschöpfungsgrundsatz nur auf das Gemeinschaftsgebiet erstreckt, d. h. Gebrauchtsoftware aus Ungarn ist problematisch.

Manche Hersteller haben versucht, mit Taschenspielertricks, wie bloße Gebrauchsüberlassung statt Verkauf, diesen Grundsatz auszuhöhlen, was die Gerichte aber durchschaut haben. Lediglich eine effektive Vermietung (auch gegen Einmalmietzins) schützt vor der Erschöpfung.

Der Erschöpfungsgrundsatz gilt auch bei Individualsoftware, die irgendwann in Auftrag gegeben wurde! Wer also seine sündteure Branchensoftware nicht mehr braucht, kann sie – vorausgesetzt, er besitzt eine legale Lizenz – verwerten, selbst wenn das Entgelt höher ist, als das, was man selbst einmal dafür gezahlt hat.

15.3 Probekauf

Angesichts der Flut von Neuerungen und der Unüberschaubarkeit von Angeboten wird der Probekauf zu einer zunehmend beliebten Variante. Dabei werden Programm und auch Gerät vom Verkäufer für eine bestimmte Zeit (z. B. zwei oder drei Monate, solange wie eben nötig, um alle Programmfunktionen zu erproben) kostenlos oder gegen symbolische Vergütung probeweise zur Verfügung gestellt.

Gesetzlich ist ein solches Proberechtsverhältnis ausdrücklich vorgesehen.

§ 495 BGB, Kauf auf Probe
(1) Bei einem Kauf auf Probe oder auf Besicht steht die Billigung des gekauften Gegenstandes im Belieben des Käufers. Der Kauf ist im Zweifel unter der aufschiebenden Bedingung der Billigung geschlossen.

(2) Der Verkäufer ist verpflichtet, dem Käufer die Untersuchung des Gegenstandes zu gestatten.

§ 496 BGB, Billigungsfrist
*Die Billigung eines auf Probe oder auf Besicht gekauften Gegenstandes kann nur innerhalb der vereinbarten Frist und in Ermangelung einer solchen nur bis zum Ablauf einer dem Käufer von dem Verkäufer bestimmten angemessenen Frist erklärt werden. **War die Sache dem Käufer zum Zwecke der Probe oder der Besichtigung übergeben, so gilt sein Schweigen als Billigung.***

§ 1080 ABGB, Kauf auf die Probe
*Der Kauf auf die Probe ist unter der im Belieben des Käufers stehenden Bedingung geschlossen, daß er die Ware genehmige. Die Bedingung ist im Zweifel eine aufschiebende; der Käufer ist vor der Genehmigung an den Kauf nicht gebunden, der Verkäufer hört auf, gebunden zu sein, **wenn der Käufer bis zum Ablaufe der Probezeit nicht genehmigt.***

Damit die Gefahr bis zur Billigung durch den Käufer beim Verkäufer bleibt und ein solcher Kauf auf Probe außerdem nicht stillschweigend als Genehmigung gilt, sollte vereinbart werden, daß der Kauf nur dann als abgeschlossen gilt, wenn der Käufer innerhalb einer definitiv festgesetzten, ausdrücklich vereinbarten Frist eine schriftliche Genehmigung erteilt, die er auch **willkürlich** verweigern kann. Nur dann nämlich kann der Verkäufer nicht etwa mit dem vorvertraglichen Schuldverhältnis argumentieren, daß der Kauf wider Treu und Glauben vereitelt wurde (etwa weil der Käufer eine billigere Gelegenheit gefunden hat).

Ist keine Frist vereinbart, so kann eine solche aus den Umständen des Einzelfalls als stillschweigend vereinbart betrachtet werden. In Österreich beispielsweise gilt dann gemäß § 1082 ABGB eine Probezeit von drei Tagen, so daß eine längere Frist immer (schriftlich) vereinbart werden sollte.

§ 1082 ABGB
Ist die Probezeit durch Verabredung nicht bestimmt worden, so wird sie bei beweglichen Sachen auf drei Tage; bei unbeweglichen aber auf ein Jahr angenommen.

Egal, welche Frist im Einzelfall vereinbart ist – Stillschweigen bis zum Fristablauf gilt als Genehmigung des Kaufes!

Wird die Sache zufällig beschädigt, so hat der Verkäufer Pech gehabt, nur sollte dann der Kauf fristgerecht (schriftlich) mißbilligt werden.

Kommt der Kauf nicht zustande, so stellt sich auch die Frage, wie die Daten gesichert (gelöscht) werden. Dies hätte selbstverständlich entsprechend zu erfolgen. Auch eine Lizenz auf Probe ist prinzipiell möglich, wenn der Hersteller/Lizenzgeber dies anbietet. Ansonsten kann aufgrund des dargestellten Erschöpfungsgrundsatzes ohnedies die Lizenz als übergegangen und rückübertragen betrachtet werden.

Problematisch allerdings sind Schadenersatzansprüche: Wer auf Probe kauft, weiß i. d. R. nicht mit Sicherheit, ob die Sache für seine Zwecke geeignet ist, so daß es nicht so ohne weiteres möglich sein wird, die Kosten der frustrierenden Probeläufe dem Verkäufer anzulasten. Seine ausdrücklichen Zusagen sollten daher im Sinne einer schadenersatzanspruchbegründenden Versprechungsserie schriftlich festgehalten werden, damit der Kauf auf Probe nicht zum Instrument zur Unterwanderung gerechtfertigter Kundenansprüche wegen mangelhafter Beratungsleistungen wird.

15.4 Das Fernwartungsmodem als Zeitbombe

Fernwartungsmodems gibt es bei Telefonanlagen, aber auch bei Netzwerken und EDV-Anlagen jeder Größe. Man versteht darunter Geräte, die über das Telefonnetz von Ihrem Lieferanten bzw. Servicetechniker jederzeit angewählt werden können. Damit kann er i. d. R. beliebige Eingriffe auf Ihrem System vornehmen.

Sie haben keine Möglichkeit zu überprüfen, ob die Zusicherung, daß dieses Modem selbstverständlich nicht mißbraucht werde oder auf diesem Weg nur bestimmte Einstellungen verändert werden könnten, zutrifft. Dazu müßten Sie so tiefe Einblicke in Hard- und Software nehmen, daß Sie die Wartung gleich selbst durchführen könnten.

Mit Hilfe dieser Modems können alle Ihre Daten kopiert, manipuliert, gelöscht und in jeder nur erdenklichen Weise verändert werden. Ihr Computer ist prinzipiell nicht in der Lage, den Anrufer „an seiner Stimme zu erkennen". D. h., Ihr Computer reagiert immer gleich, egal, wer an diesem Fernwartungsmodem sitzt, ob nun Ihr Lieferant oder ein begnadeter

Hacker. Sind erst einmal Paßwort und Zutrittssystem geknackt, so stehen alle Ihre Daten zur Disposition.

Bedenken Sie in diesem Zusammenhang, daß ein mathematischer Beweis für die absolute Sicherheit eines Verschlüsselungs- oder Zutrittskontrollalgorithmus bisher fehlt. Sie müssen daher Ihrem Lieferanten nicht nur vertrauen, sondern auch an die Richtigkeit seiner Überzeugung von der Sicherheit seiner eigenen Arbeit glauben. Angesichts der bereits bekannt gewordenen Fehler ist es im allgemeinen schwierig, diesen naiven Glauben aufrechtzuerhalten.

Gegen eine Schädigung via Fernwartungsmodem durch unbekannte Hacker gibt es zwangsläufig kein Rechtsmittel: Wenn Sie nicht wissen, wen Sie klagen sollen, vergessen Sie einfach Ihre Daten und Programme, dann heißt es eben „zurück auf das Startfeld".

Dabei gibt es einfache Möglichkeiten, einen relativen Sicherheitszuwachs zu erzielen: Verlangen Sie, daß die Stromversorgung des Fernwartungsmodems abschaltbar ist, und überzeugen Sie sich durch Abschalten dieser Stromversorgung, beispielsweise während einer laufenden Fernwartung, selbst davon, daß tatsächlich das ganze Modem lahmgelegt werden kann. Dazu ist noch anzumerken, daß Fernwartungsmodems grundsätzlich so ausgeführt werden müssen, daß bei Stromausfall in der Wartungsverbindung keine kritischen Schäden entstehen können, weil ja niemand garantieren kann, daß die Telefonverbindung und/oder die Stromversorgung des Modems ständig aufrecht bleiben. Spezifizieren Sie daher im Kaufvertrag, daß die Stromversorgung des Fernwartungsmodems jederzeit ausfallen kann.

Eine zweite Sicherheitsmaßnahme wäre, die Verbindung zur Telefonleitung steckbar zu gestalten, dann können Sie den Telefonanschluß abstecken und so die Kontrolle über den Zeitpunkt der Fernwartung behalten. Es bleibt der kleine Risikofaktor, daß ein Hacker genau zeitgleich mit dem EDV-Lieferanten in Ihr System einsteigt.

Außerdem sollten Sie darauf bestehen, daß sämtliche Eingriffe via Fernwartung auf einem Bildschirm sichtbar und automatisch mitprotokolliert werden.

All diese Maßnahmen helfen natürlich nur gegen Hacker irgendwo auf der Welt, nicht aber gegen Hacker beim EDV-Lieferanten oder bei Feindseligkeiten des EDV-Lieferanten selbst.

In diesem Zusammenhang sei daran erinnert, daß manche EDV-Lieferanten ihr Forderungseintreibungswesen wesentlich rationalisiert haben:

Nichtzahlung von ausgestellten Rechnungen, auch in bestrittener Höhe, führt einfach zum Abschalten der EDV bis zum Einlangen des geforderten Geldbetrages. Bitte beachten Sie, daß Sie keine technische Möglichkeit haben, derartige Zugriffe prinzipiell zu verhindern, sobald ein Fernwartungsmodem eingebaut und via Telefonleitung aktivierbar ist!

16. Das Internet als Rechtsproblem?

In Diskussionen wird immer wieder die Auffassung vertreten, das Internet sei ein „rechtsfreier Raum". Von einem rein theoretischen Standpunkt aus betrachtet ist das falsch. Durch die Benützung des Internet ändert sich gar nichts an der gegebenen Rechtslage. Nur an der praktischen **Durchsetzbarkeit** von Rechtsansprüchen hapert es häufig.

Das Internet wirft grundsätzlich keine neuen Rechtsfragen auf. Die Probleme, die mehr und mehr auftauchen, sind – zumindest theoretisch – bereits alle gelöst:

Es ist ganz klar, daß jede Reaktion einer Rechtsordnung nur gegenüber einer konkret bestimmten Person möglich ist. Solange im Internet anonyme Inhalte transportiert werden können, kann gegen den Urheber dieser Inhalte definitionsgemäß – eben aufgrund seiner Anonymität – nicht vorgegangen werden. Auch gegen den Schreiber eines anonymen Briefes können Sie keine Klage einbringen. Anders ist nur, daß jetzt das Schreiben anonymer Briefe und das Verteilen anonymer Inhalte technisch wesentlich effizienter und einfacher möglich ist (wie auch das Wegwerfen). Für unseren Bereich ist dieser Aspekt der Anonymität relativ bedeutungslos: Ein Vertrag setzt voraus, daß der Vertragspartner bekannt ist. Einen Vertrag mit einem anonymen Vertragspartner gibt es nicht.

Mit Gesellschaften ohne Haftung mußte man sich ebenfalls auch schon bisher auseinandersetzen. Allerdings gibt es Erscheinungen, die im Internet die Realisierung einer Gesellschaft ohne Haftung erleichtern: Es spielt rechtlich keine Rolle, ob Sie Ihren Lieferanten in Taiwan theoretisch klagen können – dies aber praktisch unzweckmäßig ist – oder nicht einmal eine theoretische Klagemöglichkeit besteht. Dies gilt übrigens nicht nur für den Beklagten in Taiwan, sondern auch den Beklagten hierzulande, der mangels Masse jedes Konkursverfahren überdauert, weil nicht einmal die Gebühren des Masseverwalters gedeckt sind. Ein solches „Rechtssubjekt" konnte schon bisher nur theoretisch, nicht aber praktisch geklagt werden. „Internetspezifisch" ist in diesem Zusammenhang nur, daß mit einem Ansteigen der Fallzahl zu rechnen ist, weil es eben immer häufiger vorkommt, daß eine

Gesellschaft mit beschränkter Haftung ausgehöhlt, sprich in eine vermögenslose Gesellschaft (= Gesellschaft ohne Haftung) umgewandelt wird. So etwas fällt beim persönlich bekannten Unternehmen um die Ecke eher auf als bei einer reinen Internetadresse. Auch die strafrechtlichen Bestimmungen setzen die Greifbarkeit des Täters voraus.

Auch die Authentifizierungsproblematik ist nicht neu: Schon bisher gab es gefälschte Nachrichten und gefälschte Unterschriften, nur jetzt ist es eben besonders leicht, nach Belieben zu kopieren und zu duplizieren und in Übertragungen einzugreifen. Durch die modernen Kommunikationsmöglichkeiten und den steten Preisverfall wird es allerdings viel häufiger dazu kommen, daß Geschäfte zwischen einander völlig unbekannten Personen abgeschlossen werden, was dann auch die Wahrscheinlichkeit für Streitfälle steigert. Insofern ist das Internet von praktischer rechtlicher Relevanz.

Obwohl also bereits für alles rechtliche Bestimmungen existieren, besteht ein Regelungsbedarf. Die EU hat hier eine Richtlinie zum fairen Absatz in Ausarbeitung. Diese sieht allerdings nur eine umfassende Informationspflicht und ein Rücktrittsrecht, sieben Tage befristet nach Vertragsabschluß, für die Verbraucher vor. Es dürfte daher im Unternehmensbereich alles beim alten bleiben.

Neben der Bonität sind daher die beiden weiteren Fragen maßgeblich: die nach der Rechtswahl und dem Gerichtsstand. Bei grenzüberschreitenden Sachverhalten stellt sich immer die Frage, welches Recht zur Anwendung gelangt und vor welchem Gericht geklagt werden kann. Beide Fragen sind äußerst vielschichtig. Zunächst besteht die Möglichkeit, daß weder das Recht des Verkäuferstaates noch jenes des Käuferstaates, sondern ein drittes, nämlich das UN-Kaufrecht, zur Anwendung gelangt. Bereits 1980 wurde ein Übereinkommen der Vereinten Nationen über Verträge über den internationalen Warenkauf geschlossen. Es schafft selbst materielles Recht und verweist nicht auf irgendwelche nationalen Normen.

Das erste Problem ist allerdings schon, ob unter Waren bewegliche körperliche oder nur bewegliche Sachen zu verstehen sind. Der Unterschied besteht unter anderem darin, daß Software zwar eine Sache, aber keine körperliche Sache ist, es sei denn, man legt das Schwergewicht auf die Diskette oder andere Datenträger. Für die Lösung dieser Frage ist die Ansicht der Juristen im Gerichtsstaat maßgeblich. Immerhin hätten Sie es in der Hand, die Anwendbarkeit dieses Kaufrechtes ausdrücklich zu vereinbaren, etwa mit dem Satz: „Für diesen Vertrag gilt das UNCITRALE Kauf-

rechtsübereinkommen 1980 unter Ausschluß nationaler Bestimmungen."
(Sie könnten diese Rechtsordnung auch für Binnengeschäfte wählen.)

Ein Vorteil des UN-Kaufrechtes ist es, daß nicht die vielfältigen Unterscheidungen in Unmöglichkeit, ursprünglich oder nachträglich, Verzug, Gewährleistung und positive Forderungsverletzung getroffen werden müssen, sondern lediglich die Vertragsverletzung an sich existiert. In Vertragsverletzungsfällen kann Erfüllung, Vertragsaufhebung, Preisminderung und Schadenersatz verlangt werden, selbstverständlich aber nicht doppelt liquidiert werden. Eine Vertragswidrigkeit muß innerhalb angemessener Frist ab tatsächlicher oder möglicher Feststellung angezeigt werden, wobei es zwar eine Untersuchungsobliegenheit, aber auch eine zweijährige Frist nach Übernahme für die Sachmängelhaftung gibt. Der Schadenersatzanspruch ist verschuldensunabhängig (Garantiehaftung) mit einer Art Beweislastumkehr für bestimmte Befreiungsgründe. Zu ersetzen ist auch der entgangene Gewinn, allerdings nur in dem Ausmaß, der bei Vertragsabschluß als Folge der Vertragsverletzung vorhersehbar war.

Gelingt eine solche Rechtswahl nicht, so kann es durchaus vorkommen, daß nach den Vorschriften des internationalen Privatrechtes jene Rechtsordnung zur Anwendung kommt, zu der die stärkste Beziehung besteht, was insbesondere beim Kauf bedeuten kann, daß ohne Vereinbarung die Rechtsnormen des Verkäuferstaates anzuwenden sind. Bei Bestellung in den USA gilt daher das Zivilrecht des Bundesstaates, in dem der Lieferant seinen Sitz hat, ebenso für Bestellungen aus Südchina. Manche dieser Rechtsordnungen sehen Rückverweisungen vor. Jedenfalls ist es notwendig, daß man sich gründlich in die Rechtsordnung des anderen Staates einliest. Allein die Aussicht, südchinesisches Recht zu studieren, ist äußerst abschreckend, selbst wenn man nicht vergessen hat, einen heimischen Gerichtsstand zu vereinbaren.

Verbraucher können hier besser dran sein, denn bei Verbrauchergeschäften hat in solchen Fällen manchmal das nationale Recht Vorrang. Zumindest haben Verbraucher die Möglichkeit, die zwingenden Bestimmungen des Verbraucherschutzes durchzuschlagen.

Schon in ganz „normalen Fällen" der einfachen Bestellung einer Komponente via Internet im Ausland kann die Bestimmung der anzuwendenden Rechtsordnung den Charakter einer Diplomarbeit annehmen. Dazu kommt aber dann noch die Notwendigkeit, ein zuständiges Gericht zu finden. Prinzipiell ist der Gerichtsstand des Beklagten eine gute Wahl, wenn man sichergehen will. Schon die Vorstellung, beispielsweise vor einem polnischen Gericht prozessieren und erscheinen zu müssen, ist minder attraktiv als der Prozeß im Heimatort.

Allerdings gibt es das Luganer Übereinkommen und das Europäische Übereinkommen vom 27. 9. 1968 über die gerichtliche Zuständigkeit und die Vollstreckung gerichtlicher Entscheidungen in Zivil- und Handelssachen. So abschreckend wie der Titel ist der Regelungsinhalt nicht: Danach kann ein Schuldner grundsätzlich an seinem Wohnsitz verklagt werden, die Klage kann aber auch am Gerichtsstand des vereinbarten oder tatsächlichen Erfüllungsortes eingebracht werden. Verbrauchergeschäfte haben darüber hinaus einen Verbrauchergerichtsstand, jedoch nur, falls dem Abschluß des Vertrages eine konkrete Anbahnung im Verbraucherstaat voranging und der Ort des Vertragsabschlusses im Verbraucherstaat liegt.

Beim Internet-Vertragsabschluß kann nun durchaus fraglich sein, ob als Abschlußort der Wohnsitz des Verbrauchers gilt, der das Angebot absandte, oder der Sitz des Empfängers. In letzterem Fall wäre auch nach UN-Kaufrecht kein Verbrauchergerichtsstand gegeben. Aber selbst wenn ein Gerichtsstand vor dem heimischen Gericht nachgewiesen werden kann und ein Urteil erfochten wurde, beginnt danach der steinige Weg der Vollstreckung im Ausland. Zwar sehen die Übereinkommen innerhalb Europas weitgehende Vollstreckbarkeit vor, aber schon mit den USA gibt es in einigen Staaten Probleme. Ganz abgesehen davon sind in den USA die Gerichtskosten so hoch, daß i. d. R. Rechtsanwälte unter 10.000 US-Dollar die Vertretung überhaupt nicht mehr übernehmen, sondern Inkassobüros eingeschaltet werden, die Erfolgsbeteiligungen von 30 % oder mehr fordern. Ein Schuldner, der das weiß, wird Ihnen daher, selbst wenn Sie gewonnen haben, zunächst einmal günstigstenfalls die Zahlung von 70 % der Urteilssumme anbieten. Daß die Vollstreckung in Taiwan oder Südchina einfacher ist, wird keiner behaupten.

All diese Probleme bestanden auch schon bisher. Wir waren es gewohnt, internationale Geschäftsbeziehungen anzuknüpfen, abzuschließen und durchzuführen – mit entsprechenden Sicherungsinstrumentarien (Bankgarantien, Abnahmeprüfern etc.). Der Unterschied ist nur, daß jetzt auch Lieschen Müller in Taiwan einen PC bestellen kann, dort jemand ein paar Steine in einen Karton packt und die Nachnahmegebühr kassiert, wenn er möchte.

Neben diesen auf der Hand liegenden Erscheinungen ist aber anzumerken, daß Gewährleistungs- und Schadenersatzansprüche selbst bei traditionell ordnungsgemäß organisierten Ferngeschäften problematisch sind:

Häufig wird die Warenlieferung durch Akkreditiv besichert und die Qualitätskontrolle bei Abnahme vorgenommen. Es ist aber unmöglich, ein Computerprogramm oder etwa eine Sendung von hundert Motherboards wirklich vollständig zu testen. Wenn sich dann nach zwei Jahren ein Fehler herausstellt, ist die Schwelle, etwa gegen einen potenten taiwanesischen Hersteller mögliche Rechtsansprüche durchzusetzen, ziemlich hoch.

Die Aussage, das Internet sei eine Gesellschaft ohne Haftung, ist daher zwar nicht in der Theorie, wohl aber in der Praxis annäherungsweise richtig – zumindest bei jenen Wertbeträgen, um die es in der EDV meistens geht.

Eine Gesellschaft ohne Haftung kennen wir beispielsweise aus dem Kindergarten: Jedes Kind kann Schaden anrichten, für den es nicht haftet. Deswegen schließt im Kindergarten auch keiner EDV-Verträge. Geschäfte mit Internet-Partnern, die man letztlich nicht wirksam zur Verantwortung ziehen kann, stehen auf der gleichen Rechtsstufe wie Geschäfte im Kindergarten: Verträge sind wertlos! Das Internet ist gekennzeichnet durch die kollektive Ignoranz dieser Tatsache – obwohl sie so offensichtlich zu Tage tritt.

Der praktische Ausweg dürfte wohl in der Mitte liegen: Eine Ware, die funktioniert, vielleicht aber auch nicht, ist bestenfalls die Hälfte dessen wert, was eine in der Nähe erworbene Ware wert ist. Der Markt wird diese Sachverhalte eben mit einem entsprechenden Risikoabschlag bewerten lernen. Der bezahlte halbe Kaufpreis ist dann eben als Lehrgeld abzuschreiben, wenn im Karton Steine statt PCs sind, Rechtsprobleme im theoretischen Sinn ergeben sich daraus keine.

Da letztlich keine Rechtsordnung ohne Rechtsdurchsetzung existieren kann, wird fallweise ein „Cybergericht" vorgeschlagen. Selbst wenn ein solches Gericht irgendwo auf der Welt tagt und Kläger und Beklagter nicht persönlich erscheinen, sondern nur virtuell anwesend sind, müssen doch die Beweismittel eingesendet werden, braucht dennoch jeder einen Anwalt. Ein etwas kompliziert anmutendes Unterfangen. Und außerdem wird wohl keiner glauben, daß auf diese Weise, irgendwo in der Ferne praktizierte Prozesse billiger sind als Prozesse vor dem heimischen Gericht!

Ob Cybergericht oder heimisches Gericht, derartige Prozesse werden allemal abschreckend teuer und langsam sein. Deshalb wird der Schwellenwert, bis zu dem sich Schuldner, die vielleicht irgendwo in der Ferne sitzen, vor Rechtsverfolgung sicher fühlen können, im Internet höher sein als im gewöhnlichen Rechtsverkehr.

Die Menge der Internet-Geschäfte, die faktisch ohne Haftung sind, wird – nicht zuletzt aufgrund der stetig sinkenden Preise – rapide zunehmen. Genau diese Entwicklung wird längerfristig ein ernstes Hindernis für die tatsächliche Ausbreitung von Geschäften durch das Internet darstellen. Warum? Erinnern Sie sich an die wesentliche Funktion der Gerichtsbarkeit und des Rechtes an sich: Die allermeisten Verträge werden eingehalten aus Freundschaft, Ehrlichkeit, guter kaufmännischer Gesinnung und so weiter und so fort. Aber auch, weil es theoretisch möglich ist, unredliche Geschäfte einzuklagen und das Urteil in Exekution zu ziehen. Würden etwa bloß 0,1 % aller Rechnungen nicht bezahlt, würde die Justiz zweifellos zusammenbrechen, und kein Schuldner müßte irgendetwas zahlen. (In den Staaten des ehemaligen Jugoslawien ist dies praktisch erprobt!)

Sobald der Mangel einer effektiven und erschwinglichen Gerichtsbarkeit als Hindernis für die Ausbreitung von Geschäften via Internet erkannt wird, wäre es durchaus denkbar, diese Gerichtsbarkeit zu subventionieren, beispielsweise indem sie durch Beiträge aller Nutzer billiger und effektiver wird. Solange aber solche Mechanismen nicht einmal im Ansatz in Sicht sind, gilt im Internet ein Recht, das uns aus der Rechtsgeschichte bestens bekannt ist: das Faustrecht des Stärkeren.

Es ist daher durchaus ratsam, das Internet in erster Linie als (fehleranfälliges) Kommunikations- und Informationsmedium zu betrachten. Bei der Auswahl seiner Geschäftspartner sollte man sich nach wie vor von allergrößter Vorsicht leiten lassen und noch so verlockend klingenden Werbeaussagen ferner, fremder Anbieter kein allzu großes Vertrauen entgegenbringen.

16.1 Internetcomputing

Zur Datensicherung wird als weiterer Lösungsansatz (insbesondere von der Firma Oracle) das Internetcomputing propagiert. Dabei soll die besondere Zuverlässigkeit des Internet (?) dazu benützt werden, wertvolle Unternehmensdaten auf spezielle Hochsicherheitsserver außerhalb der eigenen Firma zu sichern.

Es ist grundsätzlich denkbar, daß die Technologie die nötigen komplexen Anforderungen eines Tages einwandfrei meistern wird, insbesondere durch ausgeklügelte Verschlüsselungs- und Sicherungsalgorithmen. Zwei Probleme bleiben aber unlösbar:

a) Das Problem des Vertrauens:
   Sie müssen sich, Ihre Daten und die Existenz Ihres Unternehmens einem Datenbankbetreiber anvertrauen – im wahrsten Sinn des Wortes. Schon jetzt fehlt die Sachkompetenz (was auch ein Verkaufsargument dieses Systems ist), zudem fehlt jede Möglichkeit zur Einwirkung auf die externen Server. Wie auf diese Wiese bei einer breiteren Einführung eines solchen Systems Wettbewerb und fallende Preise sichergestellt werden, ist nicht ersichtlich.

b) Das Problem der Rechtsdurchsetzung:
   Selbst wenn Sie einer externen Datensicherung via Internet mehr vertrauen sollten als dem Firmencomputer, entsteht rechtlich ein nicht mehr lösbares Problem: Sollte ein solcher Vertragspartner Ihre Daten, egal warum, egal ob rechtswidrig oder rechtmäßig, nicht freigeben, kommt selbst die Vollstreckung einer einstweiligen Verfügung zu spät – Ihr Unternehmen hat i. d. R. bereits nach wenigen Wochen EDV-Ausfall aufgehört zu existieren.

Außerdem wird das Risiko nicht beseitigt, sondern lediglich konzentriert. Wenn ein derartiger zentraler Server oder die dorthin führenden Kommunikationsverbindungen ausfallen, dann geht wirklich nichts mehr. Sinnvoll kann daher wohl nur eine zusätzliche, abgesicherte externe Speicherung der Daten sein.

Gerade hier gilt, daß Recht nicht zur Kompensation mangelnder Information, mangelnder eigener Fähigkeiten oder technischer Möglichkeiten geeignet ist: Es spricht nichts dagegen, mit einem sicheren Verfahren verschlüsselte Daten auf einem unternehmensexternen Server, womöglich hunderte Kilometer vom Unternehmen entfernt, zu sichern, wenn der Schlüssel nur Ihnen bekannt ist. Es spricht aber alles dagegen, sich einem Vertragspartner auszuliefern, der mit konventionellen rechtlichen Mitteln nicht beherrschbar ist.

17. Das Jahr-2000-Problem aus rechtlicher Sicht

Dieses Problem ist ein schönes Beispiel für den Ablauf einer juristischen Mangeldiskussion: Was Gerät oder Programm am 1. 1. 2000 tut, läßt sich ziemlich genau feststellen, indem die innere Uhr des Computers entsprechend vorgestellt wird. Fehlfunktionen aufgrund der Datumsumstellung auf 20xx anschließend auch zu lösen, wird, wie inzwischen bekannt sein dürfte, in vielen Fällen „einiges" mehr an Aufwand bedeuten.

Das eigentliche Problem ist – aus juristischer Sicht – gar nicht, daß das Gerät „spinnt", sondern die Frage, welche rechtlichen Konsequenzen daraus zu ziehen sind: Auf einen Nenner gebracht geht es um „alles oder nichts". Entweder der Zustand ist vertragskonform oder es liegt ein Verstoß gegen eine ausdrücklich oder stillschweigend verbindlich zugesicherte Eigenschaft vor.

Damit entpuppt sich das Jahr-2000-Problem als Maßstabproblem, also als bestens definierte Rechtsfrage: Was ist der Soll-Zustand, der geschuldete Zustand? Stimmt er mit dem zutage getretenen, deutlich feststellbaren Ist-Befund überein?

Wie immer entsteht das Problem gerade daraus, daß man es als solches nicht rechtzeitig erkannt und damit nicht vertraglich besprochen/geregelt hat. Selig sind alle diejenigen, die schon vor zehn oder zwanzig Jahren einen Jahr-2000-festen Computer bestellt haben. Hier geht es nur um den Ablauf allfälliger Klags- und Rügefristen.

Ein Maßstab läßt sich aus der prognostizierten Nutzungsdauer ableiten: Wenn ein Zinseszinsprogramm auf hundert Jahre rechnet und nach den gewöhnlichen, rechtlich geschützten Verbrauchererwartungen mindestens fünf Jahre nutzbar ist, mußte es theoretisch schon im Jahr 1895 ($2000 - 5 - 100 = 1895$) Jahr-2000-fest sein.

Zu diesem Zeitpunkt stellte sich das Problem klarerweise noch nicht. Allerdings wird sich die EDV-Branche mit der Tatsache auseinanderzusetzen haben, daß bereits 1988 (!) nach der ISO 8601 (internationale Norm über Datenelemente) vorgesehen war, daß Jahresangaben vierstellig zu erfolgen haben. Auch der Gregorianische Kalender war im Punkt 3.8 die-

ser Norm definiert, was insofern von Bedeutung ist, als das Jahr 2000 ein
Schaltjahr ist, was viele Programme nicht richtig verarbeiten.

Auch die Norm EN 28601 von 1992 – die als Europanorm **europaweit**
gilt! – bestimmt folgendes:

> *„Diese ÖNORM regelt die Schreibweise von Datum und Tageszeit (Uhrzeit) für jeglichen Informationsaustausch in der nunmehr für alle Mitgliedsstaaten des Europäischen Komitees für Normung (CEN) verbindlichen Form, soweit die Darstellung ohne Verwendung von Wörtern erfolgt. Da diese Regelung auf der Internationalen Norm ISO 8601 beruht, wirkt diese Regelung überdies weit über den europäischen Raum hinaus.*
>
> *Zu 5.2.1.3a), 5.2.2.2, 5.2.3.3a), 5.2.3.3b), 5.4.2 und 5.4.4: Die bisherige Erfahrung hat gezeigt, daß die Verkürzung der Jahreszahl auf die letzten beiden Stellen Fehldeutungen zuläßt, die ab dem Jahr 2000 noch erheblich zunehmen werden. Es wird daher empfohlen, die Jahreszahl immer vierstellig anzugeben.*
>
> *Obwohl seit 1971 ISO-Empfehlungen und Normen erhältlich sind, waren und sind in verschiedenen Ländern verschiedene Formen der numerischen Darstellung von Datum und Uhrzeit in allgemeiner Verwendung. Wo derartige Darstellungen über nationale Grenzen ausgetauscht werden, können Fehlinterpretationen der Bedeutung der Zahlen entstehen, die zu Verwirrung und anderen sich ergebenden Irrtümern und Verlusten führen. Der Zweck dieser Internationalen Norm ist die Beseitigung des Risikos der Fehlinterpretation und die Vermeidung der Verwirrung und ihrer Konsequenzen.*
>
> *Diese Internationale Norm ist stets anzuwenden, wenn in einem Informationsaustausch Datum- und/oder Zeitangaben enthalten sind.*
>
> *Verkürzung*
>
> *Komponenten höherer Ordnung dürfen in Applikationen, die ihr Vorhandensein (stillschweigend) berücksichtigen, weggelassen werden (Verkürzung). Um die Einheitlichkeit der Darstellungen, die in dieser Internationalen Norm vorgesehen sind, sicherzustellen, sollte die Verkürzung einer bestimmten Darstellung nur nach Maßgabe jener Regeln der entsprechenden Unterabschnitte des Abschnittes 5 erfolgen, die sich auf die entsprechende Darstellung beziehen. Um das Risiko einer Fehlinterpretation zu vermeiden, wird üblicherweise die Hinzufügung eines einzelnen Mittelstriches anstelle jeder weggelassenen Komponente notwendig sein.*

Kalenderdatum
(...) das Jahr wird **grundsätzlich mit vier Ziffern** *dargestellt; die Jahre werden entsprechend dem Gregorianischen Kalender in aufsteigender Reihenfolge numeriert.*

Vollständige Darstellung
Falls die Applikation den Bedarf an einem Ausdruck nur für das Kalenderdatum klar erkennen läßt, dann hat die vollständige Darstellung aus einem einzigen, acht Ziffern umfassenden numerischen Datenelement zu bestehen, in dem [CCYY] ein Kalenderjahr darstellt, [MM] die laufende Nummer eines Kalendermonats innerhalb des Kalenderjahres und [DD] die laufende Nummer eines Tages innerhalb des Kalendermonats.

Basisformat:	*CCYYMMDD*
BEISPIEL 1:	*19850412*
Erweitertes Format:	*CCYY-MM-DD*
BEISPIEL 2:	*1985-04-12*

Darstellung mit geringerer Genauigkeit
Falls es für eine bestimmte Applikation genügt, ein Kalenderdatum mit einer geringeren als der in 5.2.1.1. festgelegten Genauigkeit auszudrükken, dann **dürfen** *– beginnend an der äußersten rechten Seite – zwei, vier oder auch sechs* **Ziffern weggelassen werden.** *Die sich ergebende Darstellung bezeichnet dann einen Monat, ein Jahr oder ein Jahrhundert, wie das weiter unten dargestellt wird. Falls nur [DD] ausgelassen wird, ist zwischen [CCYY] und [MM] ein Trennzeichen einzufügen; in anderen Darstellungen mit geringerer Genauigkeit sind jedoch keine Trennzeichen zu verwenden.*

a) *Ein bestimmter Monat*

Basisformat:	*CCYY-MM*
BEISPIEL 1:	*1985-04*
Erweitertes Format:	*nicht anwendbar*

b) *Ein bestimmtes Jahr*

Basisformat:	*CCYY*
BEISPIEL 2:	*1985*
Erweitertes Format:	*nicht anwendbar*

c) *Ein bestimmtes Jahrhundert*
Basisformat: *CC*
BEISPIEL 3:   *19*
Erweitertes Format: *nicht anwendbar*

Verkürzte Darstellungen
Wenn verkürzte Darstellungen **benötigt** *werden, dann hat das Basis-format den nachfolgenden Festlegungen zu entsprechen. In diesen Fäl-len sind (zur Anzeige fehlender Teile) in der bezeichneten Weise* **Mittel-striche** *zu verwenden.*

a) *Ein bestimmtes Datum des laufenden Jahrhunderts*
Basisformat: *YYMMDD*
BEISPIEL 1:   *850412*
Erweitertes Format: *YY-MM-DD*
BEISPIEL 2:   *85-04-12*

Daraus folgt, daß 1988, spätestens aber 1992 die Verwendung von ande-ren als vierstelligen Jahreszahlen grundsätzlich normwidrig war (von begründeten Ausnahmefällen abgesehen, in denen verkürzte Darstel-lungen geradezu notwendig waren), ebenso wie ein Verstoß gegen den Gregorianischen Kalender.

Ein Programm, das auf das Jahr 1999 nicht das Jahr 2000 folgen läßt, verstößt jedenfalls gegen den Gregorianischen Kalender und damit ge-gen diese Normen.

Wenn Sie also in einem Vertrag, der nach Inkrafttreten der ISO 8601 bzw. EN 28601 abgeschlossen wurde, die Einhaltung internationaler Standards und Normen spezifiziert haben, sind auch diese Normen ge-meint. Damit liegt bei Jahr-2000-Fehlern ein Verstoß klar auf der Hand.

Aber auch ohne vertragliche Spezifikationen ist die Lage nicht viel anders: Man kann davon ausgehen, daß diese Normen den Stand der Technik zum damaligen Zeitpunkt wiedergegeben haben, so daß Programme, die nicht Jahr-2000-fest sind, schon seit geraumer Zeit eine Verletzung des aner-kannten Standes der Technik darstellen.

Ein anderes Problem ist die Verjährung allfälliger Gewährleistungs- und Schadenersatzansprüche. Angesichts der rigorosen gesetzlichen Bestimmun-gen dürfte das Heil der EDV-Branche eher in Verjährung und Verfall von Ansprüchen als in tatsächlichem Nichtbestehen von Ansprüchen bestehen.

Auch die Warnpflicht ist ein Faktor, der beim Thema 2000 nicht übersehen werden sollte. So sieht die Produkthaftung eine Produktbeobachtungspflicht auf Seiten des Herstellers vor, auch der Grundsatz von Treu und Glauben kann eine nachvertragliche Warnpflicht auslösen. Beides führt aber letztlich nicht zum gewünschten Erfolg: Daß das Programm oder Gerät nicht Jahr-2000-fest ist, ist ja häufig bekannt. Vielfach ist es nicht die Warnung, sondern die Behebung des Mangels, die Not tut.

Eine Mängelbehebung wird bei Standardpaketen i. d. R. weniger problematisch sein, weil sie gegen neue Pakete ausgetauscht werden können. Hier stellt sich nur die Frage, wer die Kosten trägt. Nach Fristablauf ist dies zweifellos der Käufer.

Anders liegt die Sache dort, wo angepaßte oder individuelle Software verkauft wurde, im Grenzgebiet also zwischen Kauf- und Werkvertrag. Hier beträgt die allgemeine Verjährungsfrist bis zu 30 Jahre. Und hier drohen auch die exorbitanten Kosten.

Eine redliche Vertragsauslegung kann ergeben, daß, hätten die Vertragspartner das Problem seinerzeit bedacht, das Programm Jahr-2000-fest zu programmieren gewesen wäre, weil mit einem Ersatz nicht zu rechnen war. Kommt das Gericht zu diesem Schluß, haftet der Hersteller/Lieferant auch noch nach Jahrzehnten, und zwar wahlweise

a) für Verbesserungskosten (Schadenersatz) oder
b) dafür, daß er selbst die Verbesserungsarbeit durchführt.

Bei alten Programmen stellt sich nun oft das Problem, daß es nur mehr ganz wenige Spezialisten gibt, die in der Lage sind, das alte Programm zu verbessern. Die Lieferung eines neuen Programmes ist in solchen Fällen aber meist kein tauglicher Ersatz: Nicht nur, daß alle Bedienungsfunktionen umgelernt werden müssen, nicht nur, daß womöglich neue Hardwarekomponenten zugekauft werden müssen. Nein. Das Hauptproblem stellt sich i. d. R. dadurch, daß es nicht so ohne weiteres möglich ist, all das Wissen, das im Laufe der Jahre in das Programm hineingepackt wurde, zu rekonstruieren, um eben ein adäquates neues Programm zu erstellen. Die Sanierung muß daher prinzipiell am alten Programm ansetzen. Egal auf welchen Weg man sich schlußendlich einigt, die Angelegenheit wird teuer!

Softwarewartungsverträge sind Dauerschuldverhältnisse und verpflichten typischerweise zur Aufrechterhaltung der Benutzbarkeit der Programme und damit zur Fehlerbeseitigung gerade in puncto Jahr-2000-Problem. Was aber gilt, wenn der Softwarewartungsvertrag am 31. 12. 1999 ausläuft, sei es durch seinerzeitige Vereinbarung, sei es durch taktische Kündigung des Softwarehauses, das sich auf diese Weise seiner Wartungsverpflichtung entziehen will: Da die Anpassung spätestens bis zu diesem Zeitpunkt wirksam sein muß, muß sie auch noch geleistet werden, obwohl der Vertrag nicht mehr ins neue Jahrtausend reicht!

Maßgeblich wird immer sein, ob aus dem Vertragszweck und der redlichen Vertragsauslegung der Schluß gezogen werden kann, daß es übereinstimmender Wille beider Parteien war, daß das Programm ohne eine definierte zeitliche Beschränkung nutzbar ist. Es kommt eben auch hier ganz auf den von den Vertragspartnern unterstellten Zweck an, ab wann es selbstverständlich und damit auch ohne ausdrückliche Erwähnung geschuldeter Vertragsinhalt ist, daß das Programm oder der PC Jahr-2000-fest ist.

Wenn das Jahr-2000-Problem Ihren Computer trifft, ist es wahrscheinlich billiger (zumindest ab 1995), ein neues Motherboard zu kaufen, als über Schadenersatzansprüche auch nur nachzudenken. Etwas anderes ist es natürlich, wenn man diesen Rat nicht beherzigt hat und durch das Altgerät ein Schaden ensteht. Mit großer Wahrscheinlichkeit stehen Ihre Karten dann ziemlich schlecht: Angesichts der zahllosen Medienberichte wird Ihnen kein Richter abkaufen, daß Sie völlig ahnungslos in die Jahr-2000-Falle gestolpert sind, und das untaugliche Gerät dürfte schon vor relativ langer Zeit gekauft worden sein. Kurzum wird ein Verschulden des Herstellers wohl nur in solchen Fällen nachweislich sein, in denen die Jahr-2000-Festigkeit bereits seinerzeit vertraglich gewährleistet wurde.

Wie steht es nun, wenn neue Geräte das Jahr 2000 nicht schadlos überstehen? Prinzipiell gilt auch hier dasselbe: Wenn 1999 jemand ein Gerät verkauft, das nicht Jahr-2000-fest ist, und er nicht ausdrücklich und deutlich darauf hinweist, ist er haftbar, muß er doch davon ausgehen, daß sein Kunde das Gerät über die Jahrtausendwende hinaus nutzen will.

18. OGH – Software muß „funktionieren"

Abschließend nun ein Beispiel einer höchstgerichtlichen Entscheidung. Vom umfassenden Volltext (im Original 32 Seiten!) wird hier jener Teil wiedergegeben, der einige interessante Sachverhaltselemente beinhaltet – sozusagen zum Einlesen. Sie können sich vor jedem geplanten Prozeß ähnliche Entscheidungen beschaffen und so den Sachverhalt mit ihrem Fall vergleichen. Wie Sie auch an diesem Beispiel sehen können, besteht weitgehende Rechtsvereinheitlichung, da der OGH – mangels österreichischer Quellen – deutsche Literatur heranzieht. So ergibt sich aus diesem Urteil auch ein guter Überblick über den momentanen Stand der Diskussion.

OGH 14. 10. 1997, 5 Ob 504, 505/96:

„Die Parteien schlossen einen ‚Programm-Nutzungsvertrag' über zur Verwendung in Rechtsanwaltskanzleien erstellte EDV-Programme (Software). Dem Bekl [Beklagten] wurde gegen das einmalige Entgelt von S 202.250,00 das unübertragbare und nicht ausschließliche Recht eingeräumt, die Programme in seinem Kanzleibetrieb für sich zu nutzen, wobei die Benutzung an eine bestimmte von einem Dritten gemietete EDV-Anlage (Hardware) gebunden wurde.
Am 31. 5. 1985 erfolgte die Installation der EDV-Anlage (Hard- und Software). Dabei wurden rund 75 % des Altdatenbestands konvertiert. Die Einschulung des Kanzleipersonals erfolgte bis 13.7.1985. Ab etwa Anfang Juni 1985 war die Anlage benutzbar. Am 25.9. und 1.10.1985 wurden insgesamt S 316.620,00 in Rechnung gestellt.
Am 22.1.1986, 27.2.1986 und 11.3.1986 rügte der Bekl Mängel. Er beanstandete insb. eine unzureichende Einschulung seines Personals, eine nicht ausreichende Dimensionierung des Adressenfelds, eine mangelhafte Silbentrennung und eine mangelhafte Datenkonvertierung. Am 16.5.1986 erklärte der Bekl den Rücktritt vom Vertrag, da die gesamte Anlage nicht seinen Vorstellungen entspreche und für den bedungenen Gebrauch ungeeignet sei.

In ihrer Klage begehrt die Kl für die Benützung ihrer Software ab Juni 1985 aufgrund des 'Programm-Nutzungsvertrages', hilfsweise aus dem Rechtsgrund der Bereicherung die Zahlung von insgesamt S 746.088,99 s. A.

Das ErstG [Erstgericht] erkannte den Bekl schuldig, der Kl S 707.295,60 zu zahlen. Das Mehrbegehren der Kl über S 38.793,39 wies es ab.

Das BerufungsG [Berufungsgericht] bestätigte das Urteil und erklärte die ordentl. Revision für zulässig.

Der OGH erklärte die dagegen vom Bekl Revision – im Ergebnis – für berechtigt.

Aus den Entscheidungsgründen:

In der Rsp [Rechtsprechung]des OGH findet sich keine nähere Erörterung der allgemeinen schuldrechtlichen Qualifikation von Verträgen, die der Überlassung von Computersoftware dienen.

In 1 Ob 50/85 (SZ 50/85 - JBl 1978, 374 = EvBl 1978/9 wurde der Erwerb eines Kleincomputers samt Standardprogramm als Kauf eingeordnet. Dagegen wurde in 2 Ob 625/90 (WBl 1991, 270 = RdW 1991, 230 = ecolex 1991, 531) eine Vereinbarung über die Lieferung eines Handterminals mit Spezialsoftware, die für den Anwender 'maßgeschneidert' war, als Kauf- oder Werklieferungsvertrag qualifiziert.

*Durch die UrhG-Nov 1993 BGBl 93 [Urhebergesetznovelle] wurden Sondervorschriften für Computerprogramme (§§ 40a bis 40e) in das UrhG eingefügt. Diese Schutzrechte beschränken in bestimmter Weise die Rechte des Erwerbes, ohne daß diese Konsequenz nur dem Softwarevertrag eigentümlich wäre (Ertl, EDVuR 1994, 19 f; derselbe in Ertl/Wolf, Die Software im österreichischen Recht [1991] 201 ff). Urheberrechtliche Werknutzungsrechte, die mit der Überlassung von Software gewöhnlich einhergehen (vgl Blocher, Die Rechtsstellung des Softwareanwenders nach österreichischem und deutschem Urheberrecht, EDVuR 1994, 15; Ertl EDVuR 1994, 19 f; derselbe in Ertl/Wolf, aaO 201 ff; Holzinger, Beurteilung von Softwarequalität im Hinblick auf Vertragserfüllung und Gewährleistung, EDVuR 1994, 38), sind daher für die schuldrechtliche Einordnung des Erwerbs von Computersoftware allein nicht maßgeblich und werden oft 'ganz einseitig in den Vordergrund' gedrängt (Ertl, EDVuR 1994, 19). **Wird jemandem Software zur Anwendung überlassen, so soll sie – unabhängig von Details der Vertrags-***

gestaltung in Hinsicht auf Immaterialgüterrechte, die die Rechtsposition des Erwerbers mehr oder weniger einschränken – funktionieren (Holzinger, EDVuR 1994, 38). Jedenfalls für diesen – im vorliegenden Prozeß relevanten und für den Erwerber in erster Linie maßgeblichen – funktionalen Aspekt entspricht es der hL [herrschenden Lehre], die Übertragung fertiger Standardsoftware auf Datenträgern gegen einmaliges Entgelt als Kauf einer körperlichen Sache (Ertl, EDVuR 1994, 20; derselbe in Ertl/Wolf, aaO 203 f; Holzinger, Bedienerhandbuch – Schlüssel für EDV-Entscheidungen? EDVuR 1994, 55; Blocher, EDVuR 1994, 13 f; aM Staudinger, Rechtsfragen bei Individualsoftware [1995] 45, 99; Wolf in Ertl/Wolf, aaO 189) und daher als Zielschuldverhältnis (Ertl, EDVuR 1994, 20; derselbe in Ertl/Wolf, aaO 203 f) zu qualifizieren.

Die Eigentumsübertragung aufgrund eines solchen Kaufvertrages hat daher den Datenträger, der die Software verkörpert, zum Gegenstand (idS Ertl in Ertl/Wolf, aaO 202; Blocher, EDVuR 1994, 14; Holzinger, EDVuR 1994, 55). Nicht von Bedeutung ist dabei, wie viele Anwender ein Programm nutzen, maßgeblich ist vielmehr nur die Existenz der fertigen Software (Holzinger, EDVuR 1994, 39). Die Vereinbarung einer Rückgabeverpflichtung spricht, selbst wenn diese auf ein bestimmtes Fehlverhalten des Anwenders bezogen wäre, jedenfalls dann nicht gegen den Kauf, wenn sich der Anbieter kein dingliches Rückforderungsrecht vorbehielt, sondern sich – wie hier – mit einer schuldrechtlichen Rückgabeverpflichtung begnügte (Ertl in Ertl/Wolf, aaO 204 f). Bestimmte Vertragselemente, die andere Schuldrechtstypen indizieren könnten, hindern daher die Einordnung als Kauf dann nicht, wenn der Softwarevertrag den einleitend hervorgehobenen Kriterien entspricht.

Auch im deutschen Schrifttum wird betont (Volle, Rechtliche Einordnung der EDV-Systemverträge, CR 1996, 140), daß die Überlassung von Standardsoftware ‚ohne wesentliche Verfügungsbeschränkungen' – entsprechend den vom BGH bisher entschiedenen Fällen (BGHZ 102, 135 = NJW 1988, 406 = CR 1988, 124; EDVuR 1994, 48 = NJW-CoR 1993, 5/24; BGHZ 110, 130 = CR 1990, 384; BGHZ 109, 97 = NJW 1990, 320 = CR 1990, 24 = JR 1991, 17; zuletzt CR 1994, 275) – als Kauf oder als ein diesem ähnliches Rechtsgeschäft bei jedenfalls analoger Anwendung der gesetzlichen Regelungen über den Sachkauf anzusehen sei, die kaufrechtliche Lösung bei dauerhafter Veräußerung gegen einmaliges Entgelt der hA bezeichnet (Saenger, Verjährung der Gewährleistungsansprüche beim Computerkauf, NJW-CoR 1997, 356 f) und der

‚Vertragstyp der Lizenzierung' für ‚etwas konstruiert' gehalten (Mänger, Der urheberrechtliche Erschöpfungsgrundsatz bei Veräußerung von Software, CR 1996, 523).

Im Prozeß des Hardwarelieferanten gegen den Bekl stellte sich der OGH in 3 Ob 2004/96v (SZ 69/127 = JBl 1997, 458 [Staudegger] = ÖBA 1997, 214 = RdW 1997, 73 = ecolex 1996, 743 = ARD 4797/29/96) bereits der Frage, unter welchen Voraussetzungen eine Vertragskoppelung bei Beschaffung der Hard- und der Software von verschiedenen Lieferanten als Vertragseinheit aufgefaßt werden kann. Danach setzt eine solche Einheit voraus, daß die Vertragsparteien die Unteilbarkeit ihrer Leistungen entweder ausdrücklich vereinbarten oder eine derartige Vertragskoppelung nach § 863 ABGB durch solche Handlungen erklärten, die mit Überlegung aller Umstände keinen vernünftigen Grund, daran zu zweifeln, übrig lassen.

Es ist dem hier zu beurteilenden SV kein Anhaltspunkt für die Voraussetzung zu entnehmen, eine ordnungsgemäße Funktion der Software habe aus bestimmten (programm-)technischen Gründen gerade des Computers des Hardwarevermieters bedurft. Der Bekl durfte die Anwendersoftware vielmehr aus bestimmten wirtschaftlichen Gründen, die Ursache einzelner vertraglicher Regelungen waren, auf keinem anderen Gerät als dem des Vermieters betreiben. Eine wechselseitige technische Bedingtheit der Leistung verschiedener Anbieter läßt sich demnach hier gar nicht als Indiz für eine Vertragseinheit ins Treffen führen. Somit bedarf es auch keiner Abwägung, obschon allein eine unlösbare technische Verknüpfung der Leistung eines Hardware- und eines Softwarelieferanten die Vertragseinheit nahelegen könnte. Aus dem ‚Programm-Nutzungsvertrag' ist jedenfalls kein rechtsgeschäftlicher Wille ableitbar, der auf einen einheitlichen und daher unteilbaren Erfüllungsanspruch aus beiden Verträgen abzielt. Wie aus 3 Ob 2004/96 v folgt, gilt gleiches auch für den Vertrag mit dem Hardwarelieferanten. Daher genügt das hier vereinbarte Ausmaß der Verbindung der Leistungen verschiedener Vertragspartner noch nicht, um die vom Bekl angestrebte rechtsgeschäftliche Einheit zureichend zu begründen.

Soweit sich Binder (in Schwimann[2] § 914 Gz 57 und § 1053 Rz 19) mit der Frage der Unteilbarkeit von Leistungen befaßt, liegt auch diesen Ausführungen jeweils ein Rechtsgeschäft mit einem Vertragspartner über die Hard- und die Software zugrunde. Gerade der von Binder (aaO § 914 Rz 57) erörterte Aspekt der Lieferung von Hard- und Software

durch einen Anbieter aufgrund eines auf Einheit abzielenden rechtsge-
schäftlichen Willens veranlaßte zuletzt etwa auch den deutschen BGH,
ein ,einheitliches Ganzes' anzunehmen, wenn ,alle Leistungen aus einer
Hand und damit aus einem Guß' erbracht werden sollen (NJW 1996,
1745; ähnlich EDVuR 1994, 48 = NJW-CoR 1993, 5/24). Dagegen führt
die rein wirtschaftliche Verknüpfung der Verträge mit einem Software-
und einem Hardwarelieferanten – wie hier – noch nicht zu der bereits
im Parallelprozeß erörterten Vertragseinheit, sodaß für den erkennen-
den Senat kein Anlaß besteht, in diesem Punkt von 3 Ob 2004/96 v
abzugehen. Der Bekl vermag sich daher auch in diesem Prozeß nicht
mit seiner Ansicht durchzusetzen, die jeweiligen Verträge mit dem Hard-
ware- und dem Softwarelieferanten seien als rechtliche Einheit zu qua-
lifizieren, sodaß soweit gar nicht relevant sei, ob Hardware- oder
Softwaremängel vorlägen.

Nach den Darlegungen über die Rechtsnatur des Softwarevertrags ist
der ,Programm-Nutzungsvertrag' auch kein Bestandvertrag, sondern
Kauf, hatte jenes Rechtsgeschäft doch die dauerhafte Überlassung einer
auf Datenträgern verkörperten Standardsoftware gegen einmaliges Ent-
gelt zum Gegenstand. Die vom Bekl dagegen ins Treffen geführten Um-
stände (Anbieten neuer Programmversionen bei Änderung der Rand-
bedingungen, Erhöhung des Preises bei Erweiterung der Hardware, Vor-
aussetzungen der Übertragung der Softwarerechte auf ,einen möglichen
Käufer' der Hardware, Rückstellungspflicht des Programms unter be-
stimmten Voraussetzungen, Gebrauchsbeschränkung auf den Kanzlei-
betrieb des Bekl) vermögen diese Qualifikation nicht in Frage zu stel-
len. Neue Programmversionen nach Änderung der Randbedingungen
sind nur ,gegen Kostenersatz' – also aufgrund eines neuerlichen Ver-
tragsabschlusses auf Verlangen des Anwenders – beziehbar.

Durch die Vereinbarung einer Preiserhöhung aufgrund nachträglicher
Erweiterung der Hardware wird nur klargestellt, daß die Preiskalkula-
tion der Software jeweils von Umfang und Leistungsfähigkeit der Hard-
ware abhängig sein soll. Das Ausmaß der Beschränkungen der Verfü-
gungsmöglichkeiten über die Software ist nicht so gravierend, daß eine
Einordnung der Rechtsbeziehung der Streitteile als Kauf ausgeschlossen
wäre. Die vereinbarte Rückstellungspflicht ist durch die Möglichkeit der
Veräußerung relativiert. Auch die Beschränkung der Software auf den
Kanzleibetrieb des Bekl macht deutlich, daß die Softwareüberlassung
auch eine immaterialgüterrechtliche Facette hat.

Bei beweglichen Sachen – wie hier – erlischt das Recht auf Gewährleistung gemäß § 933 ABGB sechs Monate ab dem Tag deren vollständigen Ablieferung. Der Gewährleistungsanspruch muß demnach innerhalb dieser Frist gerichtlich geltend gemacht bzw. die Gewährleistungseinrede durch Mängelrüge perpetuiert worden sein. Nach ständiger Rsp des OGH kommt es für den Fristenlauf bei Sachmängeln, soweit nicht eine besondere Sacheigenschaft zugesichert wurde, nicht auf die Erkennbarkeit des Mangels an (SZ 64/190 = EvBl 1992/52 = RdW 1992, 307; JBl 1991, 383 = ecolex 1991, 84 [Wilhelm]; SZ 63/37 = JBl 1990, 648 [Reischauer] = EvBl 1990/129 = RdW 1990, 153 = Wbl 1990, 220 = ecolex 1990, 279 [Kurschel, ecolex 1990, 276; Zankl, ecolex 1990, 278]; Binder in Schwimann² § 933 Rz 24 mwN). Allein auf dieser Grundlage kann hier, wie noch näher darzustellen sein wird, jedoch noch nicht abschließend beurteilt werden, ob der Bekl allenfalls vorhandene Softwaremängel tatsächlich verspätet rügte.

Gemäß ‚Programm-Nutzungsvertrag‘ ist das EDV-Kanzleipersonal des Bekl ‚im unbedingt erforderlichen Mindestumfang‘ einzuschulen. Die vertraglichen Leistungspflichten der Kl erstrecken sich daher auch auf eine solche Mitarbeiterausbildung.

Solange es an einer solchen Einschulung fehlt, hat der Softwarelieferant die Kaufsache nicht vollständig abgeliefert, sodaß die Gewährleistungsfrist nach der eingangs erörterten Rechtslage vor diesem Zeitpunkt gar nicht beginnen kann (idS Ertl in Ertl/Wolf, aaO 317). Die ungenügende Schulung durch den Softwarelieferanten wäre ein Mangel, der den nach der Vertragsregelung festgelegten ordentlichen Gebrauch der Software hindert und – wie hier nach Abnahme der unvollständigen Leistung – bei Unbehebbarkeit zur Wandlung berechtigt, und zwar unabhängig davon, ob jene nun als Hauptleistungsoder als äquivalente Nebenleistungspflicht qualifiziert wird (Ertl in Ertl/Wolf, aaO 261; die deutsche Rsp zählt auch das Erfordernis der Ablieferung einer Bedienungsanleitung zu den Hauptleistungspflichten: EDVuR 1994, 48 = NJW-CoR 1993, 5/24 [dazu Holzinger EDVuR 1994, 54]) Unterläßt also der Softwarekäufer die Rüge einzelner Mängel, die bereits erkennbar sind oder tatsächlich erkannt wurden, bleibt das bis zum Zeitpunkt der vollständigen Ablieferung ohne gewährleistungsrechtliche Konsequenzen.

Sollte sich herausstellen, daß die Software erst zu einem bestimmten Zeitpunkt nach dem 13.07.1985 vollständig abgeliefert wurde, könnten die festgestellten und dann allenfalls rechtzeitigen Mängelrügen des Bekl das einredeweise Wandlungsrecht doch perpetuiert haben.

Sollte dem Bekl die behauptete Softwareeigenschaft einer 100%igen Datenkonvertierung zugesichert worden sein, so wäre die Gewährleistungsfrist ab der Erkennbarkeit des Fehlens einer solchen Eigenschaft (SZ 55/ 151; Binder in Schwimann² § 933 Rz 24; Ertl in Ertl/Wolf, aaO 316; Koziol/Welser¹⁰ I 264 mwN; Staudegger, Rechtsfragen 112), jedenfalls aber nicht vor vollständiger Ablieferung des Programms, in Gang gesetzt worden."

19. Sonderteil Deutschland

In diesem Anhang wird ein Überblick über grundsätzliche Bestimmungen des deutschen Rechtes (ohne Anspruch auf wissenschaftliche Vollständigkeit) gegeben. Der Text dieses Sonderteils ist mit dem Sonderteil Österreich und Schweiz so weit ident, als dies durch die Ähnlichkeit in der Rechtslage bedingt ist.

Für die Beschaffung von Gerät und Programm kommen die Typen Kauf, Werkvertrag und Miete/Leasing (sowie Dienstvertrag) in Betracht. Für alle Verträge gilt die Maßstabproblematik (vgl. Kapitel 6.5) und die Beweisproblematik (vgl. Kapitel 4.3), d. h., jeder Vertrag ist nur so gut, als die Pflichten des Vertragspartners im Detail auf Punkt und Beistrich festgeschrieben wurden und eine Verletzung entsprechend beweisbar ist. Wenn diese Grundvoraussetzungen erfüllt sind, gibt es aber durchaus spezifische Unterschiede.

19.1 Kauf

Der Kauf kommt durch Einigung der Parteien über Kaufgegenstand und Preis zustande. In der Rechtsprechung war lange umstritten, ob auch Software gekauft werden kann, letztlich wendet man Kaufrecht an, sofern nicht Werkvertragsrecht (bei Individualsoftware) vereinbart oder sachangemessener ist.

Der Kaufvertrag ist formfrei, er kann daher ausdrücklich oder auch durch Handlungen zustande kommen (beispielsweise durch Herausnehmen der Ware aus dem Regal und Bezahlen an der Kasse).

Der Verkäufer ist verpflichtet, dem Käufer die Sache zu übergeben und das Eigentum zu verschaffen, und zwar frei von Lasten Dritter.

§ 433 BGB [Grundpflichten des Verkäufers und des Käufers]
(1) Durch den Kaufvertrag wird der Verkäufer einer Sache verpflichtet, dem Käufer die Sache zu übergeben und das Eigentum an der Sache zu verschaffen. Der Verkäufer eines Rechtes ist verpflichtet, dem Käufer das Recht zu verschaffen und, wenn das Recht zum Besitz einer Sache berechtigt, die Sache zu übergeben.

(2) Der Käufer ist verpflichtet, dem Verkäufer den vereinbarten Kaufpreis zu zahlen und die gekaufte Sache abzunehmen.

§ 434 BGB [Gewährleistung wegen Rechtsmängel]
Der Verkäufer ist verpflichtet, dem Käufer den verkauften Gegenstand frei von Rechten zu verschaffen, die von Dritten gegen den Käufer geltend gemacht werden können.

Hier gibt es das erste Problem, sogar schon mit Hardware: Was heißt frei von Rechten Dritter?

Eine weltweite Unternehmerlobby hat bewirkt, daß das Urheberrecht einseitig zugunsten der EDV-Unternehmen „verformt" wurde und deren Rechte übermäßig schützt. Verbraucherschutzgedanken setzen sich in diesem Bereich erst allmählich durch. So ist etwa die Frage, ob gutgläubiger Erwerb an Software möglich ist, durchaus strittig.

Frei von Rechten Dritter bedeutet beispielsweise, daß der Hersteller des BIOS, des Motherboards oder der sonst im Gerät bereits eingebauten ‚Programme' keine Rechte geltend machen kann. Hier tritt eine effektive Kollision mit dem Urheberrecht ein. Es wäre also beispielsweise nicht so ohne weiteres statthaft, das BIOS lediglich in einer „Demoversion" beizulegen, die nach 90 Tagen verfällt, wenn man kein Update bestellt (was fallweise bei Modems vorgekommen ist!). Hingegen ist es statthaft, zusätzlich zur verkauften Sache Geschenke beizulegen, also beispielsweise weitere Programme, auf die sich der Kauf nicht bezieht, in einer Demoversion.

Maßgeblich für den Vertragsinhalt ist nur das, was bis zum Vertragsabschluß abgemacht ist. Es ist daher prinzipiell nicht möglich, dem Partner eines gültigen Vertrages nachträglich Bedingungen zu unterschieben, indem er etwa nach dem Kauf irgendwelche Kuverts öffnet und irgendwelche Texte zur Kenntnis nehmen und damit Beschränkungen der von ihm erworbenen Rechte hinnehmen muß. Aus diesem Grund wird auch auf sämtlichen Packungen auf Beschränkungen hingewiesen, so daß sie der Käufer vor dem Kauf wenigstens grundsätzlich wahrnehmen kann.

Bei individuellen Kaufvorgängen – sowohl hard- als auch softwareseitig – ist größter Wert darauf zu legen, daß Zusagen des Lieferanten und seiner Mitarbeiter gerichtsfest dokumentiert werden, ergeben sich doch aus diesen Zusagen jene Rechte und Pflichten, aus denen dann die Haftung abgeleitet werden kann.

§ 444 BGB [Auskunftspflicht]
Der Verkäufer ist verpflichtet, dem Käufer über die den verkauften Ge-
genstand betreffenden rechtlichen Verhältnisse, insbesondere im Falle
des Verkaufs eines Grundstücks über die Grenzen, Gerechtsame und
Lasten, die nötige Auskunft zu erteilen und ihm die zum Beweise des
Rechtes dienenden Urkunden, soweit sie sich in seinem Besitze befin-
den, auszuliefern. Erstreckt sich der Inhalt einer solchen Urkunde auch
auf andere Angelegenheiten, so ist der Verkäufer nur zur Erteilung ei-
nes öffentlich beglaubigten Auszugs verpflichtet.

§ 444 BGB bestimmt eine ausdrückliche Auskunftspflicht des Verkäufers
hinsichtlich der **rechtlichen Verhältnisse**, die den verkauften Gegenstand
betreffen. Das ist nicht zu verwechseln mit einem umfassenden Aufklärungs-
anspruch über tatsächliche Verhältnisse (Nutzbarkeit, Bedienungs-
freundlichkeit etc.). Ein umfassendes „Einfallstor" für grundlegende Verpflichtungen ist § 242 BGB, wonach der Schuldner verpflichtet ist, die Leistung so zu bewirken, wie Treu und Glauben mit Rücksicht auf die Verkehrssitte es erfordern. Hieraus können durchaus umfassende Aufklärungspflichten gegenüber einem nichtfachkundigen Käufer abgeleitet werden.

Leistungsstörungen beim Kauf ▮

Leistungsstörungen liegen vor, wenn der Verkäufer seine Pflicht gar nicht,
nicht rechtzeitig oder nur mangelhaft erbringen kann. Erfüllungsverzug
liegt auch dann vor, wenn eine Lieferung unvollständig ist, also ein Teil
einer Sendung fehlt. Grundsätzlich ist auch eine für Laien verständliche
Bedienungsanleitung mitzuliefern, selbst wenn dies nicht ausdrücklich
vereinbart wurde! Das Fehlen einer schriftlichen Bedienungsanleitung führt
zu Gewährleistungsansprüchen bis hin zur Wandlung. Bedienungsanleitungen in Fremdsprachen wie Latein, Japanisch oder Englisch (die Sprache ist rechtlich bedeutungslos) reichen nicht aus! D. h., die Lieferung
einer ausschließlich englischsprachigen Bedienungsanleitung müßte ausdrücklich vereinbart werden. Auch bei Vorhandensein einer Hilfefunktion oder eigener Benutzerführung muß ein schriftlicher Überblick über
das Programmsystem mitgeliefert werden. Je weniger Bedienungskomfort und Verständlichkeit des Programmes, desto umfassender und akkurater hat die schriftliche Bedienungsanleitung zu sein.
   Von den zahlreichen Fällen der objektiven und subjektiven Unmöglichkeit einer vollständigen Leistungserbringung interessieren hier nur zwei:

a) Es stellt sich heraus, daß die geschuldete Leistung überhaupt nicht erbracht werden kann (z. B. Lieferung eines Einhorns, d. h., die Spezifikationen des Kunden sind objektiv nicht realisierbar): Die Leistungsverpflichtung entfällt; u. U. Schadenersatzverpflichtung, wenn diese Unmöglichkeit bei gehöriger Sorgfalt früher hätte erkannt werden können.

b) Ein Umstand, den die Verkäuferseite zu vertreten hat, macht die Leistungserbringung unmöglich:

§ 325 BGB [Vom Schuldner zu vertretendes Unmöglichwerden]
(1) Wird die aus einem gegenseitigen Vertrage dem einen Teile obliegende Leistung infolge eines Umstandes, den er zu vertreten hat, unmöglich, so kann der andere Teil Schadensersatz wegen Nichterfüllung verlangen oder von dem Vertrage zurücktreten. Bei teilweiser Unmöglichkeit ist er, wenn die teilweise Erfüllung des Vertrags für ihn kein Interesse hat, berechtigt, Schadensersatz wegen Nichterfüllung der ganzen Verbindlichkeit nach Maßgabe des § 280 Abs. 2 zu verlangen oder von dem ganzen Vertrage zurückzutreten. Statt des Anspruchs auf Schadensersatz und des Rücktrittsrechts kann er auch die für den Fall des § 323 bestimmten Rechte geltend machen.
(2) Das gleiche gilt in dem Falle des § 283, wenn nicht die Leistung bis zum Ablaufe der Frist bewirkt wird oder wenn sie zu dieser Zeit teilweise nicht bewirkt ist.

§ 326 BGB [Verzug; Fristsetzung mit Ablehnungsandrohung]
(1) Ist bei einem gegenseitigen Vertrage der eine Teil mit der ihm obliegenden Leistung im Verzuge, so kann ihm der andere Teil zur Bewirkung der Leistung eine angemessene Frist mit der Erklärung bestimmen, daß er die Annahme der Leistung nach dem Ablaufe der Frist ablehne. Nach dem Ablaufe der Frist ist er berechtigt, Schadensersatz wegen Nichterfüllung zu verlangen oder von dem Vertrage zurückzutreten, wenn nicht die Leistung rechtzeitig erfolgt ist; der Anspruch auf Erfüllung ist ausgeschlossen. Wird die Leistung bis zum Ablaufe der Frist teilweise nicht bewirkt, so findet die Vorschrift des § 325 Abs. 1 Satz 2 entsprechende Anwendungen.
(2) Hat die Erfüllung des Vertrags infolge des Verzugs für den anderen Teil kein Interesse, so stehen ihm die im Absatz 1 bezeichneten Rechte zu, ohne daß es der Bestimmung einer Frist bedarf.

Fraglich ist, ob es ein Fall objektiver oder subjektiver Unmöglichkeit ist, wenn eine genau bezeichnete versprochene Leistung an sich möglich wäre, aber nicht mehr erschwinglich ist. Beispielsweise wird ein bestimmter Videoadapter verkauft, der Lieferant läßt sich aber so lange Zeit, bis die Produktion eingestellt wird. – In einem solchen Fall kann wohl keineswegs davon gesprochen werden, daß der Videoadapter objektiv nicht geliefert werden kann. Andererseits ist es fraglich, ob man den Verkäufer dann dazu anhalten kann, einen solchen Videoadapter in Einzelproduktion händisch zusammenzulöten. Keinesfalls ist in einem solchen Fall der Kunde verpflichtet, eine Anderslieferung – auch eines schnelleren oder besseren Adapters – als Leistung zu akzeptieren oder womöglich einen Aufpreis zu zahlen.

Gefahrenübergang/Übergabe

Außer bei Annahmeverzug des Käufers trägt der Verkäufer bis zur Übergabe die Gefahr, soweit nichts anderes vereinbart ist (z. B. INCOTERMS, Wahl der Klausel DDP).

Beim Versendungskauf (§ 447 BGB) auf Wunsch des Käufers geht die Gefahr auf den Käufer über, sobald der Verkäufer den Kaufgegenstand an den Transporteur (z. B. Post) übergeben hat (außer der Verkäufer weicht eigenmächtig von den Transportanweisungen des Käufers ab). Die Gefahren des Transportes der Kaufsache (z. B. Diebstahl bei der Post) treffen also den Käufer (d. h., der Käufer bleibt zur Kaufpreiszahlung verpflichtet). Sie können dieses Risiko umgehen, indem Sie Bringschuld vereinbaren bzw. vereinbaren, daß das Risiko erst mit der Ablieferung übergeht.

Der Zeitpunkt des Gefahrenüberganges ist der maßgebliche Moment für die Feststellung eines Mangels. Der Mangel muß zum Zeitpunkt des Gefahrenüberganges „anwesend" gewesen sein. Allerdings erfordert die Gewährleistung kein Verschulden des Verkäufers. Egal ist auch, ob der Mangel behebbar ist oder nicht, ebenso ob er bereits zum Zeitpunkt des Vertragsabschlusses vorhanden war oder erst danach entstanden ist.

In diesem Zusammenhang ist der sogenannte **Eigentumsvorbehalt** von Bedeutung, der besagt, daß sich der Verkäufer bis zur Zahlung des Kaufpreises das Eigentum ausdrücklich vorbehalten muß, wenn es nicht mit der Übergabe – ungeachtet der allenfalls noch nicht erfolgten Zahlung – übergehen soll. Demnach muß der Eigentumsvorbehalt spätestens bis zum Zeitpunkt der Übergabe vereinbart sein.

Die maßgeblichen Bestimmungen des Gewährleistungsrechtes wegen Sachmängel sind die §§ 459, 460, 462, 463:

§ 459 BGB [Haftung für Sachmängel]
(1) Der Verkäufer einer Sache haftet dem Käufer dafür, daß sie zu der Zeit, zu welcher die Gefahr auf den Käufer übergeht, nicht mit Fehlern behaftet ist, die den Wert oder die Tauglichkeit zu dem gewöhnlichen oder dem nach dem Vertrage vorausgesetzten Gebrauch aufheben oder mindern. Eine unerhebliche Minderung des Wertes oder der Tauglichkeit kommt nicht in Betracht.
(2) Der Verkäufer haftet auch dafür, daß die Sache zur Zeit des Überganges der Gefahr die zugesicherten Eigenschaften hat.

§ 460 BGB [Kenntnis des Käufers]
Der Verkäufer hat einen Mangel der verkauften Sache nicht zu vertreten, wenn der Käufer den Mangel bei dem Abschlusse des Kaufes kennt. Ist dem Käufer ein Mangel der im § 459 Abs. 1 bezeichneten Art infolge grober Fahrlässigkeit unbekannt geblieben, so haftet der Verkäufer, sofern er nicht die Abwesenheit des Fehlers zugesichert hat, nur, wenn er den Fehler arglistig verschwiegen hat.

§ 462 BGB [Wandelung; Minderung]
Wegen eines Mangels, den der Verkäufer nach den Vorschriften der §§ 459, 460 zu vertreten hat, kann der Käufer Rückgängigmachung des Kaufes (Wandelung) oder Herabsetzung des Kaufpreises (Minderung) verlangen.

§ 463 BGB [Schadensersatz wegen Nichterfüllung]
Fehlt der verkauften Sache zur Zeit des Kaufes eine zugesicherte Eigenschaft, so kann der Käufer statt der Wandelung oder der Minderung Schadensersatz wegen Nichterfüllung verlangen. Das gleiche gilt, wenn der Verkäufer einen Fehler arglistig verschwiegen hat.

Damit ergibt sich folgende Übersicht:

1. Schadenersatz wegen Nichterfüllung, wenn zum Zeitpunkt des Gefahrenüberganges

a) eine zugesicherte Eigenschaft fehlt oder
b) der Fehler arglistig verschwiegen wurde.

2. Minderung oder Wandlung wegen eines Mangels zum Zeitpunkt des Gefahrenüberganges.

Nur beim Gattungskauf ist Nachlieferung einer mangelfreien Sache vorgesehen (§ 480 Abs. 1 BGB). § 459 Abs. 1 BGB ordnet eine prinzipielle Haftung für jeglichen Fehler an, läßt aber offen, was ein solcher Fehler ist.

Wieder sind wir am Ausgangspunkt angelangt: Die Parteien eines Kaufvertrages haben es in der Hand, für ihren Bereich durch einen exakten Maßstab zu definieren, was ein Fehler ist. Tun sie es nicht, so überlassen sie die Festlegung des Maßstabes Richter und Sachverständigem.

Weiters ist § 464 BGB zu beachten: Sie sind gänzlich verloren, wenn Sie den Mangel beim Abschluß des Kaufes bereits nachweislich gekannt haben (§ 460 1. Satz). Sollten Sie den Mangel zwischen Kauf und Annahme erkennen, müssen Sie **ausdrücklich** einen Vorbehalt erklären:

§ 464 BGB [Vorbehalt bei Annahme]
Nimmt der Käufer eine mangelhafte Sache an, obschon er den Mangel kennt, so stehen ihm die in den §§ 462, 463 bestimmten Ansprüche nur zu, wenn er sich seine Rechte wegen des Mangels bei der Annahme vorbehält.

Wenn Sie also die Mängel von Windows aus der Fachliteratur kennen und trotzdem dieses Betriebssystem wollen, müssen Sie sich Freiheit von diesen Mängeln ausbedingen und Ihre Rechte bei der Annahme vorbehalten, was dann regelmäßig zur Leistungsverweigerung und nicht zur gewünschten Programmänderung führen wird.

Beim **Fehlerbegriff** unterscheidet man die typische Normalbeschaffenheit (= was gewöhnliche Vertragsparteien in der gegenständlichen Situation erwartet haben) und einen Verstoß gegen den subjektiven Fehlerbegriff. Entscheidend sind die Vorstellungen der Vertragsparteien zum Abschlußzeitpunkt. Der Vorteil dieses Maßstabes ist zweifellos, daß die übereinstimmenden Willenserklärungen (Gedanken) der Vertragspartner nachträglich vom Gericht herausgearbeitet werden können (bzw. müssen), wenn es keine Dokumentation gibt – womit einiges an Schwankungsbreite in der Judikatur erklärt ist.

Folgende Phänomene wurden als Programmfehler akzeptiert:

• keine dem Stand der Technik entsprechenden Plausibilitätskontrollen,

- keine Sicherungen und Warnungen bei Bedienungsfehlern,
- inkompatible Hard- und Software,
- erhebliches Abweichen der Speicherkapazität der Festplatte vom Kundenbedarf, fehlende Druckerdriver für marktgängige Drucker,
- zu lange Zugriffszeit der Festplatte,
- Einbau einer Programmsperre zur Erzwingung des Abschlusses eines Wartungsvertrages oder Begleichung des Kaufpreises.

Der folgende Auszug aus einem BGB-Kommentar bietet eine aktuelle Kurzübersicht über die Judikatur:

*„Computer (EDV). Umfaßt die Sachmängel sowohl bei Hardware als auch bei Software (§ 433 Rn 5). **aa) Fehler:** bei Software (hierzu allgemeiner Redeker CR 93, 193; Fritzsche JuS 95, 497 [499]) gestörter Programmablauf (BGH 102, 135), auch hinsichtlich einzelner erheblicher Funktionen (Köln NJW-RR 93, 1140), eingebaute Programmsperre (Celle NJW-RR 93, 432; vgl. aber Rn 47); Funktionsmängel (vgl. Köln NJW 88, 2477). Bei Finanzbuchhaltungsprogrammen fehlende Übereinstimmung mit dem BiRiLiG (Hamm NJW-RR 95, 541). Bei Hardware unzulängliches Mengengerüst für zugleich gelieferte Software (Mü NJW-RR 88, 436); unzureichende Speicherkapazität eines PC (Köln NJW 91, 2156); Annahme von Falscheingaben des Anwenders (LG Heilbr CR 89, 603 m Anmerkung von Schnell; sehr bedenklich); Inkompatibilität von Festplatte und Controller (Köln NJW-RR 97, 557). **bb) Kein Fehler:** systembedingte Gegebenheiten und Eigenarten eines Programmes (Köln NJW-RR 95, 1460); Software konzeptionell veraltet oder nicht standardentsprechend (LG Oldb NJW 92, 1771); 3–4 Jahre zurückliegendes Baujahr von Teilen grundsätzlich (Düss NJW 93, 3142); hoher Geräuschpegel innerhalb der Toleranzwerte (Köln NJW 93, 3143). Fehlen einer schriftlichen Bedienungsanleitung (BGH NJW 93, 461: teilweise Nichterfassung; bestritten), Programmsperre, die vertraggemäße Nutzung nicht beeinträchtigt (Celle CR 94, 217) oder nur kurzzeit (unerheblich iS vom Abs 1 S 2; Wuermeling CR 94, 585); raschere Erschöpfung eines Akkus im Nichtbetrieb wegen Abs. 1 S 2 (Köln NJW-RR 93, 950). **cc) Eigenschaft:** Originalproduktion eines bestimmten Herstellers (Oldb CR 89, 107). **dd) Keine Eigenschaft:** Aufwand für Weiterverarbeitung der Daten (Köln NJW 92, 1772). **ee) Zusicherung:** Hervorgehobene Angabe voller Quell-Code-Kompatibilität (Ffm NJW-RR 97, 555). **ff) Keine Zusicherung:** Bezeichnung als überarbeitete X-Lösung bedeutet nicht*

*neuester technischer Stand (BGH NJW 96, 1465); die Erklärung Hard-
und Software seien aufeinander abgestimmt (Düss WM 89, 459)."*

Palandt BGB Rz 46–49 zu § 459 BGB

Gattungskauf ▌

Ein Gattungskauf liegt vor, wenn der Kauf nicht über eine individuell bestimmte Sache abgeschlossen wird, sondern wenn die zu liefernde Sache
einer nach bestimmten Sachgruppen mit gleichen Merkmalen abgesonderten Gattung entnommen wird. Beispielsweise bei Festplattenlaufwerken liegt dann Gattungskauf vor, wenn es dem Käufer nicht auf den Erwerb einer bestimmten, einzeln individualisierten Festplatte (z. B. mit
Angabe der Seriennummer) ankommt, sondern die eine Platte so gut wie
die andere getaugt hätte, hätte sie bloß funktioniert.

Hardwarekauf wird i. d. R. Gattungskauf sein, solange nicht bestimmte, individuelle Merkmale den Ausschlag geben (z. B. beim Kauf von gebrauchten Einzelstücken oder individuell für den Kunden gebauten Großgeräten).

Der Vorteil beim Gattungskauf liegt darin, daß nach herrschender Meinung die Verbesserung nicht bloß durch Ausbessern, sondern auch durch
Austausch des fehlerhaften Stückes erfolgen kann.

§ 480 BGB [Gattungskauf]
*(1) Der Käufer einer nur der Gattung nach bestimmten Sache kann statt
der Wandelung oder der Minderung verlangen, daß ihm an Stelle der
mangelhaften Sache eine mangelfreie geliefert wird. Auf diesen Anspruch
finden die für die Wandelung geltenden Vorschriften der §§ 464 bis 466,
des § 467 Satz 1 und der §§ 469, 470, 474 bis 479 entsprechende Anwendung.*

Bei Computerprogrammen tritt eine „Feinheit" auf. Programme können
zwei verschiedene Arten von Fehlern aufweisen: „individuelle Fehler" und
„Gruppenfehler". Ein individueller Fehler wäre etwa, wenn auf dem verkauften Datenträger einige Bits fehlen, die aber im allgemeinen vorhanden sind. Hier scheint die Anwendung der Regeln über den Gattungskauf
sinnvoll, braucht es doch bloß die Ausfolgung einer neuen Programmdiskette – und schon ist das Problem behoben. Andererseits haben es
Computerprogramme an sich, daß sie – von dem erwähnten Fehlerfall einmal abgesehen – identische Kopien sind, so daß bei einem „Gruppenfehler",

d. h. einem Fehler, der diesem Programm an sich anhaftet, der Austausch einer mangelhaften Diskette gegen eine andere gar nichts bringt.

Gerade hier ist die Anwendung des § 460 Abs. 1 BGB, der einen Gewährleistungsausschluß vorsieht, wenn der Käufer den Mangel beim Abschluß des Vertrages kannte, das Problem: Kann man wirklich davon sprechen, daß einem Programmkäufer ein Mangel infolge grober Fahrlässigkeit unbekannt geblieben ist, wenn er nicht weiß, daß Windows hin und wieder abstürzt? Die Diskussion über diese Auffassung ist teilweise nur von theoretischem Wert, denn die Nachlieferung eines fehlerfreien Windows scheint aufgrund der Natur der Sache derzeit ausgeschlossen. Außerdem glaubt die Softwarebranche nach wie vor – oder gibt das zumindest vor –, daß Computerprogramme prinzipiell niemals ganz fehlerlos sein können. Dieser Grundsatz ist aber in den gegenständlichen BGB-Vorschriften so nicht enthalten. Trotzdem gilt im wesentlichen, daß aus der Gewährleistung des Kaufes Eingriffe in die Eigenschaften eines Serienproduktes kaum verlangt werden können. Wenn Sie daher mit einer Eigenschaft einer Serie, die allen Exemplaren gemeinsam ist, nicht zufrieden sind, ist die Gewährleistung nicht der richtige Rechtsbehelf. Zumindest solange das Verkaufsargument bei neuen Programmversionen ist, daß von den vielen Fehlern der alten Version die meisten behoben wurden, solange wird gelegentlichen Abstürzen oder Programmfehlern eines Serienproduktes mit Mitteln des Gewährleistungsrechtes nur schwer beizukommen sein.

Solange die Sache noch einen – wenn auch reduzierten – Wert für Sie hat, käme die Minderung, andernfalls nur die Wandlung in Frage, womit Sie die Kaufsache zurückgeben und Ihr Geld zurückerhalten, was allerdings auch keine wirklich brauchbare Lösung ist.

Zugesicherte Eigenschaften

Wenn Sie eine bestimmte Eigenschaft unbedingt brauchen, so lassen Sie sich diese schriftlich ausdrücklich zusichern. Jede rechtliche, technische oder sonstige tatsächliche Eigenschaft kann ausdrücklich zugesichert werden, alle wertbildenden Faktoren sind der vertraglichen Fixierung zugänglich.

Allerdings stellt nicht jede Zusage des Verkäufers automatisch eine Zusicherung dar, auch auf Prospekte kann man sich in dieser Hinsicht nicht verlassen. Vielmehr braucht es eine ausdrückliche oder stillschweigende rechtsgeschäftlich ernstlich gemeinte und vertraglich bindende Erklärung, daß der Verkäufer in der Weise gewährleistet, daß er die Haftung für alle nachteiligen Folgen übernimmt, die sich aus dem Fehlen der Eigenschaft ergeben.

Wenn Sie sichergehen wollen, daß die beworbenen Eigenschaften (z. B. Komponenten) auch tatsächlich vorhanden sind, müssen Sie alle wesentlichen Leistungsmerkmale im Vertrag schriftlich fixieren, z. B. durch genaue Bezeichnung der Einzelbauteile mit Leistungs- und Herstellerangaben über Speicherkapazitäten der Festplatte, RAM, CD-ROM-Laufwerk, Sound- und Grafikkarten, Prozessorchips, Motherboard etc. Ein guter Anfang wäre etwa der Satz: „Sämtliche im Prospekt Nr. ... vom ... angegebenen Eigenschaften gelten als ausdrücklich zugesicherte Eigenschaften im Sinn des § 459 Abs. 2 BGB.“

Wenn allerdings im Prospekt steht: „Das beste Gerät, das Sie derzeit kaufen können, absolut fehlerfrei!“, kann der Verkäufer immer noch die Scherzerklärung einwenden, so daß es ratsam ist, alles, was Sie wirklich brauchen, im Detail einzeln zu spezifizieren. Allerdings bekommen Sie selbst in diesem Fall nur Schadenersatz wegen Nichterfüllung, was aber gemäß § 463 BGB immerhin Gedanken in Richtung der Kosten der Ersatzvornahme (Neuprogrammierung) durch Dritte nahelegt.

Diese Schadenersatzbestimmung ist es auch, deren Anwendung Sie erreichen müssen, wenn es um etwas anderes geht als um Wandlung oder Preisminderung, insbesondere wenn Sie Abgeltung für Stillstandszeiten, Produktionsausfall, Vermögensschäden aller Art, Blutdrucksteigerung und Freizeitentfall geltend machen wollen. § 463 BGB erfaßt die sogenannten Mangelschäden oder unmittelbaren Nichterfüllungsschäden. Dazu kommen alle Vermögensschäden, die durch die mangelhafte Kaufsache herbeigeführt worden sind, wie Kosten der Mängelbeseitigung, zeitweise Anmietung der Ersatzsache, Kosten eines Deckungsgeschäftes (Drittkauf), allenfalls auch ein entgangener Gewinn.

Darüber hinaus gibt es die sogenannten Mangelfolgeschäden. Diese bestehen darin, daß an sonstigen Rechtsgütern des Käufers Schäden entstehen. Beispielsweise fängt der Computer Feuer, woraufhin die Produktionsanlage niederbrennt. Solche Schäden fallen nur dann unter § 463 BGB, wenn sich bei redlicher Vertragsauslegung ergibt, daß die zugesicherten Eigenschaften gerade den Zweck verfolgten, den Käufer gegen diese Mangelfolgeschäden zu schützen. D. h., wenn Sie sich ausdrücklich zusichern lassen, daß Ihr Computer nicht motivlos abbrennt, könnte man im Auslegungswege erschließen, daß es auch der Zweck war, Ihre übrigen

Produktionseinrichtungen zu schützen, was Sie veranlaßt hat, eine derartige Vertragsklausel vorzusehen.

Es liegt auf der Hand, daß keiner an die Fälle, die tatsächlich eintreten, schon bei Vertragsabschluß denkt. Daher kommt in solchen Fällen die Anwendung der Regel über die **positive Forderungsverletzung** in Betracht. Diese Regeln entstanden, weil das BGB zahlreiche Fälle von Vertragsverletzungen zuläßt, die sich nicht mit den Regeln der Leistungsstörung, Unmöglichkeit, Verzug und Gewährleistung beherrschen lassen. Rechtsgrundlage ist der bereits zitierte § 242 BGB, der zur gewohnheitsrechtlichen Anerkennung des Rechtsinstitutes der positiven Vertragsverletzung geführt hat. Gelegentlich wird auch der Begriff positive Forderungsverletzung verwendet. Voraussetzungen sind ein vertragliches oder gesetzliches Schuldverhältnis und die objektive Pflichtverletzung in Ansehung einer Schlechtleistung von Hauptleistungspflichten oder Verletzung von Nebenpflichten. Die positive Forderungsverletzung gilt auch für die Vertragsarten mit speziellem Gewährleistungsrecht (Kauf-, Werk- und Mietvertrag). Auf dem Grundsatz von Treu und Glauben beruhen Hinweis-, Beratungs-, Warn- und sonstige Schutz- und Nebenpflichten in beträchtlicher Vielfalt, so daß es nicht schwer ist, eine Argumentationslinie darzustellen, warum im konkreten Fall ein Verstoß gegen eine bestimmte Beratungs- oder Handlungspflicht (Maßstabproblem!) vorliegt.

Allerdings ist schuldhaftes Handeln des Schuldners notwendig. § 276 BGB differenziert zwischen Vorsatz und Fahrlässigkeit, wobei für Gehilfen gemäß § 278 BGB eingestanden wird.

§ 276 BGB [Haftung für eigenes Verschulden]

Der Schuldner hat, sofern nicht ein anderes bestimmt ist, Vorsatz und Fahrlässigkeit zu vertreten. Fahrlässig handelt, wer die im Verkehr erforderliche Sorgfalt außer acht läßt. Die Vorschriften der §§ 827, 828 finden Anwendung.

(2) Die Haftung wegen Vorsatzes kann dem Schuldner nicht im voraus erlassen werden.

§ 278 BGB [Verschulden des Erfüllungsgehilfen]

Der Schuldner hat ein Verschulden seines gesetzlichen Vertreters und der Personen, deren er sich zur Erfüllung seiner Verbindlichkeit bedient, in gleichem Umfange zu vertreten wie eigenes Verschulden. Die Vorschrift des § 276 Abs. 2 findet keine Anwendung.

Bei Unmöglichkeit oder Verzug gelten §§ 280 und 286 BGB.

§ 280 BGB [Haftung bei zu vertretender Unmöglichkeit]
(1) Soweit die Leistung infolge eines von dem Schuldner zu vertreten-
den Umstandes unmöglich wird, hat der Schuldner dem Gläubiger den
durch die Nichterfüllung entstehenden Schaden zu ersetzen.
(2) Im Falle teilweiser Unmöglichkeit kann der Gläubiger unter Ableh-
nung des noch möglichen Teiles der Leistung Schadensersatz wegen
Nichterfüllung der ganzen Verbindlichkeit verlangen, wenn die teilweise
Erfüllung für ihn kein Interesse hat. Die für das vertragsmäßige
Rücktrittsrecht geltenden Vorschriften der §§ 346 bis 356 finden ent-
sprechende Anwendung.

§ 286 BGB [Verzugsschaden]
(1) Der Schuldner hat dem Gläubiger den durch den Verzug entstehen-
den Schaden zu ersetzen.
(2) Hat die Leistung infolge des Verzugs für den Gläubiger kein Inter-
esse, so kann dieser unter Ablehnung der Leistung Schadensersatz we-
gen Nichterfüllung verlangen. Die für das vertragsmäßige Rücktritts-
recht geltenden Vorschriften der §§ 346 bis 356 finden entsprechende
Anwendung.

Zusätzlich kann der Gläubiger weiterhin die Erfüllung verlangen!

Ein weiteres gewohnheitsrechtlich anerkanntes und hier erwähnungs-
bedürftiges Rechtsinstitut ist die „**culpa in contrahendo**", das vorver-
tragliche Schuldverhältnis. Wenn auch nicht im BGB geregelt, ist allgemein
anerkannt, daß bereits vor Vertragsabschluß ein Schuldverhältnis vorliegen
kann, mit der Folge, daß wechselseitige Pflichten begründet werden, die aus
dem Eintritt in Vertragsverhandlungen resultieren. Schon die Kontaktauf-
nahme, die auf einen möglichen Vertragsabschluß gerichtet ist, kann zu einer objektiven Pflichtverletzung führen. Schon der Beginn eines Verkaufsgespräches führt zu Aufklärungs- und Sorgfaltspflichten.

Haftungsausschlüsse ▌

Gesetzlich sehen §§ 460 Abs. 1 und 462, 463 BGB bei bekanntem Mangel
Haftungsausschlüsse vor. Auf § 377 HGB (Anspruchsverlust bei verspäteter Rüge/Untersuchung) wurde bereits hingewiesen.

Darüber hinaus kommt es gerade in der EDV-Branche häufig vor, daß
durch die Verwendung von Allgemeinen Geschäftsbedingungen mit Frei-

zeichnungsklauseln die Gewährleistung ausgeschlossen werden soll. Ein vollständiger Gewährleistungsausschluß für fabrikneue Sachen kann jedoch nach den §§ 9 ff des Gesetzes zur Regelung des Rechts der Allgemeinen Geschäftsbedingungen (AGB-Gesetz) sowie nach den §§ 138, 242 BGB nichtig sein.

Bei gebrauchten Sachen ist ein vollständiger Gewährleistungsausschluß i. d. R. zulässig. Dies hilft dem Verkäufer aber dann nichts, wenn er einen Fehler arglistig verschwiegen hat.

§ 476 BGB [Vertraglicher Ausschluß der Gewährleistung]
Eine Vereinbarung, durch welche die Verpflichtung des Verkäufers zur Gewährleistung wegen Mängel der Sache erlassen oder beschränkt wird, ist nichtig, wenn der Verkäufer den Mangel arglistig verschweigt.

Aber Achtung, auch hier führt der § 464 BGB (siehe oben) zum Anspruchsverlust.

Wandlung bedeutet Rückgabe der defekten Anlage und Rückerstattung des Kaufpreises. Schon die Fahrtspesen zum Händler, erst recht die Spesen durch Helfer, die das Gerät ins Taxi wuchten, fallen unter Schadenersatz! Preisminderung tritt nicht von alleine ein, sie muß, ebenso wie die Wandlung, erklärt werden. Die Berechnung der Minderungssumme erfolgt gemäß § 472 BGB:

§ 472 BGB [Berechnung der Minderung]
(1) Bei der Minderung ist der Kaufpreis in dem Verhältnisse herabzusetzen, in welchem zur Zeit des Verkaufs der Wert der Sache in mangelfreiem Zustande zu dem wirklichen Werte gestanden haben würde.
(2) Findet im Falle des Verkaufs mehrerer Sachen für einen Gesamtpreis die Minderung nur wegen einzelner Sachen statt, so ist bei der Herabsetzung des Preises der Gesamtwert aller Sachen zugrunde zu legen.

Berechnungsformel:

$$\frac{geminderter\ Kaufpreis\ (x)}{vereinbarter\ Kaufpreis} = \frac{objektiver\ Wert\ der\ mangelhaften\ Sache}{objektiver\ Wert\ der\ mangelfreien\ Sache}$$

Grundsätzlich ist eine Beschränkung der freien Wahl zwischen den Gewährleistungsbehelfen nur dahingehend zulässig, daß dem Verkäufer/Hersteller zunächst die Möglichkeit auf Nachbesserung gegeben werden muß. Nach Fehlschlagen einer kostenlosen Reparatur leben jedoch die anderen Rechte wieder auf! Reparaturen müssen innerhalb angemessener Zeit durchgeführt werden, das sind wenige Tage bis maximal eine Woche (das ist auch eine Zeit, in der bereits ein ganzes Gerät neu zusammengebaut werden kann!). Mehrere Nachbesserungsversuche müssen i. d. R. nicht akzeptiert werden, wenngleich es Rechtsprechung gibt, die bei technisch komplizierten Geräten bis zu drei Nachbesserungsversuche einräumt, allerdings nur dann, wenn die Zumutbarkeitsgrenze für den Käufer nicht überschritten wird. Außerdem ist in solchen Fällen immer wieder an den Schaden zu erinnern, der durch Zeitverlust, Wege, Kosten etc. angerichtet wird und ebenfalls hervorgekehrt werden sollte!

Über Wandlung oder Minderung ist Einverständnis beider Vertragspartner erforderlich:

§ 465 BGB [Vollziehung der Wandelung oder Minderung]
Die Wandelung oder die Minderung ist vollzogen, wenn sich der Verkäufer auf Verlangen des Käufers mit ihr einverstanden erklärt.

§ 476 a BGB [Recht auf Nachbesserung]
Ist an Stelle des Rechts des Käufers auf Wandelung oder Minderung ein Recht auf Nachbesserung vereinbart, so hat der zur Nachbesserung verpflichtete Verkäufer auch die zum Zwecke der Nachbesserung erforderlichen Aufwendungen, insbesondere Transport-, Wege-, Arbeits- und Materialkosten, zu tragen. Dies gilt nicht, soweit die Aufwendungen sich erhöhen, weil die gekaufte Sache nach der Lieferung an einen anderen Ort als den Wohnsitz oder die gewerbliche Niederlassung des Empfängers verbracht worden ist, es sei denn, das Verbringen entspricht dem bestimmungsgemäßen Gebrauch der Sache.

§ 475 BGB [Mehrmalige Gewährleistung]
Durch die wegen eines Mangels erfolgte Minderung wird das Recht des Käufers, wegen eines anderen Mangels Wandelung oder von neuem Minderung zu verlangen, nicht ausgeschlossen.

Außerdem kann Ihnen der Verkäufer eine Ausschlußfrist für die Wandlungserklärung setzten:

§ 466 BGB [Ausschlußfrist für Wandelung]
Behauptet der Käufer dem Verkäufer gegenüber einen Mangel der Sache, so kann der Verkäufer ihn unter dem Erbieten zur Wandelung und unter Bestimmung einer angemessenen Frist zur Erklärung darüber auf-

fordern, ob er Wandelung verlange. Die Wandelung kann in diesem Falle nur bis zum Ablaufe der Frist verlangt werden.

Kopplung von Hard- und Softwarekauf

Wollen Sie, wenn Sie Hard- und Software gemeinsam kaufen, nur teilweise wandeln, so gelten §§ 469, 471 und 472 BGB.

Häufig wird dazu geraten, gerade wegen des Problems der schlechten Beweisbarkeit des mangelhaften Zusammenwirkens, Hard- und Software aus einer Hand zu kaufen.

Abgesehen davon, daß dies nur beim ersten Kauf möglich ist (was soll dann im Laufe der Jahre mit den anderen Programmen und Komponenten geschehen, die bei anderen Händlern billiger zu haben sind?), führt es zu einem anderen Rechtsproblem: Was gilt, wenn nur die Hardware oder nur die Software mangelhaft ist?

Ergibt die Vertragsauslegung, daß zwei Kaufverträge, die unabhängig voneinander bestehen können, vorliegen, und ergreift das Wandlungsrecht nur einen dieser beiden Verträge, so bleibt der andere bestehen. D. h., man hat vom unerwünschten Vertragspartner dann immer noch eine Leistung, die man nicht mehr los wird! Daher sollten Sie entweder im Vertrag festhalten, daß die Sachen zusammengehörig in einem Akt gekauft wurden, oder in beiden Verträgen festhalten, daß sich allfällige Wandlungs- und Preisminderungsansprüche des einen Vertrages auch auf den anderen gleichartig auswirken. Es gibt zwar Rechtsprechung, die bei „Gesamtlösung" und enger Kopplung von Hard- und Software die Gewährleistungsbehelfe ausdehnt, nachdem aber heute jedes Standardprogramm auf jedem Standard-PC einigermaßen läuft, wird es immer schwieriger zu argumentieren, daß eine untrennbare Einheit die Auflösung beider Verträge erfordere.

Auch nach der deutschen Rechtslage ist im allgemeinen kein einheitliches Rechtsverhältnis anzunehmen, wenn Hard- und Software von verschiedenen Vertragspartnern bezogen werden. Es wird auch betont, daß ein wirtschaftlicher Zusammenhang der von zwei Lieferanten erbrachten Leistungen noch nicht genügt, um die abgeschlossenen Rechtsgeschäfte als Einheit zu behandeln. In der Rechtsprechung wird die Einheitlichkeit der mit verschiedenen Vertragspartnern über die Hard- und Software abgeschlossenen Verträge nur dann angenommen, wenn deren wechselseitige Abhängigkeit so weit geht, daß sie miteinander „stehen und fallen" sollen (BGH NJW 1976, 1931 [1932]). Die Begründung einer Einheitlichkeit der mit zwei Lieferanten abgeschlossenen Rechtsgeschäfte wird im Schrifttum etwa unter den Gesichtspunkten einer ausdrücklich zu vereinbarenden Gesamtschuldnerschaft, eines Gesamtrechtsgeschäfts gemäß § 139 BGB oder zusammengehörender Leistungen gemäß § 469 BGB versucht. Fehlt es an einer ausdrücklichen Vereinbarung der – auch für das Recht der Leistungsstörungen – wirksamen Vertragsverbindung, wird für die Beurteilung der Einheitlichkeit schließlich darauf abgestellt, ob das gemeinsame Auftreten der Lieferanten einen Koppelungswillen demonstriert habe und in den von ihnen erbrachten Leistungen ein enger zeitlicher und sachlicher Zusammenhang zu erblicken sei.

Aber selbst bei Annahme eines aus mehreren Einzelverträgen bestehenden einheitlichen Rechtsgeschäfts wird, falls eine Preisminderung begehrt wird, schließlich die Frage gestellt, ob „der Anwender sein Recht gegenüber dem schuldigen Lieferanten suchen" müsse und daher dieser „die gesamte Minderung zu tragen" habe.

Diese Erörterungen belegen, daß beim Abschluß von Verträgen mit verschiedenen Lieferanten gewöhnlich kein einheitliches Rechtsgeschäft über die EDV-Anlage und die Software anzunehmen ist.

Fristen ▌

- Die kürzeste Frist sieht § 377 HGB vor: unverzügliche Überprüfung, unverzügliche Rüge bei sonstigem Anspruchsverlust, sowohl hinsichtlich Gewährleistungs- als auch Schadenersatzansprüchen aller Art!
- Ebenso muß der Käufer, der den Mangel kennt, bei der Abnahme den Vorbehalt gemäß § 464 BGB erklären! Das gilt besonders dann, wenn zwischen Vertragsabschluß und Übergabe der Mangel, z. B. in einem weiteren Gespräch mit dem Verkäufer, bekanntgemacht wurde!
- Sechs Monate: ab Anlieferung gemäß § 477 BGB.

§ 477 BGB [Verjährung der Gewährleistungsansprüche]
(1) Der Anspruch auf Wandelung oder auf Minderung sowie der Anspruch auf Schadenersatz wegen Mangels einer zugesicherten Eigenschaft verjährt, sofern nicht der Verkäufer den Mangel arglistig verschwiegen hat, bei beweglichen Sachen in sechs Monaten von der Ablieferung, bei Grundstücken in einem Jahre von der Übergabe an. Die Verjährungsfrist kann durch Vertrag verlängert werden.
(2) Beantragt der Käufer das selbständige Beweisverfahren nach der Zivilprozeßordnung, so wird die Verjährung unterbrochen. Die Unterbre-

chung dauert bis zur Beendigung des Verfahrens fort. Die Vorschriften des § 211 Abs. 2 und des § 212 finden entsprechende Anwendung.
(3) Die Hemmung oder Unterbrechung der Verjährung eines der im Absatz 1 bezeichneten Ansprüche bewirkt auch die Hemmung oder Unterbrechung der Verjährung der anderen Ansprüche.

Innerhalb von sechs Monaten verjährt also auch der Schadenersatzanspruch wegen Mangels einer zugesicherten Eigenschaft!

Verbesserung hemmt die Verjährung, auch wenn sich der Verkäufer erst nachträglich darauf einläßt (vgl. § 639 BGB, Seite 190).
Die Mängeleinrede kann gegen den zurückbehaltenen Kaufpreisrest noch eingewendet werden, wenn die Sechsmonatsfrist zwar bereits abgelaufen ist, aber die Reklamation noch vor ihrem Ablauf erhoben wurde!:

§ 478 BGB [Erhaltung der Mängeleinrede]
(1) Hat der Käufer den Mangel dem Verkäufer angezeigt oder die Anzeige an ihn abgesendet, bevor der Anspruch auf Wandelung oder auf Minderung verjährt war, so kann er auch nach der Vollendung der Verjährung die Zahlung des Kaufpreises insoweit verweigern, als er auf Grund der Wandelung oder der Minderung dazu berechtigt sein würde. Das gleiche gilt, wenn der Käufer vor der Vollendung der Verjährung das selbständige Beweisverfahren nach der Zivilprozeßordnung beantragt oder in einem zwischen ihm und einem späteren Erwerber der Sache wegen des Mangels anhängigen Rechtsstreite dem Verkäufer den Streit verkündet hat.
(2) Hat der Verkäufer den Mangel arglistig verschwiegen, so bedarf es der Anzeige oder einer ihr nach Absatz 1 gleichstehenden Handlung nicht.

§ 479 BGB [Erhaltung des Aufrechnungsrechts]
Der Anspruch auf Schadensersatz kann nach der Vollendung der Verjährung nur aufgerechnet werden, wenn der Käufer vorher eine der im § 478 bezeichneten Handlungen vorgenommen hat. Diese Beschränkung tritt nicht ein, wenn der Verkäufer den Mangel arglistig verschwiegen hat.

Bei arglistigem Verschweigen gilt die 30jährige Verjährungsfrist, da der Verkäufer unter dieser Voraussetzung nicht schutzwürdig ist. Allerdings besteht gemäß §§ 123 und 124 BGB Anfechtbarkeit wegen Täuschung binnen Jahresfrist ab dem Zeitpunkt, in welchem der Anfechtungsberechtigte die Täuschung entdeckt.

Ansprüche aus der positiven Forderungsverletzung beim Kauf unterliegen ebenfalls der sechsmonatigen Frist des § 477 BGB.

Jene Fristen, die in vertraglichen Garantiezusagen laufen, das können wenige Tage, ein Monat, drei Monate oder auch ein, zwei oder drei Jahre sein, sind einzig und allein vom jeweiligen Inhalt des Garantievertrages abhängig.

Die Gerichte versuchen bisweilen die unbillige Beschränkung der Haftung des Verkäufers dadurch zu lockern, daß der Fristbeginn auf einen späteren Zeitpunkt als jenen der Ablieferung des Gerätes bezogen wird, wenn beispielsweise die Frist erst mit vollständigem Erbringen der ganzen Leistung, also etwa erst nach Übergabe aller Bedienungsanleitungen und nach Durchführung der Einschulung, zu laufen beginnt.

Grundsätzlich ist der Fristenlauf eine große Gefahr für alle Ansprüche im EDV-Bereich.

Wenn ein Sachmangel eine Verletzung eines geschützten Rechtsgutes des Käufers verursacht, steht dem Käufer zusätzlich zur Gewährleistung auch der Anspruch auf Schadenersatz aus unerlaubter Handlung zu. Wenn also beispielsweise die verkaufte Sache nach Gefahrenübergang eine andere Sache des Käufers beschädigt, kann deliktischer Schadenersatz bei einer Verjährungsfrist von drei Jahren (§ 852 BGB) vorliegen. Neben Leben, Körper, Gesundheit, Freiheit und Eigentum sind auch allgemeine Persönlichkeitsrechte und das Recht am eingerichteten und ausgeübten Gewerbebetrieb geschützt! Gerade bei diesem Recht handelt es sich um eine generalklauselartige, von der Rechtsprechung als sonstiges Recht anerkannte Konstruktion, die allerdings subsidiär ist. D. h., wenn es andere Rechtsgrundlagen für einen Schadenersatzanspruch gibt (z. B. Kreditgefährdung), so greifen diese. Daneben muß eine Verletzungshandlung vorliegen. Diese Verletzungshandlung muß rechtswidrig sein, worunter jeder Eingriff in ein fremdes Rechtsgut zu verstehen ist, wenn kein Rechtfertigungsgrund gegeben ist. Rechtswidrigkeit ergibt sich aus dem Eingriff in die absolut geschützten Rechtsgüter, aus Verstoß gegen Schutzgesetz oder durch sonstiges gegen die guten Sitten verstoßendes Verhalten. Immer ist auch Verschulden in Form von Vorsatz oder Fahrlässigkeit hinsichtlich der Rechtsgutverletzung gefordert, bei Sittenwidrigkeit mindestens bedingter Vorsatz (Erkennen und Billigen der sittenwidrigen Tatumstände).

Schmerzengeld bei Computerausfall?

Solche Fälle sind natürlich denkbar, wenn beispielsweise jemandem zufolge Ausfall einer Robotersteuerung der Arm gebrochen wird. Dann liegt klarerweise ein Eingriff in ein absolut geschütztes Rechtsgut vor, ganz abgesehen davon, daß auch aus produkthaftungsrechtlichen Erwägungen zu überprüfen ist, ob nicht eine gefährliche Sache in Verkehr gesetzt wurde.

Hier geht es aber um etwas anderes: Kann man Abgeltung für seelisches Ungemach, für Schmerzen fordern, die man hatte, weil einem das Ding schon wieder das Wochenende vermiest hat? Die Rechtsgrundlage dazu wäre § 847 Abs. 1 BGB, der regelt, daß im Falle der Verletzung des Körpers oder der Gesundheit sowie im Falle der Freiheitsentziehung der Verletzte auch wegen des Schadens, der nicht Vermögensschaden ist, eine billige Entschädigung in Geld verlangen kann. Dies stellt an sich einen Anspruch in Aussicht, allerdings müßte eine Verletzung der Gesundheit mindestens im Ausmaß eines Nervenschocks vorliegen.

Es ist seltsam: Wenn man sich an einem mangelhaften Computer elektrisiert und eine Woche im Spital verbringt, ehe man sich vom Stromschlag erholt hat, zweifelt keiner am prinzipiellen Schmerzengeldanspruch. Wenn einen allerdings Softwarefehler zum Wahnsinn treiben, heißt es, daß es an der direkten Einwirkung fehle! Hier scheint es noch Raum für Experimente bzw. richtungweisende Verfahren zu geben.

Der Anspruch auf Schmerzengeld ist ein selbständiger Anspruch, er existiert neben dem Anspruch auf Ersatz des materiellen Schadens. Der Anspruch ist vorrangig auf Ausgleich der Schäden des Verletzten gerichtet. Durch das Schmerzengeld soll er in die Lage versetzt werden, sich Erleichterungen und andere Annehmlichkeiten anstelle derer zu verschaffen, deren Genuß ihm durch die Verletzung unmöglich gemacht wurde. Darüber hinaus soll das Schmerzengeld auch zu einer Genugtuung führen, wenngleich der Sühnegedanke für den zivilrechtlichen Schadenersatz nicht tragfähig ist.

„Da auch zusätzliche Belastung durch langwierigen Rechtsstreit in Kenntnis der Zahlungspflicht (BGH WM 89, 1481) [oder die] Verweigerung mindestens teilweiser Regulierung, wenn [die] Versicherung die Einstandspflicht kennt oder kennen muß (Kplz VersR 89, 629), schadenersatzpflichtig machen können (Palandt BGB-Kommentar zu § 847 Rz 11)," wäre auch eine ungerechtfertigte Weigerung oder eine bloße Verschleppung der Liquidation berechtigter Ansprüche (!) geeignet, weitere Ansprüche zu begründen.

In diesem Zusammenhang ist die „Anspruchsneurose" zu erwähnen, die in der psychischen Beeinträchtigung aufgrund vermeintlicher Ansprüche besteht und entschädigungsfähig ist.

Keimtheorie ▍

Ein Versuch, die Problematik aufzulösen, daß der Käufer das Vorhandensein des Mangels zum Zeitpunkt der Übergabe nachweisen muß, ist die vom BGH entwickelte Keimtheorie. Sie besagt, daß ein während der Gewährleistungszeit auftretender Mangel indiziert, daß dieser Mangel bei Übergabe der Sache bereits „im Keim" angelegt war, so daß der Käufer von der Notwendigkeit befreit ist, die „Anwesenheit" des Mangels bei der Übergabe zu beweisen. Somit kann der Käufer Sachmängelgewährleistungsansprüche erheben, wenn der Verkäufer den Beweis der Mangelfreiheit bei Übergabe nicht erbringen kann.

Das Problem der Keimtheorie ist, daß ihre Anwendbarkeit gerade in den häufigsten Fällen (Überspannung) bei genauerer Betrachtung nicht gegeben ist. Angenommen, die Schadensursache ist ein mangelhaftes und infolgedessen durchgebranntes Elektronikbauteil. Brennt es durch, so fällt das Gerät aus. Daraus folgt umgekehrt, daß das Gerät diesen spezifischen Fehler nicht haben konnte, solange es beobachteterweise funktionierte. Im Keim angelegt wäre der Mangel dann, wenn die Sperrschicht bei Übergabe um einige Atomlagen zu dünn gewesen wäre und eine gewöhnliche Überspannung, mit der eben zu rechnen sei, nicht ertragen hätte. Gerade dieser Sachverhalt ist aber dadurch, daß der Bauteil erst später durchgebrannt ist, noch nicht bewiesen, konnte doch die Überspannung auch so hoch gewesen sein, daß selbst ein einwandfreier Teil durchgebrannt wäre.

19.2 Werkvertrag

Immer dann, wenn Sie eine besondere Anpassung der Leistung an Ihre Bedürfnisse wollen, wird dies i. d. R. im Rahmen eines Werkvertrages erfolgen.

Sie sollten sich ein ausdrückliches Kündigungsrecht – auch ohne Angabe von Gründen – vorbehalten, wobei in einem solchen Fall nur eine niedrige (pauschalierte) Vergütung zu leisten ist.

Der Werkunternehmer schuldet den vertragsgemäß herbeizuführenden Erfolg, der nun sowohl in der Herstellung oder Veränderung einer Sache (Computer) als auch in einer Arbeit oder Dienstleistung (Programmerstellung) liegen kann.

Der Werkunternehmer ist vorleistungspflichtig, d. h., der Werklohn ist erst nach Fertigstellung des Werkes fällig.

Besondere Bedeutung kommt der Abnahme zu. Bei einem „Werk" ist dies nicht lediglich körperliche Übernahme und Übergabe der Sache, sondern die Erklärung des Auftragnehmers, das Werk erbracht zu haben, und die Erklärung des Auftraggebers, die Sache als Erfüllung des Werkvertrages anzunehmen. Mit der Abnahme beginnt die Verjährungsfrist für alle Gewährleistungsansprüche zu laufen.

Der wesentliche Vorteil des Werkvertrages ist der Anspruch auf Mängelbeseitigung, d. h., prinzipiell muß der Arbeitnehmer mit der Verbesserung des Werkes so lange fortfahren, bis der exakt spezifizierte Erfolg eintritt.

Wenn Sie also sichergehen wollen, exakt jene Leistung zu bekommen, die Sie haben wollen, dann führt am Werkvertrag kein Weg vorbei. Dabei kommt es gar nicht so sehr auf die Bezeichnung „Kaufvertrag" oder „Werkvertrag" an. Vielmehr ist der wahre Gehalt des Leistungsaustausches maßgeblich. Wenn Sie beispielsweise als Käufer Ihrem Händler einen „Werkauftrag" erteilen, der sich darin erschöpft, daß er Standardbauteile aus dem Regal nimmt und ein Gerät – mit einer vielleicht auch etwas exzentrischen Konfiguration – zusammenbaut, so kann noch nicht unbedingt von einem Werkvertrag gesprochen werden. Es ist daher zweckmäßig, Leistungsziele im Detail und individuell spezifiziert vorzugeben.

Mischformen mit dem Kaufvertrag (Werklieferungsvertrag) und mit dem Dienstvertrag sind möglich.

Wesentlich ist die Mitwirkungspflicht des Bestellers:

§ 642 BGB [Mitwirkung des Bestellers]
(1) Ist bei der Herstellung des Werkes eine Handlung des Bestellers erforderlich, so kann der Unternehmer, wenn der Besteller durch das Unterlassen der Handlung in Verzug der Annahme kommt, eine angemessene Entschädigung verlangen.
(2) Die Höhe der Entschädigung bestimmt sich einerseits nach der Dauer des Verzugs und der Höhe der vereinbarten Vergütung, andererseits nach demjenigen, was der Unternehmer infolge des Verzugs an Aufwendungen erspart oder durch anderweitige Verwendung seiner Arbeitskraft erwerben kann.

Der Besteller kann also schon allein dadurch, daß er bei der Herstellung des Pflichtenheftes seine Mitwirkungspflicht verletzt, schadenersatzpflichtig werden. Außerdem besteht die Möglichkeit zur Nachfristsetzung:

§ 643 BGB [Fristsetzung zur Mitwirkung; Kündigungsandrohung]
Der Unternehmer ist im Falle des § 642 berechtigt, dem Besteller zur Nachholung der Handlung eine angemessene Frist mit der Erklärung zu bestimmen, daß er den Vertrag kündige, wenn die Handlung nicht bis zum Ablaufe der Frist vorgenommen werde. Der Vertrag gilt als aufgehoben, wenn nicht die Nachholung bis zum Ablauf der Frist erfolgt.

Ausführliche Judikatur existiert zur Prüf- und Warnpflicht.

§ 645 BGB [Haftung des Bestellers]
(1) Ist das Werk vor der Abnahme infolge eines Mangels des von dem Besteller gelieferten Stoffes oder infolge einer von dem Besteller für die Ausführung erteilten Anweisung untergegangen, verschlechtert oder unausführbar geworden, ohne daß ein Umstand mitgewirkt hat, den der Unternehmer zu vertreten hat, so kann der Unternehmer einen der geleisteten Arbeit entsprechenden Teil der Vergütung und Ersatz der in der Vergütung nicht inbegriffenen Auslagen verlangen. Das gleiche gilt, wenn der Vertrag in Gemäßheit des § 643 aufgehoben wird.
(2) Eine weitergehende Haftung des Bestellers wegen Verschuldens bleibt unberührt.

Hier wird man gerade wegen des immer größer werdenden Informationsgefälles zwischen EDV-Unternehmer und Kunden davon ausgehen müssen, daß sich die Prüf- und Warnpflicht des EDV-Unternehmers im besonderen darauf erstreckt, fachunkundige Besteller entsprechend aufzuklären und den wirklichen Bedarf kunstgerecht zu ermitteln. Ebenso muß aber auch der Besteller mitwirken und darf mit seinen Wünschen nicht hinter dem Berg halten.

Insgesamt ermöglicht es gerade diese Rechtslage, in einer großen Bandbreite von verschiedenen Erwägungen im Einzelfall all jene Vertragspartner mit überraschenden Ergebnissen zu „bestrafen", die ihre Hausaufgaben bei der Errichtung eines präzisen EDV-Vertrages nun eben einmal nicht gemacht haben.

Vergütung/Werklohn ▌

Bei der Vergütung ist ohne Vereinbarung eine „übliche Vergütung" als vereinbart anzusehen, d. h., wer einen EDV-Berater (nicht auch jemanden, der ein Verkaufsgespräch führt!) in Anspruch nimmt, schuldet eine übliche oder taxenmäßige Vergütung, wenn Unentgeltlichkeit nicht ausdrücklich vereinbart wurde.

Man hat auch die Möglichkeit, Kostenanschläge zu fordern. Übernimmt der Unternehmer die Gewähr für die Richtigkeit dieses Kostenanschlages, so können keinerlei Mehrkosten gefordert werden. Wesentliche Überschreitungen des Anschlages führen zu einer Kündigung, nicht aber zu einer Kostenexplosion.

§ 650 BGB [Kostenanschlag]
(1) Ist dem Vertrag ein Kostenanschlag zugrunde gelegt worden, ohne daß der Unternehmer die Gewähr für die Richtigkeit des Anschlags übernommen hat, und ergibt sich, daß das Werk nicht ohne eine wesentliche Überschreitung des Anschlags ausführbar ist, so steht dem Unternehmer, wenn der Besteller den Vertrag aus diesem Grunde kündigt, nur der im § 645 Abs. 1 bestimmte Anspruch zu.
(2) Ist eine solche Überschreitung des Anschlags zu erwarten, so hat der Unternehmer dem Besteller unverzüglich Anzeige zu machen.

Der Besteller hat bis zur Vollendung des Werkes jederzeit ein Kündigungsrecht. Dieses Recht ist jedoch nicht attraktiv, weil praktisch die ganze vereinbarte Vergütung mit wenigen Abzugsposten zu entrichten ist.

§ 649 BGB [Kündigungsrecht des Bestellers]
Der Besteller kann bis zur Vollendung des Werkes jederzeit den Vertrag

kündigen. Kündigt der Besteller, so ist der Unternehmer berechtigt, die vereinbarte Vergütung zu verlangen; er muß sich jedoch dasjenige anrechnen lassen, was er infolge der Aufhebung des Vertrages an Aufwendungen erspart oder durch anderweitige Verwendung seiner Arbeitskraft erwirbt oder zu erwerben böswillig unterläßt.

Wenn Sie einen Auftrag zur Individualsoftwareherstellung erteilen, sollten Sie daher neben einer exakten Spezifikation im Pflichtenheft auch immer auf einen verbindlichen Kostenanschlag mit Gewährleistung achten, damit Sie nicht nur bekommen, was Sie wollen, sondern es sich dann auch noch leisten können.

Abnahme

Mit der Abnahme geht sowohl der Erfüllungsanspruch als auch der Gewährleistungsanspruch für bekannte Mängel verloren, wenn sich der Besteller diese Rechte gemäß § 640 Abs. 2 BGB nicht vorbehalten hat (vgl. §§ 460, 464 BGB für den Kauf, Seite 169 f.).

§ 640 BGB [Abnahme]
(1) Der Besteller ist verpflichtet, das vertragsmäßig hergestellte Werk abzunehmen, sofern nicht nach der Beschaffenheit des Werkes die Abnahme ausgeschlossen ist.
(2) Nimmt der Besteller ein mangelhaftes Werk ab, obschon er den Mangel kennt, so stehen ihm die in den §§ 633, 634 bestimmten Ansprüche nur zu, wenn er sich seine Rechte wegen des Mangels bei der Abnahme vorbehält.

Gewährleistungsrechte des Bestellers:
1. Vor Abnahme: gemäß § 640 BGB Wahlrecht:
   – Neuherstellung gemäß §§ 631, 633 Abs. 1 Satz 1 BGB
   – Mängelbeseitigung gemäß § 633 Satz 2 und 3 BGB
   – Wandlung oder Minderung gemäß §§ 634, 635 BGB
2. Nach Abnahme: Wahlrecht:
   – Mängelbeseitigung gemäß § 633 Satz 2 und 3 BGB oder
   – Wandlung oder Minderung gemäß §§ 364, 365 BGB

In diesem Zusammenhang ist auf § 633 Abs. 3 hinzuweisen: Bei Verzug des Unternehmers mit der Beseitigung des Mangels kann der Besteller den Mangel durch Dritte beseitigen lassen und den Ersatz der erforderlichen Aufwendungen verlangen. Es ist also möglich, sofort die Konkurrenz einzuschalten (Ersatzvornahme). Übt der Besteller das Wahlrecht im Sinne einer Mangelbeseitigung mit Frist und Ablehnungsandrohung aus, dann verbleiben nach Fristablauf noch Wandlung oder Minderung.

Stattdessen besteht die Möglichkeit auf Schadenersatz wegen Nichterfüllung:

§ 635 BGB [Schadensersatz wegen Nichterfüllung]
Beruht der Mangel des Werkes auf einem Umstande, den der Unternehmer zu vertreten hat, so kann der Besteller statt der Wandelung oder der Minderung Schadensersatz wegen Nichterfüllung verlangen.

Fristen █

- Achtung HGB: Soweit Handelskauf analog angewendet wird, gilt sofortige Prüf- und Rügepflicht!
- Verjährungsfrist: bei Hard- und Software i. d. R. sechs Monate (nur bei Bestandteilen von Bauwerken fünf Jahre).
- Nach § 635 BGB sind sowohl der unmittelbare, aus dem Mangel resultierende Schaden als auch der unmittelbare Folgeschaden ersatzfähig. Die Mangelfolgeschäden folgen den Regeln der positiven Forderungsverletzung (30 Jahre Verjährungsfrist).

§ 638 BGB [Kurze Verjährung]
(1) Der Anspruch des Bestellers auf Beseitigung eines Mangels des Werkes sowie die wegen des Mangels dem Besteller zustehenden Ansprüche auf Wandelung, Minderung oder Schadensersatz verjähren, sofern nicht der Unternehmer den Mangel arglistig verschwiegen hat, in sechs Monaten, bei Arbeiten an einem Grundstück in einem Jahre, bei Bauwerken in fünf Jahren. Die Verjährung beginnt mit der Abnahme des Werkes.
(2) Die Verjährungsfrist kann durch Vertrag verlängert werden.

§ 639 BGB [Unterbrechung und Hemmung der Verjährung]
(1) Auf die Verjährung der im § 638 bezeichneten Ansprüche des Bestellers finden die für die Verjährung der Ansprüche des Käufers geltenden Vorschriften des § 477 Abs. 2, 3 und der §§ 478, 479 entsprechende Anwendung.

(2) Unterzieht sich der Unternehmer im Einverständnisse mit dem Besteller der Prüfung des Vorhandenseins des Mangels oder der Beseitigung des Mangels, so ist die Verjährung so lange gehemmt, bis der Unternehmer das Ergebnis der Prüfung dem Besteller mitteilt oder ihm gegenüber den Mangel für beseitigt erklärt oder die Fortsetzung der Beseitigung verweigert.

Haftungsausschlüsse

Haftungsausschlüsse sind bei arglistigem Verschweigen des Mangels (§ 637 BGB) und im Verstoß gegen das AGB-Gesetz nichtig. (Gemäß § 3 AGB-Gesetz werden überraschende Klauseln nicht zum Vertragsbestandteil.).

In diesem Zusammenhang ist anzumerken, daß bei widerspechenden AGB (Allgemeine Geschäftsbedingungen) nicht mehr der Recht behält, der das letzte Wort hat. In solchen Fällen entfaltet keine der beiden Bedingungen Wirksamkeit, vielmehr gelten die dispositiven gesetzlichen Bestimmungen.

Urheberrecht/Sourcecode/Geheimhaltungspflicht

Ein wesentliches Problem stellt auch die Frage dar, bei wem das Urheberrecht am individuell erstellten Programm bleibt. An sich steht das Urheberrecht dem Urheber, also zunächst dem Werkunternehmer zu. Wenn Sie als Kunde aber maßgeblichst an der Werkerstellung mitwirken, es sich also um ein Auftragswerk handelt, ist es zweckmäßig, ein gemeinsames Urheberrecht zu vereinbaren. Außerdem sollten Sie vereinbaren, daß alle Verwertungsrechte ausschließlich bei Ihnen liegen. Festzuhalten wäre also beispielsweise: „Der Werkunternehmer räumt dem Auftraggeber das ausausschließliche Werknutzungsrecht ein." (Kein Schreibfehler: „ausausschließlich" heißt, daß auch der Werkunternehmer von der weiteren Nutzung ausgeschlossen ist.) Nur so können Sie verhindern, daß Ihre kostbaren Ratschläge nicht an die Konkurrenz verkauft werden.

Weiters sollten Sie vereinbaren, daß Ihnen eine vollständige Programmdokumentation einschließlich des Sourcecodes/Quellencodes und der Dokumentation, die zur Erstellung des Programmes geführt hat, ausgehändigt wird. Nur so haben Sie die Möglichkeit, einen anderen Programmierer mit der Fortsetzung der Arbeiten zu beauftragen.

Schließlich sollten Sie eine ausdrückliche Geheimhaltungsverpflichtung vereinbaren, damit sich Ihre Unternehmensinterna nicht bei der Konkurrenz wiederfinden.

19.3 Mietvertrag/Leasingvertrag

Der Inhalt des Mietvertrages, nämlich die zeitweilige Sachüberlassung gegen Entgelt (Mietzins), wird in der EDV durchaus verwendet, teils aus Finanzierungs- und steuerlichen Überlegungen, teils aus Marketingüberlegungen (Kundenknebelung).

Miete bzw. Leasing ändert nichts an den Problemen, wie sie beim Kauf- und Werkvertrag dargestellt wurden. Spezifisch sind lediglich die Gewährleistungsbehelfe.

Der Vermieter hat die Pflicht, die Mietsache zu überlassen und in einem gebrauchsfähigen Zustand zu erhalten:

§ 535 BGB [Wesen des Mietvertrages]
Durch den Mietvertrag wird der Vermieter verpflichtet, dem Mieter den Gebrauch der vermieteten Sache während der Mietzeit zu gewähren. Der Mieter ist verpflichtet, dem Vermieter den vereinbarten Mietzins zu entrichten.

§ 536 BGB [Pflichten des Vermieters]
Der Vermieter hat die vermietete Sache dem Mieter in einem zu dem vertragsmäßigen Gebrauche geeigneten Zustande zu überlassen und sie während der Mietzeit in diesem Zustand zu erhalten.

Hier wäre beispielsweise an ständige Gesetzesänderungen und ihre Einarbeitung in ein Buchhaltungsprogramm zu denken.

Der Mieter hat außer der Mietzinszahlungspflicht noch die Pflicht zur sorgfältigen und pfleglichen Behandlung (Obhutspflicht), was manchmal Eingriffe in das Gerät behindern könnte. Dem Mieter ist auch kein vertragswidriger Gebrauch gestattet. Vor allem muß er nach Beendigung des Mietverhältnisses die Sache wieder zurückgeben!

Bei der Gewährleistung kommt es zu einer Mietzinsminderung, daneben gibt es auch Schadenersatzpflicht. Ebenso entfällt die Gewährleistung bei Übernahme einer mangelhaften Sache.

Der Mieter ist zur Mängelanzeige verpflichtet, jedoch nicht zur Untervermietung an Dritte berechtigt.

Ein Miet- oder Leasingvertrag kann durchaus Wartungselemente beinhalten, wird aber i. d. R. wesentlich teurer sein als ein – auch durch Bankkredite finanzierter – Kauf. Zu überlegen ist außerdem, was mit den Daten geschieht, wenn die Festplatten zurückgegeben werden sollen!?

Insgesamt kommen Miet- oder Leasingverträge eher im Großgerätegeschäft vor und bedürfen dort einer individuellen Beratung und Prüfung. Denkbar wäre es beispielsweise, eine Kernanlage, beispielsweise einen Server und einige wenige Arbeitsplätze, zu mieten und den Rest des Netzwerkes beim Diskonter zu kaufen, nach dem Modell, daß Spitzenbedarf beim Fachmann abgedeckt wird und so die Betriebssicherheit gegeben ist, während andererseits die breite Masse des Gerätes zu Wettbewerbspreisen eingekauft werden kann. Dann steht meist auch einer Rückgabe der dann schon älteren Geräte nach Fristablauf nichts mehr entgegen.

Zu beachten ist in diesem Fall aber auch, daß ein Kündigungsverzicht des Vermieters wichtig ist, um nicht plötzlich kurzfristig einem unerwarteten Ersatzbedarf gegenüberzustehen.

19.4 Dienstvertrag

Programme werden auch häufig im Rahmen eines Dienstvertrages erstellt. Der Dienstnehmer schuldet Bemühung, allerdings – im Unterschied zum Werkunternehmer – keinen Erfolg.

Auch selbständige Tätigkeiten können Gegenstand eines Dienstvertrages sein, auch dann, wenn der Dienstnehmer persönlich und wirtschaftlich unabhängig bleibt. Grundsätzlich ist der Dienstnehmer verpflichtet, die Dienste als Person zu leisten. Bei Leistungsstörungen sind die allgemeinen Vorschriften grundsätzlich gültig, zunächst der Grundsatz, daß der Anspruch auf Gegenleistung entfällt, wenn der Schuldner nicht leistet.

Zahlreiche Schutzvorschriften (§§ 616 ff BGB) sehen bezüglich der Haftungen von Dienstnehmern Schranken vor, so daß im allgemeinen Schadenersatzansprüche nur bei „herausragenden Fehlleistungen" verfolgbar erscheinen.

Auch Softwareberater schützen sich gerne durch freie Dienstverträge. Allerdings ist bei Beratern durch entsprechende Vertragsgestaltung sehr wohl Haftung möglich.

Das für den Sourcecode und das Urheberrecht beim Werkvertrag Gesagte gilt auch hier!

20. Sonderteil Österreich

In diesem Anhang wird ein Überblick über grundsätzliche Bestimmungen des österreichischen Rechtes (ohne Anspruch auf wissenschaftliche Vollständigkeit) gegeben. Der Text dieses Sonderteils ist mit dem Sonderteil Deutschland und Schweiz so weit ident, als dies durch die Ähnlichkeit in der Rechtslage bedingt ist.

Für die Beschaffung von Gerät und Programm kommen die Typen Kauf, Werkvertrag und Miete/Leasing (sowie Dienstvertrag) in Betracht. Für alle Verträge gilt die Maßstabproblematik (vgl. Kapitel 6.5) und die Beweisproblematik (vgl. Kapitel 4.3), d. h., jeder Vertrag ist nur so gut, als die Pflichten des Vertragspartners im Detail auf Punkt und Beistrich festgeschrieben wurden und eine Verletzung entsprechend beweisbar ist. Wenn diese Grundvoraussetzungen erfüllt sind, gibt es aber durchaus spezifische Unterschiede.

20.1 Kauf

Der Kauf kommt durch Einigung der Parteien über Kaufgegenstand und Preis zustande. In der Rechtsprechung war lange umstritten, ob auch Software gekauft werden kann, letztlich wendet man Kaufrecht an, sofern nicht Werkvertragsrecht (bei Individualsoftware) vereinbart oder sachangemessener ist.

Der Kaufvertrag ist formfrei, er kann daher ausdrücklich oder auch durch Handlungen zustande kommen (beispielsweise durch Herausnehmen der Ware aus dem Regal und Bezahlen an der Kassa).

Der Verkäufer ist verpflichtet, dem Käufer die Sache zu übergeben und das Eigentum zu verschaffen, und zwar frei von Lasten Dritter.

§ 1053 ABGB
Durch den Kaufvertrag wird eine Sache um eine bestimmte Summe Geld einem andern überlassen. Er gehört, wie der Tausch, zu den Titeln, ein Eigentum zu erwerben. Die Erwerbung erfolgt erst durch die Übergabe des Kaufgegenstandes. Bis zur Übergabe behält der Verkäufer das Eigentumsrecht.

§ 1054 ABGB
Der Kaufpreis muß in barem Gelde bestehen, und darf weder unbestimmt noch gesetzwidrig sein.

§ 1061 ABGB
Der Verkäufer ist schuldig, die Sache bis zur Zeit der Übergabe sorgfältig zu verwahren und sie dem Käufer nach eben den Vorschriften zu übergeben, welche oben bei dem Tausche (§ 1047) aufgestellt worden sind.

§ 922 ABGB
Wenn jemand eine Sache auf eine entgeltliche Art einem andern überläßt, so leistet er Gewähr, daß sie die ausdrücklich bedungenen, oder gewöhnlich dabei vorausgesetzten Eigenschaften habe, und daß sie der Natur des Geschäftes, oder der getroffenen Verabredung gemäß benützt, und verwendet werden könne.

§ 923 ABGB
Wer also der Sache Eigenschaften beilegt, die sie nicht hat und die ausdrücklich oder vermöge der Natur des Geschäftes stillschweigend bedungen worden sind; wer ungewöhnliche Mängel, oder Lasten derselben verschweigt; wer eine nicht mehr vorhandene, oder eine fremde Sache als die seinige veräußert; wer fälschlich vorgibt, daß die Sache zu einem bestimmten Gebrauche tauglich; oder daß sie auch von den gewöhnlichen Mängeln und Lasten frei sei; der hat, wenn das Widerspiel hervorkommt, dafür zu haften.

§ 928 ABGB
Fallen die Mängel einer Sache in die Augen oder sind die auf der Sache haftenden Lasten aus den öffentlichen Büchern zu ersehen, so findet außer dem Falle arglistigen Verschweigens des Mangels oder einer ausdrücklichen Zusage, daß die Sache von allen Fehlern und Lasten frei sei, keine Gewährleistung statt (§ 443). Schulden und Rückstände, welche auf der Sache haften, müssen stets vertreten werden.

Hier gibt es das erste Problem, sogar schon mit Hardware: Was heißt frei von Rechten Dritter?

Eine weltweite Unternehmerlobby hat bewirkt, daß das Urheberrecht einseitig zugunsten der EDV-Unternehmen „verformt" wurde und deren Rechte übermäßig schützt. Verbraucherschutzgedanken setzen sich in diesem Bereich erst allmählich durch. So ist etwa die Frage, ob gutgläubiger Erwerb an Software möglich ist, durchaus strittig.

Frei von Rechten Dritter bedeutet beispielsweise, daß der Hersteller des BIOS, des Motherboards oder der sonst im Gerät bereits eingebauten „Programme" keine Rechte geltend machen kann. Hier tritt eine effektive Kollision mit dem Urheberrecht ein. Es wäre also beispielsweise nicht so ohne weiteres statthaft, das BIOS lediglich in einer „Demoversion" beizulegen, die nach 90 Tagen verfällt, wenn man kein Update bestellt (was fallweise bei Modems vorgekommen ist!). Hingegen ist es statthaft, zusätzlich zur verkauften Sache Geschenke beizulegen, also beispielsweise weitere Programme, auf die sich der Kauf nicht bezieht, in einer Demoversion.

Maßgeblich für den Vertragsinhalt ist nur das, was bis zum Vertragsabschluß abgemacht ist. Es ist daher prinzipiell nicht möglich, dem Partner eines gültigen Vertrages nachträglich Bedingungen zu unterschieben, indem er etwa nach dem Kauf irgendwelche Kuverts öffnet und irgendwelche Texte zur Kenntnis nehmen und damit Beschränkungen der von ihm erworbenen Rechte hinnehmen muß. Aus diesem Grund wird auch auf sämtlichen Packungen auf Beschränkungen hingewiesen, so daß sie der Käufer vor dem Kauf wenigstens grundsätzlich wahrnehmen kann.

Bei individuellen Kaufvorgängen – sowohl hard- als auch softwareseitig – ist größter Wert darauf zu legen, daß Zusagen des Herstellers und seiner Mitarbeiter gerichtsfest dokumentiert werden, ergeben sich doch aus diesen Zusagen jene Rechte und Pflichten, aus denen dann die Haftung abgeleitet werden kann.

Aus § 1061 ABGB ergibt sich, daß der Verkäufer die Ware im vertragsgemäßen Zustand samt Bestandteilen zu übereignen (§ 1047 ABGB „zum freien Besitze zu übergeben") hat. Aus dem Vertrag oder nach Treu und Glauben ergeben sich darüber hinaus **Nebenpflichten**, beispielsweise auf Gefahren der Kaufsache hinzuweisen, Besitzurkunden zu übergeben, die Ware zu verpacken, zu versenden und insbesondere Auskünfte zu erteilen und Gebrauchsanweisungen zu übergeben.

Gerade Computerprogramme stellen in hohem Maße Güter dar, die ohne gleichzeitige Überlassung entsprechender Information wertlos sind, so daß generell davon ausgegangen werden muß, daß ein Recht auf eine Gebrauchsanleitung besteht und die Lieferung nicht vollständig ist (und daher die Gewährleistungsfrist nicht beginnt!), wenn die bedungene oder nach der Verkehrssitte gewöhnlich vorauszusetzende Gebrauchsanweisung nicht geliefert ist (siehe Kapitel 18).

Leistungsstörungen beim Kauf ▌

Leistungsstörungen liegen vor, wenn der Verkäufer seine Pflicht gar nicht, nicht rechtzeitig oder nur mangelhaft erbringen kann. Erfüllungsverzug liegt auch dann vor, wenn eine Lieferung unvollständig ist, also ein Teil einer Sendung fehlt. Grundsätzlich ist auch eine für Laien verständliche Bedienungsanleitung mitzuliefern, selbst wenn dies nicht ausdrücklich vereinbart wurde! Das Fehlen einer schriftlichen Bedienungsanleitung führt zu Gewährleistungsansprüchen bis hin zur Wandlung. Bedienungsanleitungen in Fremdsprachen wie Latein, Japanisch oder Englisch (die Sprache ist rechtlich bedeutungslos) reichen nicht aus! D. h., die Lieferung einer ausschließlich englischsprachigen Bedienungsanleitung müßte ausdrücklich vereinbart werden. Auch bei Vorhandensein einer Hilfefunktion oder eigener Benutzerführung muß ein schriftlicher Überblick über das Programmsystem mitgeliefert werden. Je weniger Bedienungskomfort und Verständlichkeit des Programmes, desto umfassender und akkurater hat die schriftliche Bedienungsanleitung zu sein.

Von den zahlreichen Fällen der objektiven und subjektiven Unmöglichkeit einer vollständigen Leistungserbringung interessieren hier nur zwei:

a) Es stellt sich heraus, daß die geschuldete Leistung überhaupt nicht erbracht werden kann (z. B. Lieferung eines Einhorns, d. h., die Spezifikationen des Kunden sind objektiv nicht realisierbar): Die Leistungsverpflichtung entfällt; u. U. Schadenersatzverpflichtung, wenn diese Unmöglichkeit bei gehöriger Sorgfalt früher hätte erkannt werden können.

b) Ein Umstand, den die Verkäuferseite zu vertreten hat, macht die Leistungserbringung unmöglich:

§ 920 ABGB

Wird die Erfüllung durch Verschulden des Verpflichteten oder einen von ihm zu vertretenden Zufall vereitelt, so kann der andere Teil entweder Schadenersatz wegen Nichterfüllung fordern oder vom Vertrage zurücktreten. Bei teilweiser Vereitlung steht ihm der Rücktritt zu, falls die Natur des Geschäftes oder der dem Verpflichteten bekannte Zweck der Leistung entnehmen läßt, daß die teilweise Erfüllung für ihn kein Interesse hat.

§ 921 ABGB
Der Rücktritt vom Vertrage läßt den Anspruch auf Ersatz des durch
verschuldete Nichterfüllung verursachten Schadens unberührt. Das be-
reits empfangene Entgelt ist auf solche Art zurückzustellen oder zu ver-
güten, daß kein Teil aus dem Schaden des anderen Gewinn zieht.

Fraglich ist, ob es ein Fall objektiver oder subjektiver Unmöglichkeit ist,
wenn eine genau bezeichnete versprochene Leistung an sich möglich wäre,
aber nicht mehr erschwinglich ist. Beispielsweise wird ein bestimmter
Videoadapter verkauft, der Lieferant läßt sich aber so lange Zeit, bis die
Produktion eingestellt wird. – In einem solchen Fall kann wohl keineswegs davon gesprochen werden, daß der Videoadapter objektiv nicht geliefert werden kann. Andererseits ist es fraglich, ob man den Verkäufer
dann dazu anhalten kann, einen solchen Videoadapter in Einzelproduktion
händisch zusammenzulöten. Keinesfalls ist in einem solchen Fall der Kunde
verpflichtet, eine Anderslieferung – auch eines schnelleren oder besseren
Adapters – als Leistung zu akzeptieren oder womöglich einen Aufpreis
zu zahlen.

Gefahrenübergang/Übergabe

Außer bei Annahmeverzug des Käufers trägt der Verkäufer bis zur Übergabe die Gefahr, soweit nichts anderes vereinbart ist (z. B. bei einigen Klauseln nach den INCOTERMS).
    Beim Versendungskauf (§ 429 ABGB Art. 8 Nr. 20 Abs. 1, 4. Han-
delsrechtl. EV), geht die Gefahr auf den Käufer über, sobald der Verkäufer den Kaufgegenstand an den Transporteur (z. B. Post) übergeben
hat, zumindest sofern der Käufer die Übersendungsart selbst bestimmt
oder genehmigt hat und der Verkäufer nicht eigenmächtig von den
Transportanweisungen des Käufers abweicht. Die Gefahren des Transportes der Kaufsache (z. B. Diebstahl bei der Post) treffen also den Käufer
(d. h., der Käufer bleibt zur Kaufpreiszahlung verpflichtet). Sie können
dieses Risiko umgehen, indem Sie Bringschuld vereinbaren bzw. vereinbaren, daß das Risiko erst mit der Ablieferung übergeht, oder z. B. von
den INCOTERMS jene wählen, die am ehesten Ihren Intentionen entspricht (DDP).
    Der Zeitpunkt des Gefahrenüberganges ist der maßgebliche Moment
für die Feststellung eines Mangels. Der Mangel muß zum Zeitpunkt des
Gefahrenüberganges „anwesend" gewesen sein. Allerdings erfordert die

Gewährleistung kein Verschulden des Verkäufers. Egal ist auch, ob der Mangel behebbar ist oder nicht, ebenso ob er bereits zum Zeitpunkt des Vertragsabschlusses vorhanden war oder erst danach entstanden ist.

In diesem Zusammenhang ist der sogenannte **Eigentumsvorbehalt** von Bedeutung, der besagt, daß sich der Verkäufer bis zur Zahlung des Kaufpreises das Eigentum ausdrücklich vorbehalten muß, wenn es nicht mit der Übergabe – ungeachtet der allenfalls noch nicht erfolgten Zahlung – übergehen soll. Demnach muß der Eigentumsvorbehalt spätestens bis zum Zeitpunkt der Übergabe vereinbart sein.

Die maßgeblichen Bestimmungen des Gewährleistungsrechtes wegen Sachmängel sind die §§ 918, 919, 922, 923, 928, 929, 932, 933 ABGB (§§ 922, 923, 928 ABGB siehe Seite 194).

§ 918 ABGB

(1) Wenn ein entgeltlicher Vertrag von einem Teil entweder nicht zur gehörigen Zeit, am gehörigen Ort oder auf die bedungene Weise erfüllt wird, kann der andere entweder Erfüllung und Schadenersatz wegen der Verspätung begehren oder unter Festsetzung einer angemessenen Frist zur Nachholung den Rücktritt vom Vertrag erklären.

(2) Ist die Erfüllung für beide Seiten teilbar, so kann wegen Verzögerung einer Teilleistung der Rücktritt nur hinsichtlich der einzelnen oder auch aller noch ausstehenden Teilleistungen erklärt werden.

§ 919 ABGB

Ist die Erfüllung zu einer bestimmten Zeit oder binnen einer festbestimmten Frist bei sonstigem Rücktritt bedungen, so muß der Rücktrittsberechtigte, wenn er auf der Erfüllung bestehen will, das nach Ablauf der Zeit dem andern ohne Verzug anzeigen; unterläßt er dies, so kann er später nicht mehr auf der Erfüllung bestehen.

Dasselbe gilt, wenn die Natur des Geschäftes oder der dem Verpflichteten bekannte Zweck der Leistung entnehmen läßt, daß der Empfänger an der verspäteten Leistung bzw., im Falle der Verspätung einer Teilleistung, an der noch übrigen Leistungen kein Interesse hat.

§ 929 ABGB

Wer eine fremde Sache wissentlich an sich bringt, hat ebensowenig Anspruch auf eine Gewährleistung, als derjenige, welcher ausdrücklich darauf Verzicht getan hat.

§ 932 ABGB

(1) Ist der die Gewährleistung begründende Mangel von der Art, daß er nicht mehr behoben werden kann und daß er den ordentlichen Gebrauch der Sache verhindert, so kann der Übernehmer die gänzliche Aufhebung des Vertrages, wenn hingegen der Mangel den ordentlichen Gebrauch nicht verhindert oder wenn er behoben werden kann, entweder eine angemessene Minderung des Entgelts oder die Verbesserung oder den Nachtrag des Fehlenden fordern. In allen Fällen haftet der Übergeber für den verschuldeten Schaden.

(2) Eine unerhebliche Minderung des Wertes kommt nicht in Betracht.

§ 933 ABGB

(1) Wer die Gewährleistung fordern will, muß sein Recht, wenn es unbewegliche Sachen betrifft, binnen drei Jahren, wenn es bewegliche Sachen betrifft, binnen sechs Monaten (...) gerichtlich geltend machen, sonst ist die Klage erloschen. Die Frist beginnt vom Tage der Ablieferung der Sache; (...) für die Gewährleistung wegen eines von einem Dritten auf die Sache erhobenen Anspruches aber von dem Tage, an welchem dieser dem Erwerber bekannt wurde.

(2) Die Geltendmachung durch Einrede bleibt dem Erwerber vorbehalten, wenn er innerhalb der Frist dem Übergeber den Mangel angezeigt hat.

Damit ergibt sich folgende Übersicht:

Art des Mangels:	Rechtsfolge:
wesentlich, unbehebbar	Wandlung
wesentlich, behebbar	Verbesserung, Preisminderung
unwesentlich, behebbar	Verbesserung, Preisminderung
unwesentlich, unbehebbar	Preisminderung

Kumulativ Schadenersatz wegen Nichterfüllung/Schlechterfüllung/Ersatzvornahme (Drittkauf) bis zur Grenze der Bereicherung!

Wieder sind wir am Ausgangspunkt angelangt: Die Parteien eines Kaufvertrages haben es in der Hand, für ihren Bereich durch einen exakten Maßstab zu definieren, was unter den ausdrücklich bedungenen Eigenschaften des § 922 ABGB zu verstehen ist. Tun sie es nicht, so überlassen sie die Festlegung dieses Maßstabes und die Erfüllung der Begriffe „gewöhnlich dabei vorausgesetzte Eigenschaften" und „Natur des Geschäftes" bzw. Gebrauchstauglichkeit dem Richter und Sachverständigen des Einzelfalls.

Die gewöhnlich vorausgesetzten Eigenschaften gelten also immer als vereinbart. Maßgeblich ist die „Verkehrsauffassung", das ist die Auffassung der beteiligten Verkehrskreise, bei Computern also die Meinung, die die überwiegende Mehrheit der Verkäufer und Käufer haben, die sich üblicherweise an derartigen Rechtsgeschäften beteiligen. Diese Meinung wird repräsentiert und objektiviert durch die Ansicht des Sachverständigen, den das Gericht im konkreten Einzelfall zuzieht. Was auch immer sein Maßstab ist, er gilt als objektiv – nur daß er nicht für jeden Prozeß derselbe ist, solange nicht alle Gerichte denselben Sachverständigen beiziehen.

Besondere Eigenschaften bedürfen einer expliziten Zusage.

Wenn Sie beispielsweise ein Programm als „fehlerlos" kaufen und Sie sich diese Fehlerlosigkeit ausdrücklich als besondere Eigenschaft zusagen lassen, dann ist dafür auch einzustehen. Eine solche besondere Zusage kann auch stillschweigend hervorgehen, selbst daraus, daß die Tauglichkeit für einen bestimmten Zweck offenkundig ist, beispielsweise wenn Sie als Kunde ein bestimmtes **Einsatzziel** definieren. Wenn Sie also die Ziele des EDV-Einsatzes klargelegt haben, hat der Verkäufer einzustehen, wenn das verkaufte Produkt ungeeignet ist.

„Insbesondere beim Gattungskauf darf jedoch bei Unterlassung einer Aufklärung nicht ohne weiteres eine schlüssige Zusage angenommen werden, wenn der Erwerber keine Auskünfte oder Belehrungen verlangt."
SZ 58/11 und JBl 1987, 315

„Kennt aus der Sicht des Erwerbers der Veräußerer die gewünschte Eigenschaft (oder mußte sie dieser zumindest kennen), so darf bei Nichtaufklärung über die Untauglichkeit der Erwerber (der Empfängerhorizont entscheidet: SZ 58/11) die Eignung u. U. als stillschweigend zugesagt ansehen (LGZ Wien EvBl. 1948/885; OGH EvBl. 1959/218; HS 6366), jener hätte denn die Tauglichkeit in Frage gestellt."
Reischauer in Rummel, ABGB Kommentar², Rz 5 zu §§ 922, 923 ABGB

Gattungskauf ▌

Ein Gattungskauf liegt vor, wenn der Kauf nicht über eine individuell bestimmte Sache abgeschlossen wird, sondern wenn die zu liefernde Sache einer nach bestimmten Sachgruppen mit gleichen Merkmalen abgesonderten Gattung entnommen wird. Beispielsweise bei Festplattenlaufwerken liegt dann Gattungskauf vor, wenn es dem Käufer nicht auf den Erwerb einer bestimmten, einzeln individualisierten Festplatte (z. B. mit Angabe der Seriennummer) ankommt, sondern die eine Platte so gut wie die andere getaugt hätte, hätte sie bloß funktioniert.

Hardwarekauf wird i. d. R. Gattungskauf sein, solange nicht bestimmte, individuelle Merkmale den Ausschlag geben (z. B. beim Kauf von gebrauchten Einzelstücken oder individuell für den Kunden gebauten Großgeräten).

Der Vorteil beim Gattungskauf liegt darin, daß nach heutiger Meinung die Verbesserung nicht bloß durch Ausbessern, sondern auch durch Austausch des fehlerhaften Stückes erfolgen kann.

Wird von einer Quantität zu wenig geliefert (also statt der 20 bestellten Festplatten nur 15), so liegt zunächst Nichterfüllung vor und ist eine Nachfrist zu setzen, um das Fehlende nachzutragen.

Bei Computerprogrammen tritt eine „Feinheit" auf. Programme können zwei verschiedene Arten von Fehlern aufweisen: „individuelle Fehler" und „Gruppenfehler". Ein individueller Fehler wäre etwa, wenn auf dem verkauften Datenträger einige Bits fehlen, die aber im allgemeinen vorhanden sind. Hier scheint die Anwendung der Regeln über den Gattungskauf sinnvoll, braucht es doch bloß die Ausfolgung einer neuen Programmdiskette – und schon ist das Problem behoben. Andererseits haben es Computerprogramme an sich, daß sie – von dem erwähnten Fehlerfall einmal abgesehen – identische Kopien sind, so daß bei einem „Gruppenfehler", d. h. einem Fehler, der diesem Programm an sich anhaftet, der Austausch einer mangelhaften Diskette gegen eine andere gar nichts bringt.

Gerade hier nun könnte bei den sogenannten **offenen Mängeln** des § 928 ABGB ein Problem entstehen. Offene, augenfällige Mängel sind solche, die bei normaler Sorgfalt besonders leicht erkennbar sind. Nur der grob Fahrlässige erkennt diesen Mangel nicht!

> Mängel, die nur ein Sachverständiger erkennen kann, sind keinesfalls offenkundige Mängel.

Kann man wirklich davon sprechen, daß einem Programmkäufer ein Mangel infolge grober Fahrlässigkeit unbekannt geblieben ist, wenn er nicht weiß, daß Windows hin und wieder abstürzt? Die Diskussion über diese Auffassung ist teilweise nur von theoretischem Wert, denn die Nachlieferung eines fehlerfreien Windows scheint aufgrund der Natur der Sache derzeit ausgeschlossen. Außerdem glaubt die Softwarebranche nach wie vor – sie gibt das zumindest vor–, daß Computerprogramme prinzipiell niemals ganz fehlerlos sein können. Dieser Grundsatz steht aber im **Gegensatz** zu § 922 ABGB, solange man eben nicht glaubt, daß es gewöhnlich vorausgesetzte Eigenschaft eines Computerprogrammes ist, daß es ein bißchen fehlerhaft ist und manchmal abstürzen darf. Die Rechtsprechung billigt solches keineswegs. In zentralen Funktionen muß ein Programm fehlerfrei sein. In Randbereichen kommt es auf den Einzelfall an.

Das ABGB ist in dieser Hinsicht wesentlich kundenfreundlicher als andere Bestimmungen, etwa die des BGB: Gemäß § 932 ABGB kann die Verbesserung nur abgelehnt werden, wenn der Mangel unbehebbar ist.

Gerade bei einem Computerprogramm besteht der Mangel häufig in einigen wenigen fehlerhaften Programmzeilen. Sind diese erst einmal gefunden, so ist die Behebung zwar mit einer kleinen Neuprogrammierung verbunden, aber nicht weiter schwierig. Daraus folgt an sich, daß die allermeisten Programmfehler zwar Mängel, aber keine unbehebbaren Mängel sind, womit die Hersteller i. d. R. gezwungen werden könnten, Programmfehler aus der Gewährleistung zu beheben.

Die Hersteller von großen Programmpaketen, insbesondere Betriebssystemen, wünschen aber die Behebung einzelner Bugs, die nur für einzelne Anwender lästig sind, schon deswegen nicht, weil dadurch eine unüberschaubare Vielzahl einzelner Programmversionen entstehen würde. Sie weigern sich daher i. d. R., derartige Behebungen durchzuführen.

Ein Ansatzpunkt ist, daß nur der mit unverhältnismäßigem Aufwand beseitigbare Mangel als Mangel gilt, der nicht mehr behoben werden kann. Dabei ist auf den Wert des Programmes Bedacht zu nehmen. Wenn man den Preis einer Programmkopie im Verhältnis zu zehn oder zwanzig Stunden Programmieraufwand setzt, die notwendig sind, um einen einzelnen Fehler zu beseitigen, so wird i. d. R. der Kaufpreis um ein Vielfaches überstiegen. Daher wird häufig argumentiert, daß ein unbehebbarer Mangel deswegen vorliegt, weil der wirtschaftliche Aufwand, der mit der Behebung verbunden ist, nicht vertretbar sei. Das allerdings ist der falsche Maßstab!

Der unverhältnismäßige Aufwand ist im Verhältnis zum erreichbaren Vorteil des Anwenders zu sehen!

Wenn es der Wert des Vorteils des Anwenders rechtfertigt, den Fehler zu beseitigen, ist es die Rechtspflicht des Verkäufers, die Verbesserung durchzuführen, solange zwischen angestrebtem Zweck und Aufwand ein vernünftiges Verhältnis besteht.

Liegt Verbesserbarkeit vor, so besteht gar kein Wahlrecht auf Wandlung! Vielmehr muß zuerst eine Nachfrist zur Verbesserung gesetzt werden, bevor überhaupt gewandelt werden kann. Vor allem ausländische Betriebssystemhersteller pflegen i. d. R. dieses Problem so anzugehen, daß sie in den Packungsbeilagen zu den Programmen auf die Fehlerhaftigkeit und auf die Tatsache, daß eine Verbesserung nicht verlangt werden kann, sondern nur die Rückgabe des Programmes gegen Rückgabe des Geldes (also Wandlung), hinweisen. Dabei werden zwei grundlegend verschiedene Strategien verfolgt:

a) Vorgangsweise gemäß §§ 922, 923 ABGB: Im Vertrag wird der Gewährleistungsumfang durch **Abqualifikation der Sache** als minderwertiges, fehlerhaftes Produkt reduziert – nach dem Motto, daß jeder Kunde, der so einen Schrott kauft, selbst schuld ist.

Diese Strategie ist grundsätzlich wirksam! Wenn und solange der Verkäufer die fundamentale Mangelhaftigkeit seiner Ware dem Käufer vor dem Kauf klar und offen offenbart, ist in Analogie zu § 928 ABGB von einem augenfälligen Mangel auszugehen, für den dann eben nicht gehaftet wird. Wer beispielsweise seinen Gebrauchtwagen als „schrottreif" qualifiziert, haftet nur noch für die ausdrücklich vereinbarte Eigenschaft, daß das Fahrzeug (auch) verschrottbar ist. Wenn bekannt ist, daß ein Programm 5000 Bugs enthält, hat der Hersteller gute Karten, wenn der Käufer der neuesten Version bloß eine Handvoll oder ein paar Hundert kleinere Bugs reklamieren möchte.

„Kein Wunder, daß fast nur noch Weltfirmen Betriebssysteme oder Officepakete schreiben. Solche Programme überschreiten inzwischen bei weitem die Grenze von einer Million Codezeilen.

Ted Lewis hat überschlagen, was Microsoft das Entwanzen des neuen Windows NT 5,0 kostet: Nach gängigen Faustregeln enthalten dessen schätzungsweise 22 bis 27 Mio. Programmzeilen unmittelbar nach dem Schreiben etwa 6 Mio. Fehler. Eine weitere Faustregel besagt, daß pro

Testdurchgang etwa 30 % der Fehler gefunden werden. Soll Windows NT 5,0 mindestens die Zuverlässigkeit von Windows 95 erreichen (inoffiziell 5.000 Bugs), werden dazu 20 Testdurchgänge jedes Systemteiles nötig. Lewis schätzt die Kosten dafür auf grob 200 Mio. US $ (...) Megasoftware wie Windows 95 und NT 5,0 bieten Raum für so viele Fehler, daß gemäß Faustformeln nach 10 Testdurchgängen noch 100.000 übrigbleiben müssen."

Dr. Jörn Loviscach, Absturzgefahr, „Die Bug-Story", C't 1998/19, S. 157 und 165

„Oft führt ein Bug nicht sofort zum Absturz, erst wenn der Prozessor ausgehend von einem falschen Resultat ein paar weitere Befehle ausführt, ist genügend Unheil für den finalen Crash angerichtet. Der kann auf zwei Arten eintreten:
- *Das Programm hängt in einer Endlosschleife (...)*
- *Das Programm versucht, verbotene oder unmögliche Operationen, so daß das Betriebssystem einschreitet."*

Ted Lewis, Joe Sicpack, Larry Lemming und Ralph Nader, IEEE Computer 7/98, S. 107

Die Vorgangsweise des Verkäufers würde zwar in anderen Bereichen (bei anderen Gütern des täglichen Lebens) als Verspottung empfunden werden, in der Softwarebranche scheint das wohl noch ein wenig zu dauern.

b) Die andere Strategie, nämlich den **gesetzlichen Anspruch auf Verbesserung als Gewährleistungsbehelf zu beschränken**, ist im Anwendungsbereich des Konsumentenschutzgesetzes hoch problematisch.

> Der gänzliche Ausschluß jeglicher Gewährleistung für fabriksneue Sachen in den Allgemeinen Geschäftsbedingungen ist nach der Rechtsprechung i. d. R. sittenwidrig.

Bei Verbrauchergeschäften gelten die Bestimmungen des Konsumentenschutzgesetzes, insbesondere des § 6 KSchG, wonach zwar eine Modifizierung, aber kein Ausschluß des Gewährleistungsrechtes möglich ist. Dabei herrscht ein enger Rahmen, der noch durch § 9 KSchG konkretisiert wird:

§ 9 KSchG
Gewährleistungsansprüche des Verbrauchers dürfen nur durch Vereinbarungen beschränkt werden, nach denen
1. sich der Unternehmer bei einer Gattungsschuld von den Ansprüchen auf Aufhebung des Vertrages oder auf angemessene Preisminderung dadurch befreien kann, daß er in angemessener Frist die magelhafte Sache gegen eine mängelfreie austauscht;
2. sich der Unternehmer von der Pflicht zur Gewährung einer angemessenen Preisminderung dadurch befreien kann, daß er in angemessener Frist in einer für den Verbraucher zumutbaren Weise eine Verbesserung bewirkt oder das Fehlende nachträgt.

Daraus folgt nun, daß Beschränkungen der Gewährleistungsansprüche, die gegen § 9 KSchG verstoßen, **nichtig** sind. Aus § 9 Z 2 KSchG folgt, daß eine Beschränkung des Rechtes auf Verbesserung etwa dadurch, daß statt der Verbesserung immer die gänzliche Wandlung gewährt wird, unzulässig ist.

Wenn daher ein behebbarer Mangel an einer Standardsoftware vorliegt, hat in Österreich ein ausreichend (!) rechtsschutzversicherter Verbraucher die beste Chance, einen – und sei es auch ausländischen – Programmhersteller gerichtlich zur Beseitigung eines Programmangels zu zwingen.

Außerdem gewährleistet das Schadenersatzrecht einen Anspruch, der unter Umständen so weit gehen kann, daß der fragliche Programmteil dekompiliert und neu geschrieben werden muß – alles auf Kosten des schuldigen Softwareherstellers!

Zugesicherte Eigenschaften

Wenn Sie eine bestimmte Eigenschaft unbedingt brauchen, so lassen Sie sich diese schriftlich ausdrücklich zusichern. Jede rechtliche, technische oder sonstige tatsächliche Eigenschaft kann ausdrücklich zugesichert werden, alle wertbildenden Faktoren sind der vertraglichen Fixierung zugänglich.

Von der Rechtsprechung werden insbesondere Prospektangaben gerne für wahr gehalten bzw. als Maßstab herangezogen, den sich der Verkäufer für sein Produkt auferlegt hat! Wenn allerdings im Prospekt steht: „Das beste Gerät, das Sie derzeit kaufen können, absolut fehlerfrei!", kann Ihnen der Verkäufer immer noch die Scherzerklärung einwenden, so daß es ratsam ist, alles, was Sie wirklich brauchen, im Detail einzeln zu spezifizieren.

Schadenersatz

Geht es Ihnen um etwas anderes als um Wandlung, Verbesserung oder Preisminderung, insbesondere um Abgeltung für Stillstandszeiten, Produktionsausfall, Vermögensschäden aller Art, Blutdrucksteigerung und Freizeitentfall, so geht es um Schadenersatz.

> Zwischen Gewährleistung und Schadenersatz besteht Anspruchskonkurrenz, d. h., beide können nebeneinander begehrt werden – bis zur Bereicherungsgrenze!

Der die Gewährleistung schuldige Verkäufer hat **nach Wahl des Kunden** Gewähr **und** Schadenersatz zu leisten. Auch für die in der Mangelhaftigkeit der Sache selbst gelegene Fehlerhaftigkeit können Gewährleistung und Schadenersatz so lange kumuliert werden, bis der Zustand erreicht ist, der durch ordnungsgemäße Vertragserfüllung hätte erreicht werden sollen.

Gewährleistung hat den Vorteil, vom Verschulden unabhängig zu sein. Im Bereich des Schadenersatzrechtes müssen Sie als Käufer/Kunde Kausalität (Ursache-Wirkung-Zusammenhang), Rechtswidrigkeit (d. h. Verstoß gegen einen vertraglichen Maßstab) und den Eintritt eines konkreten Schadens beweisen. Außerdem gilt die Beweislastregel des § 1298 ABGB:

> **§ 1298 ABGB**
> *Wer vorgibt, daß er an der Erfüllung seiner vertragsmäßigen oder gesetzlichen Verbindlichkeit ohne sein Verschulden verhindert worden sei, dem liegt der Beweis ob.*

D. h. der Verkäufer hat zu beweisen, daß er den Mangel weder kannte noch kennen mußte, oder ohne sein Verschulden nicht fähig war, den Mangel zu beseitigen.

Schadenersatz kann in Naturalersatz oder in Geld verlangt werden. Dabei kommt dem Käufer sehr zustatten, daß er auch berechtigt ist, auf Kosten des Verkäufers eine **sofortige Ersatzvornahme** durchzuführen! Die Naturalrestitution ist nämlich schon dann untunlich, wenn zufolge der Vertrauenserschütterung der Käufer mit dem Verkäufer nichts mehr zu tun haben will. Dies ermöglicht es Ihnen in Fällen, in denen das Obsiegen durch entsprechende Beweise im Prozeß sichergestellt ist, selbst ohne Verständigung des Lieferanten (!) **sofort** Ersatzvornahmen durch Sachverständige bzw. befugte Unternehmen in die Wege zu leiten, wovon man i. d. R. aber aus Beweissicherungsgründen kaum Gebrauch machen wird.

Über die Mangelhaftigkeit der gelieferten Sache hinaus sind nach diesen Grundsätzen auch sämtliche anderen Schäden ersatzfähig. So hat der OGH beispielsweise den Anspruch auf Entschädigung wegen nutzloser Dateneingabe dem Grunde nach ebenso bejaht wie den Anspruch auf Schadenersatz wegen der gegebenen Notwendigkeit der Weiterbeschäftigung eines Steuerberaters (OGH 4. 7. 1995, 5 Ob 522/95).

Es ist daher von der grundsätzlichen Haftung aller EDV-Lieferanten für sämtliche Mangelfolgeschäden, sei es Freizeitausfall, Verdienstentgang, Stillstand, Produktionsausfall, Kosten nutzloser Dateneingabe etc., auszugehen.

Ein noch offenes Problem ist hier, welche Fristen gelten. Bei unbeweglichen Sachen hat der OGH in seiner Entscheidung OHG (verstärkter Senat) vom 7. 3. 1990, 1 Ob 536/90 klargestellt, daß die 30jährige Verjährungsfrist gilt (wobei die dreijährige Frist ab Kenntnis von Schaden und Schädiger, also die kurze schadenersatzrechtliche Verjährungsfrist, ebenso zu beachten ist).

Das heißt, Schäden aus mangelhafter Lieferung können – selbstverständlich auch im Bereich der EDV – bis zu 30 Jahre lang verfolgt werden!

Sind Ihnen allerdings Schaden und Schädiger so weit bekannt, daß Sie einigermaßen sicher die Klage einbringen können, so beginnt die dreijährige Verjährungsfrist zu laufen.

Es besteht auch eine Parallele zu Sachschäden beispielsweise an Pkws: Dort können Sie sich einen Schaden „abfertigen lassen", indem Sie den Schadenersatzbetrag in Geld fordern und eine Reparatur gar nicht zulassen (OGH 4. 2. 1993, 6 Ob 565/92, Näheres siehe Kurbos, Baurecht in der Praxis, S. 111 ff.)! Allerdings hat der OGH diese Ansprüche zunächst nur beim Werkvertrag, hauptsächlich in Baumängelprozessen, zugesprochen, d. h. bei unbeweglichen Sachen. Bei beweglichen Sachen kommt nun eine Besonderheit hinzu, nämlich daß die Gewährleistungsfrist, innerhalb der die Gewährleistungsklage einzubringen ist, sechs Monate beträgt. Die Gewährleistungsfrist für unbewegliche Sachen hingegen beträgt drei Jahre. Wollte man nun diese für den Werkvertrag entwickelte Rechtsprechung des OGH unbesehen auf den Kauf beweglicher Sachen übertragen, so wird die sechsmonatige Klagsfrist des § 933 ABGB (siehe Seite 199) ausgeschaltet.

Eine endgültige, von Lehre und Rechtsprechung allgemein anerkannte Lösung dieses Problems steht noch aus. Vielleicht hat der Leser gerade durch seinen Fall eine Möglichkeit, zur Lösung einen Beitrag zu liefern. Bis es soweit ist, gilt es zu bedenken, daß auch bei unbeweglichen Sachen die volle Konkurrenz zwischen Gewährleistungs- und Schadenersatzansprüchen besteht, also beide nebeneinander – bis zur Bereicherungsgrenze – begehrt werden können, wenn durch eine Verbesserungsmaßnahme ein Mangel nur teilweise behoben werden kann.

Davon ausgehend beschränkt also die Möglichkeit, Gewährleistung zu fordern, keinesfalls die Möglichkeit, Schadenersatz zu fordern. Wenn man daher eine kurze, sechsmonatige Frist diskutiert, kann diese niemals für die Mangelfolgeschäden gelten, sondern nur für jenen Bereich erörtert werden, für den das Gesetz selbst die kurze Gewährleistungsfrist bestimmt. Da der OGH aber die Naturalrestitution nicht nur im Bereich der Mangelfolgeschäden, sondern auch und gerade im Bereich jener Schäden, die in der Mangelhaftigkeit der Sache an sich bestehen, bei unbeweglichen Sachen bejaht (OGH 4. 4. 1990, 1 Ob 535/90), ist genauso vertretbar, auch hier den Schadenersatzanspruch durch Naturalrestitution für jene zweieinhalb Jahre zu gewähren, in denen die schadenersatzrechtliche Verjährungsfrist noch nicht, die Gewährleistungsfrist aber bereits abgelaufen ist.

Natürlich darf nicht übersehen werden, daß die Naturalrestitution als Schadenersatzanspruch nur beim Werkvertrag betreffend unbewegliche Sachen gesichert zusteht und sich dort das Problem insofern nicht stellt, als innerhalb der ersten drei Jahre ohnedies die Gewährleistungsfrist läuft! Sehr wohl aber stellt sich beispielsweise im vierten Jahr nach Eintritt eines Gewährleistungsmangels an einer unbeweglichen Sache dieselbe Wertungsproblematik: Die Gewährleistungsfrist ist abgelaufen, im Wege des Schadenersatzanspruches durch Naturalrestitution kann aber gerade jene Mangelbehebung vom Schuldner verlangt werden, die als Gewährleistungsbehelf verfristet wäre.

Es gibt daher nur drei Alternativen:

a) Man kürzt die schadenersatzrechtliche Verjährungsfrist bei bekannten oder erkennbaren Mängeln auf sechs Monate, wozu allerdings jede gesetzliche Grundlage fehlt.

b) Man gewährt beim Kauf beweglicher Sachen gerade so weit keinen Schadenersatz, wie die Gewährleistungsbehelfe reichen (und setzt damit die jahrzehntelange Diskussion auf einer anderen Ebene fort).

c) Man akzeptiert, daß es sich eben um zwei vollkommen verschiedene Rechtsbehelfe handelt, die unterschiedlichen Fristen folgen, weswegen dann ein Käufer, der die Gewährleistungsfrist versäumt hat, immer noch Schadenersatz fordern kann.

Im Hinblick darauf, daß ohnedies gemeinschaftsweit die Vereinheitlichung und aus österreichischer Sicht damit die Verlängerung der Gewährleistungsfrist beim Kauf beweglicher Sachen auf zwei Jahre diskutiert wird, aber auch innerhalb der österreichischen Rechtsprechung die sechsmonatige Gewährleistungsfrist als oft zu kurz empfunden wird, weshalb Versuche unternommen werden, die Frist zu erstrecken, indem beispielsweise gesagt wird, sie beginne erst zu laufen, nachdem die vollständige Programmdokumentation abgeliefert und die vollständige Einschulung geleistet worden wären, schlage ich die Alternative c) vor. Dies nicht zuletzt, weil die kurze, sechsmonatige Verjährungsfrist ohnedies eine Rechtswohltat zugunsten des dem Grunde nach rechtsuntreuen Verkäufers ist.

Berücksichtigt man die Beweislast des Käufers, der immerhin darzutun hat, daß der Mangel zum Zeitpunkt der Übergabe vorhanden war, so daß jeder Tag späterer Klags- und Beweisführung seinen Standpunkt belastet, scheint der Verkäufer kaum schutzwürdig. Warum soll der Verkäufer einer Sache oder ein Dienstleister deswegen privilegiert werden, weil er sein Opfer nicht am sonstigen Vermögen, sondern durch Lieferung eines Mangels an der Sache selbst geschädigt hat?

Bis zur endgültigen Klärung dieser Frage ist es sehr ratsam, Schadenersatzansprüche wegen Mangelhaftigkeit beweglicher Sachen an sich innerhalb der sechsmonatigen Frist einzuklagen bzw. durch Einrede geltend zu machen (soweit der Kaufpreis dazu reicht)!

Preisminderung ▮

Die Preisminderung ist nach folgender Formel zu berechnen:

$$\frac{geminderter\ Kaufpreis\ (x)}{vereinbarter\ Kaufpreis} = \frac{objektiver\ Wert\ der\ mangelhaften\ Sache}{objektiver\ Wert\ der\ mangelfreien\ Sache}$$

Kopplung von Hard- und Softwarekauf ▮

Häufig wird dazu geraten, gerade wegen des Problems der schlechten Beweisbarkeit des mangelhaften Zusammenwirkens, Hard- und Software aus einer Hand zu kaufen.

Abgesehen davon, daß dies nur beim ersten Kauf möglich ist (was soll dann im Laufe der Jahre mit den anderen Programmen und Komponenten geschehen, die bei anderen Händlern billiger zu haben sind?), führt es zu einem anderen Rechtsproblem: Was gilt, wenn nur die Hardware oder nur die Software mangelhaft ist?

Ergibt die Vertragsauslegung, daß zwei Kaufverträge, die unabhängig voneinander bestehen können, vorliegen, und ergreift das Wandlungsrecht nur einen dieser beiden Verträge, so bleibt der andere bestehen. D. h., man hat vom unerwünschten Vertragspartner dann immer noch eine Leistung, die man nicht mehr los wird! Daher sollten Sie entweder im Vertrag festhalten, daß die Sachen zusammengehörig in einem Akt gekauft wurden, oder in beiden Verträgen festhalten, daß sich allfällige Wandlungs- und Preisminderungsansprüche des einen Vertrages auch auf den anderen gleichartig auswirken. Es gibt zwar Rechtsprechung, die bei „Gesamtlösung" und enger Kopplung von Hard- und Software die Gewährleistungsbehelfe ausdehnt, nachdem aber heute jedes Standardprogramm auf jedem Standard-PC einigermaßen läuft, wird es immer schwieriger zu argumentieren, daß eine untrennbare Einheit die Auflösung beider Verträge erfordere.

Der Oberste Gerichtshof bejahte etwa beim Kauf eines mit einem Standardprogramm ausgestatteten Kleincomputers bei einem Lieferanten das Vorliegen eines einheitlichen und unteilbaren Vertrags über das Gerät und das Programm (SZ 50/85 = JBl 1978, 374 = EvBl 1978/9). Zum gleichen Ergebnis gelangte er später in Ansehung der Lieferung eines Handterminals samt einer für den Anwender „maßgeschneiderten" Spezialsoftware durch einen Vertragspartner (RdW 1991, 230). Der Oberste Gerichtshof sah die Rechtslage dagegen in einem Fall anders, in dem die Verträge über das

Programm einerseits und das Gerät andererseits mit verschiedenen Lieferanten geschlossen wurden. Obwohl zwischen den Verträgen „enge wirtschaftliche Zusammenhänge" bestanden, sprach er aus, daß es an einem „einheitlichen und somit unteilbaren Erfüllungsanspruch im Sinne einer rechtlichen Einheit schon wegen der Verschiedenheit der Vertragspartner" fehle (HS X/XI/32).

Diese Erörterungen belegen, daß beim Abschluß von Verträgen mit verschiedenen Lieferanten gewöhnlich kein einheitliches Rechtsgeschäft über die EDV-Anlage und die Software anzunehmen ist.

Fristen

- Die kürzeste Frist sieht § 377 HGB vor: unverzügliche Überprüfung, unverzügliche Rüge bei sonstigem Anspruchsverlust sowohl hinsichtlich Gewährleistungs- als auch Schadenersatzansprüchen aller Art.
- Sechs Monate für Gewährleistungsansprüche gemäß § 933 ABGB und vielleicht für Schadenersatzansprüche zufolge Schäden, die in der Mangelhaftigkeit der Sache selbst bestehen.
- Drei Jahre ab Kenntnis von Schaden und Schädiger für konkrete Schadenersatzansprüche.
- Drei Jahre Irrtumsanfechtung wegen Irrtum und 30 Jahre wegen schwerwiegender, strafrechtlich verfolgbarer Täuschungshandlungen.
- 30 Jahre für jeglichen Schadenersatzanspruch.

Jene Fristen, die in vertraglichen Garantiezusagen laufen, das können wenige Tage, ein Monat, drei Monate oder auch ein, zwei oder drei Jahre sein, sind einzig und allein vom jeweiligen Inhalt des Garantievertrages abhängig.

Schmerzengeld bei Computerausfall?

Solche Fälle sind natürlich denkbar, wenn beispielsweise jemandem zufolge Ausfall einer Robotersteuerung der Arm gebrochen wird. Dann liegt klarerweise ein Eingriff in ein absolut geschütztes Rechtsgut vor, ganz abgesehen davon, daß auch aus produkthaftungsrechtlichen Erwägungen zu überprüfen ist, ob nicht eine gefährliche Sache in Verkehr gesetzt wurde.

Hier geht es aber um etwas anderes: Kann man Abgeltung für seelisches Ungemach, für Schmerzen fordern, die man hatte, weil einem das Ding schon wieder das Wochenende vermiest hat?

Die Rechtsgrundlage ist § 1325 ABGB:

§ 1325 ABGB
Wer jemanden an seinem Körper verletzt, bestreitet die Heilungskosten
des Verletzten, ersetzt ihm den entgangenen oder, wenn der Beschädig-
te zum Erwerb unfähig wird, auch den künftig entgehenden Verdienst;
und bezahlt ihm auf Verlangen überdies ein den erhobenen Umständen
angemessenes Schmerzengeld.

Der Eingriff muß allerdings ein gewisses „Schädigungsniveau" erreichen,
nur die Verursachung von psychischen Beeinträchtigungen, Unwohlsein
oder Ärger an sich reichen nicht aus. Es muß sich daher mindestens um
einen Nervenschock, also eine Störung der körperlichen Integrität, oder
einen psychischen Schaden (z. B. Selbstmordversuch zufolge Computerärger) handeln.

Allerdings ist auch die Abgeltung solcher seelischer Schmerzen aner-
kannt, die sich in Form „niederdrückender Gefühle" (EF 48.651, vgl.
ANWZ, 1935, 424) äußern. Das Schmerzengeld soll „das Gefühl der Be-
einträchtigung" und auch das (etwaige) „Gefühl einer Minderwertigkeit"
(EF 48.652) nehmen und so das gestörte Gleichgewicht der Persönlichkeit
(zumindest teilweise) wiederherstellen. Es dient der Abgeltung der
Schmerzempfindungen körperlicher und seelischer Art (*Reischauer* in
Rummel, ABGB Kommentar[2], Rz 43 zu § 1325 ABGB).

20.2 Werkvertrag

Immer dann, wenn Sie eine besondere Anpassung der Leistung an Ihre
Bedürfnisse wollen, wird dies i. d. R. im Rahmen eines Werkvertrages erfolgen.

Der Werkunternehmer schuldet den vertragsgemäß herbeizuführenden
Erfolg, der nun sowohl in der Herstellung oder Veränderung einer Sache
(Computer) als auch in einer Arbeit oder Dienstleistung (Programmer-
stellung) liegen kann.

Der Werkunternehmer ist vorleistungspflichtig, d. h., der Werklohn ist
erst nach Fertigstellung des Werkes fällig.

Besondere Bedeutung kommt der Abnahme zu. Bei einem „Werk" ist
dies nicht lediglich körperliche Übernahme und Übergabe der Sache, sondern die Erklärung des Auftragnehmers, das Werk erbracht zu haben, und

die Erklärung des Auftraggebers, die Sache als Erfüllung des Werkvertrages anzunehmen. Mit der Abnahme beginnt die Verjährungsfrist für alle Gewährleistungsansprüche zu laufen.

Der wesentliche Vorteil des Werkvertrages ist der Anspruch auf Mängelbeseitigung, d. h., prinzipiell muß der Arbeitnehmer mit der Verbesserung des Werkes so lange fortfahren, bis der exakt spezifizierte Erfolg eintritt.

Wenn Sie also sichergehen wollen, exakt jene Leistung zu bekommen, die Sie haben wollen, dann führt am Werkvertrag kein Weg vorbei. Dabei kommt es gar nicht so sehr auf die Bezeichnung „Kaufvertrag" oder „Werkvertrag" an. Vielmehr ist der wahre Gehalt des Leistungsaustausches maßgeblich. Wenn Sie beispielsweise als Käufer Ihrem Händler einen „Werkauftrag" erteilen, der sich darin erschöpft, daß er Standardbauteile aus dem Regal nimmt und ein Gerät – mit einer vielleicht auch etwas exzentrischen Konfiguration – zusammenbaut, so kann noch nicht unbedingt von einem Werkvertrag gesprochen werden. Es ist daher zweckmäßig, Leistungsziele im Detail und individuell spezifiziert vorzugeben.

Mischformen mit dem Kaufvertrag (Werklieferungsvertrag) und mit dem Dienstvertrag sind möglich.

§ 1165 ABGB
Der Unternehmer ist verpflichtet, das Werk persönlich auszuführen oder unter seiner persönlichen Verantwortung ausführen zu lassen.

§ 1168 ABGB
(1) Unterbleibt die Ausführung des Werkes, so gebührt dem Unternehmer gleichwohl das vereinbarte Entgelt, wenn er zur Leistung bereit war und durch Umstände, die auf Seite des Bestellers liegen, daran verhindert worden ist; er muß sich jedoch anrechnen, was er infolge Unterbleibens der Arbeit erspart oder durch anderweitige Verwendung erworben oder noch zu erwerben absichtlich versäumt hat. Wurde er infolge solcher Umstände durch Zeitverlust bei der Ausführung des Werkes verkürzt, so gebührt ihm angemessene Entschädigung.
(2) Unterbleibt eine zur Ausführung des Werkes erforderliche Mitwirkung des Bestellers, so ist der Unternehmer auch berechtigt, ihm zur Nachholung eine angemessene Frist zu setzen mit der Erklärung, daß nach fruchtlosem Verstreichen der Frist der Vertrag als aufgehoben gelte.

Wesentlich ist die Mitwirkungspflicht des Bestellers. Der Besteller kann also schon allein dadurch, daß er bei der Herstellung des Pflichtenheftes seine Mitwirkungspflicht verletzt, schadenersatzpflichtig werden. Außerdem besteht die Möglichkeit zur Nachfristsetzung.

Prüf- und Warnpflicht ▌

§ 1168 a ABGB
Geht das Werk vor seiner Übernahme durch einen bloßen Zufall zugrunde, so kann der Unternehmer kein Entgelt verlangen. Der Verlust des Stoffes trifft denjenigen Teil, der ihn beigestellt hat. Mißlingt aber das Werk infolge offenbarer Untauglichkeit des vom Besteller gegebenen Stoffes oder offenbar unrichtigen Anweisungen des Bestellers, so ist der Unternehmer für den Schaden verantwortlich, wenn er den Besteller nicht gewarnt hat.

Hier wird man gerade wegen des immer größer werdenden Informationsgefälles zwischen EDV-Unternehmer und Kunden davon ausgehen müssen, daß sich die Prüf- und Warnpflicht des EDV-Unternehmers im besonderen darauf erstreckt, fachunkundige Besteller entsprechend aufzuklären und den wirklichen Bedarf kunstgerecht zu ermitteln.
Ebenso muß aber auch der Besteller mitwirken und darf mit seinen Wünschen nicht hinter dem Berg halten.
Insgesamt ermöglicht es gerade diese Rechtslage, in einer großen Bandbreite von verschiedenen Erwägungen im Einzelfall all jene Vertragspartner mit überraschenden Ergebnissen zu „bestrafen", die ihre Hausaufgaben bei der Errichtung eines präzisen EDV-Vertrages nun eben einmal nicht gemacht haben.

Vergütung/Werklohn ▌

Bei der Vergütung ist ohne Vereinbarung eine „übliche Vergütung" als vereinbart anzusehen, d. h., wer einen EDV-Berater (nicht auch jemanden, der ein Verkaufsgespräch führt!) in Anspruch nimmt, schuldet eine übliche oder taxenmäßige Vergütung, wenn Unentgeltlichkeit nicht ausdrücklich vereinbart wurde.
Man hat auch die Möglichkeit, Kostenvoranschläge zu fordern. Übernimmt der Unternehmer die Gewähr für die Richtigkeit dieses Kostenvoranschlages, so können keinerlei Mehrkosten gefordert werden.

Bei einem Voranschlag ohne Gewährleistung führen wesentliche Überschreitungen eines Anschlages nur zu einer Kündigungsmöglichkeit, nicht aber zu einer Kostenexplosion. Außerdem besteht Anspruchsverlust des Werkunternehmers, wenn Mehrkosten nicht unverzüglich angezeigt werden. Lassen Sie sich daher immer schriftlich einen Kostenvoranschlag mit Gewährleistung – wenn dies nicht möglich ist, mindestens einen Kostenvoranschlag ohne Gewährleistung – geben. Wenn dann der Programmierer, EDV-Berater oder Servicetechniker während der Arbeiten übersieht, Ihnen Mehrkosten bekanntzugeben, so ist jede beträchtliche (größer 10 %!) Überschreitung des Werklohnes verfallen! Die Erfahrung zeigt, daß Servicetechniker selten während der Arbeiten deren Abbruch durch freche Mehrkostenanmeldungen riskieren, so daß man so häufig wie möglich von dieser **Verfallsvorschrift** des ABGB Gebrauch machen sollte.

Wenn Sie Verbraucher sind, ist der Ihnen erstellte Kostenvoranschlag unentgeltlich und automatisch mit ausdrücklicher Gewährleistung für seine Richtigkeit.

§ 1170 a ABGB

(1) Ist dem Vertrage ein Kostenvoranschlag unter ausdrücklicher Gewährleistung für seine Richtigkeit zugrunde gelegt, so kann der Unternehmer auch bei unvorhergesehener Größe oder Kostspieligkeit der veranschlagten Arbeiten keine Erhöhung des Entgelts fordern.

(2) Ist ein Voranschlag ohne Gewährleistung zugrunde gelegt und erweist sich eine beträchtliche Überschreitung als unvermeidlich, so kann der Besteller unter angemessener Vergütung der vom Unternehmer geleisteten Arbeit vom Vertrage zurücktreten. Sobald sich eine solche Überschreitung als unvermeidlich herausstellt, hat der Unternehmer dies dem Besteller unverzüglich anzuzeigen, widrigenfalls er jeden Anspruch wegen der Mehrarbeiten verliert.

§ 5 KSchG

(1) Für die Erstellung eines Kostenvoranschlages im Sinne des § 1170 a ABGB durch den Unternehmer hat der Verbraucher ein Entgelt nur dann zu zahlen, wenn er vorher auf diese Zahlungspflicht hingewiesen worden ist.

(2) Wird dem Vertrag ein Kostenvoranschlag des Unternehmens zugrunde gelegt, so gilt dessen Richtigkeit als gewährleistet, wenn nicht das Gegenteil ausdrücklich erklärt ist.

Kündigungsrecht █

Zwar hat der Besteller nach dem Gesetz kein ausdrückliches Kündigungsrecht, wie dies der Abschnitt über die Dienstverträge vorsieht, er kann jedoch die Ausführung des Werkes unterbleiben lassen, indem er den Abbruch der Arbeiten anordnet. Allerdings hat er dann (siehe § 1168 Abs. 1 ABGB) das ganze vereinbarte Entgelt mit einigen Abzugsposten zu entrichten, so daß dem Werkunternehmer mindestens der entgangene Gewinn und alle bereits getätigten vergeblichen Aufwendungen verbleiben. Daher ist das Kündigungsrecht nicht als attraktiv zu bezeichnen.

Wenn Sie einen Auftrag zur Individualsoftwareherstellung erteilen, sollten Sie neben einer exakten Spezifikation im Pflichtenheft auch immer auf einen verbindlichen Kostenvoranschlag mit Gewährleistung achten, damit Sie nicht nur bekommen, was Sie wollen, sondern es sich dann auch noch leisten können.

Außerdem sollten Sie sich ein ausdrückliches Kündigungsrecht – auch ohne Angabe von Gründen – vorbehalten, wobei in einem solchen Fall nur eine niedrige (pauschalierte) Vergütung zu leisten ist.

Gewährleistung für Mängel █

§ 1167 ABGB

Bei wesentlichen Mängeln, welche das Werk unbrauchbar machen oder der ausdrücklichen Bedingung zuwiderlaufen, kann der Besteller vom Vertrage abgehen. Will er das nicht oder sind die Mängel weder wesentlich noch gegen die ausdrückliche Bedingung, so kann er die Verbesserung, falls diese nicht einen unverhältnismäßigen Aufwand erfordern würde, oder eine angemessene Minderung des Entgelts fordern. Zur Verbesserung muß er dem Unternehmer eine angemessene Frist setzen, mit der Erklärung, daß er nach deren Ablauf die Verbesserung ablehne. Im übrigen kommen die für die Gewährleistung bei entgeltlichen Verträgen überhaupt gegebenen Vorschriften zur Anwendung.

Wesentliche Mängel:
Wandlung oder Verbesserung oder Preisminderung.
Konkurrierend dazu Schadenersatz wegen Nichterfüllung.

Unwesentliche Mängel:
Verbesserung, Preisminderung oder Schadenersatz.

Mit diesen Ansprüchen können Sie – ein präzises Leistungsheft vorausgesetzt – den Programmierer immer dazu zwingen, Ihnen **genau das vereinbarte** Werk zu liefern. Handelt er nicht vertragskonform, so bleibt die Ersatzforderung, was um so leichter fällt, wenn Sie eine Bankgarantie (Erfüllungsgarantie) vorweisen können.

Fristenproblematik

Wie beim Kauf gilt die sechsmonatige Frist bei beweglichen Sachen, in jedem Fall für einen Gewährleistungsanspruch, womöglich auch für den Schadenersatzanspruch aus Mangelhaftigkeit an der gelieferten Sache selbst.

> Achtung HGB!: Soweit Handelskauf analog angewendet wird, gilt sofortige Prüf- und Rügepflicht.

Im Bereich der unbeweglichen Sachen hat der OGH judiziert, daß auch bei **verborgenen Mängeln** die Gewährleistungsfrist beim Werkvertrag i. d. R. mit der Übergabe zu laufen beginnt. Für bewegliche Sachen ließ er diese Frage offen (siehe Kurbos, Baurecht in der Praxis, S. 111 ff.). Im Gegenteil, er versucht dort, wo Mängel infolge Eigenschaftszusicherung, Ausbildungsverpflichtung, Verpflichtung zur Übergabe von Bedienungsanleitungen u. ä. vorliegen, den Beginn der Verjährungsfrist hinauszuschieben.

Auch wird vertreten, daß bei beweglichen Sachen der Beginn der Gewährleistungsfrist erst ab Erkennbarkeit des Mangels läuft. Wenn etwa die Erweiterbarkeit einer Software vereinbart wurde, z. B. die Mandantenfähigkeit für mehr als 100 Mandanten für ein Buchhaltungsprogramm, dann beginnt die Gewährleistungsfrist erst zu laufen, wenn sich das Programm weigert, irgendeinen Mandanten jenseits der Zahl 100 anzulegen. Denn niemand kann ernstlich verlangen, daß im Zuge der Abnahmeprüfung Tausende Mandanten angelegt werden müssen (die Anlegung von 101 Mandanten würde ja nur beweisen, daß die Grenze von 100 um mindestens einen überschritten wird, vertragskonform wäre aber hier nur eine unbeschränkte Mandantenanzahl, was überhaupt nur schwierig sinnvoll getestet werden kann).

Durch die einfache außergerichtliche Mangelrüge wird die Fälligkeit des Werklohnes bis zur Behebung des gerügten Mangels hinausgeschoben, ein darüber hinausgehender Gewährleistungsanspruch setzt aber die rechtzeitige Klagsführung voraus.

Der Fristenlauf kann durch Verjährungsverzicht, Vereinbarung, Verbesserungszusage gehemmt oder unterbrochen werden.

Widersprechende Allgemeine Geschäftsbedingungen

Häufig kommt es vor, daß Einkaufs- und Verkaufsbedingungen widerstreiten. Wenn hinsichtlich der Nebenpunkte kein Konsens besteht, also keine der beiden Parteien im Krieg der Geschäftsbedingungen obsiegt hat, gelten weder die Bedingungen des Bestellers noch die des Werkunternehmers – in einem solchen Fall kommt ganz einfach das Gesetz zum Tragen.

Urheberrecht/Sourcecode/Geheimhaltungspflicht

Ein wesentliches Problem stellt auch die Frage dar, bei wem das Urheberrecht am individuell erstellten Programm bleibt. An sich steht das Urheberrecht dem Urheber, also zunächst dem Werkunternehmer zu. Wenn Sie als Kunde aber maßgeblichst an der Werkerstellung mitwirken, es sich also um ein Auftragswerk handelt, ist es zweckmäßig, ein gemeinsames Urheberrecht zu vereinbaren. Außerdem sollten Sie vereinbaren, daß alle Verwertungsrechte ausschließlich bei Ihnen liegen. Festzuhalten wäre also beispielsweise: „Der Werkunternehmer räumt dem Auftraggeber das ausausschließliche Werknutzungsrecht ein." (Kein Schreibfehler: „ausausschließlich" heißt, daß auch der Werkunternehmer von der weiteren Nutzung ausgeschlossen ist.) Nur so können Sie verhindern, daß Ihre kostbaren Ratschläge nicht an die Konkurrenz verkauft werden.

Weiters sollten Sie vereinbaren, daß Ihnen eine vollständige Programmdokumentation einschließlich des Sourcecodes/Quellencodes und der Dokumentation, die zur Erstellung des Programmes geführt hat, ausgehändigt wird. Nur so haben Sie die Möglichkeit, einen anderen Programmierer mit der Fortsetzung der Arbeiten zu beauftragen.

Schließlich sollten Sie eine ausdrückliche Geheimhaltungsverpflichtung vereinbaren, damit sich Ihre Unternehmensinterna nicht bei der Konkurrenz wiederfinden.

20.3 Mietvertrag/Leasingvertrag

Der Inhalt des Mietvertrages, nämlich die zeitweilige Sachüberlassung gegen Entgelt (Mietzins), wird in der EDV durchaus verwendet, teils aus Finanzierungs- und steuerlichen Überlegungen, teils aus Marketingüberlegungen (Kundenknebelung).

Miete bzw. Leasing ändert nichts an den Problemen, wie sie beim Kauf- und Werkvertrag dargestellt wurden. Spezifisch sind lediglich die Gewährleistungsbehelfe.

Der Vermieter hat die Pflicht, die Mietsache zu überlassen und in einem gebrauchsfähigen Zustand zu erhalten.

§ 1096 ABGB
(1) Vermieter und Verpächter sind verpflichtet, das Bestandstück auf eigene Kosten in brauchbarem Stande zu übergeben und zu erhalten und die Bestandinhaber in dem bedungenen Gebrauche oder Genusse nicht zu stören. Ist das Bestandstück bei der Übergabe derart mangelhaft oder wird es während der Bestandzeit ohne Schuld des Bestandnehmers derart mangelhaft, daß es zu dem bedungenen Gebrauche nicht taugt, so ist der Bestandnehmer für die Dauer und in dem Maße der Unbrauchbarkeit von der Entrichtung des Zinses befreit. Auf diese Befreiung kann bei der Miete unbeweglicher Sachen im voraus nicht verzichtet werden.

§ 1097 ABGB
Werden Verbesserungen nötig, welche dem Bestandgeber obliegen, so ist der Bestandnehmer bei sonstigem Schadenersatz verpflichtet, dem Bestandgeber ohne Verzug Anzeige zu machen. Der Bestandnehmer wird als ein Geschäftsführer ohne Auftrag betrachtet, wenn er auf das Bestandstück einen dem Bestandgeber obliegenden Aufwand (§ 1036) oder einen nützlichen Aufwand (§ 1037) gemacht hat; er muß aber den Ersatz längstens binnen sechs Monaten nach Zurückstellung des Bestandstückes gerichtlich fordern, sonst ist die Klage erloschen.

§ 1098 ABGB
Mieter und Pächter sind berechtigt, die Miet- und Pachtstücke dem Vertrage gemäß durch die bestimmte Zeit zu gebrauchen und zu benützen, oder auch in Afterbestand zu geben, wenn es ohne Nachteil des Eigentümers geschehen kann und im Vertrage nicht ausdrücklich untersagt worden ist.

§ 1104 ABGB
Wenn die in Bestand genommene Sache wegen außerordentlicher Zu-
fälle, als Feuer, Krieg oder Seuche, großer Überschwemmungen, Wetter-
schläge, oder wegen gänzlichen Mißwuchses gar nicht gebraucht oder
benutzt werden kann, so ist der Bestandgeber zur Wiederherstellung
nicht verpflichtet, doch ist auch kein Miet- oder Pachtzins zu entrichten.

§ 1105 ABGB
Behält der Mieter trotz eines solchen Zufalls einen beschränkten Ge-
brauch des Mietstückes, so wird ihm auch ein verhältnismäßiger Teil des
Mietzinses erlassen.

Nun ist gerade bei einem Computer der „gänzliche Mißwuchs" nicht wahrscheinlich, weil doch Gerät und Programm, wenn sie nach der Übergabe
einigermaßen funktioniert haben, im Laufe der Jahre selten ausfallen. Außerdem sehen die Mietverträge i. d. R. vor, daß die Gefahr des Ausfalls der
Hardware – wie könnte es anders sein – der Kunde zu tragen hat. In solchen
Fällen ist daher der Mietzins weiterhin zu zahlen bzw. allenfalls sogar eine
Wartung fällig. Beispielsweise bei Buchhaltungsprogrammen wäre an ständige Gesetzesänderungen, die eingearbeitet werden müssen, zu denken. Da
aber das Programm nach der (alten) Gesetzeslage einmal funktioniert (hat),
ist ohne entsprechende vertragliche Vereinbarung der Vermieter nicht zu
einer Nachbesserung/Änderung des Programmes verpflichtet.

Der Mieter hat außer der Mietzinszahlungspflicht noch die Pflicht zur
sorgfältigen und pfleglichen Behandlung (Obhutspflicht), was manchmal
Eingriffe in das Gerät behindern könnte, wie z. B. eine billige Aufrüstung
mit Fremdkomponenten zu **Marktpreisen**. Dem Mieter ist auch kein vertragswidriger Gebrauch gestattet. Vor allem muß er nach Beendigung des
Mietverhältnisses die Sache wieder zurückgeben!

Bei der Gewährleistung kommt es zu einer Mietzinsminderung, daneben gibt es auch Schadenersatzpflicht. Ebenso entfällt die Gewährleistung
bei Übernahme einer mangelhaften Sache. Zumeist wird auch das Recht
der Untervermietung an Dritte (insbesondere was Programme angeht) durch
Vereinbarung ausgeschlossen.

Ein Miet- oder Leasingvertrag kann durchaus Wartungselemente beinhalten, wird aber i. d. R. wesentlich teurer sein als ein durch Bankkredite
finanzierter Kauf. Zu überlegen ist außerdem, was mit den Daten geschieht,
wenn die Festplatten zurückgegeben werden sollen!?

Insgesamt kommen Miet- oder Leasingverträge eher im Großgerätegeschäft vor und bedürfen dort einer individuellen Beratung und Prüfung.
Denkbar wäre es beispielsweise, eine Kernanlage, beispielsweise einen Server und einige wenige Arbeitsplätze, zu mieten und den Rest des Netzwerkes beim Diskonter zu kaufen, nach dem Modell, daß Spitzenbedarf
beim Fachmann abgedeckt wird und so die Betriebssicherheit gegeben ist,
während andererseits die breite Masse des Gerätes zu Wettbewerbspreisen
eingekauft werden kann. Dann steht meist auch einer Rückgabe der dann
schon älteren Geräte nach Fristablauf nichts mehr entgegen.

Zu beachten ist in diesem Fall aber auch, daß ein Kündigungsverzicht
des Vermieters wichtig ist, um nicht plötzlich kurzfristig einem unerwarteten Ersatzbedarf gegenüberzustehen.

20.4 Dienstvertrag

Programme werden auch häufig im Rahmen eines Dienstvertrages erstellt.
Der Dienstnehmer schuldet Bemühung, allerdings – im Unterschied zum
Werkunternehmer – keinen Erfolg.

Auch selbständige Tätigkeiten können Gegenstand eines Dienstvertrages
sein, auch dann, wenn der Dienstnehmer persönlich und wirtschaftlich unabhängig bleibt. Grundsätzlich ist der Dienstnehmer verpflichtet, die Dienste als Person zu leisten. Bei Leistungsstörungen sind die allgemeinen Vorschriften grundsätzlich gültig, zunächst der Grundsatz, daß der Anspruch
auf Gegenleistung entfällt, wenn der Schuldner nicht leistet.

Zahlreiche Schutzvorschriften sehen bezüglich der Haftungen von
Dienstnehmern Schranken vor, so daß im allgemeinen Schadenersatzansprüche nur bei „herausragenden Fehlleistungen" verfolgbar erscheinen.

Auch Softwareberater schützen sich gerne durch freie Dienstverträge.
Allerdings ist bei Beratern durch entsprechende Vertragsgestaltung sehr
wohl Haftung möglich. Das für den Sourcecode und das Urheberrecht
beim Werkvertrag Gesagte gilt auch hier!

21. Sonderteil Schweiz

In diesem Anhang wird ein Überblick über grundsätzliche Bestimmungen des schweizerischen Rechtes (ohne Anspruch auf wissenschaftliche Vollständigkeit) gegeben. Der Text dieses Sonderteils ist mit den Sonderteilen Deutschland und Österreich soweit ident, als dies durch die Ähnlichkeit in der Rechtslage bedingt ist.

Für die Beschaffung von Gerät und Programm kommen die Typen Kauf, Werkvertrag, Auftrag und Miete/Leasing (sowie Dienstvertrag) und der Innominatkontrakt in Betracht. Für alle Verträge gilt die Maßstabproblematik (vgl. Kapitel 6.5) und die Beweisproblematik (vgl. Kapitel 4.3), d. h., jeder Vertrag ist nur so gut, als die Pflichten des Vertragspartners im Detail auf Punkt und Beistrich festgeschrieben wurden und eine Verletzung entsprechend beweisbar ist.

Die schweizerische Rechtsordnung zeichnet sich dadurch aus, daß vieles, was andernorts erst durch die Rechtsprechung erschlossen wurde, hierzulande schon im Gesetz selbst steht, das also ausführlicher, bisweilen lehrbuchhaft selbsterklärend ist.

Es gibt zahlreiche Vertragstypen, die für Rechtsgeschäfte im EDV-Bereich in Betracht kommen und außerdem den sogenannten „Innominatkontrakt", was wörtlich „namenloser Vertrag" bedeutet, also ein Vertrag, der aus der Vertragsfreiheit der Parteien entstanden ist, ihre wechselseitigen Rechtsbeziehungen nach freiem Belieben zu regeln.

Immer wenn die Vertragspartner keinen gesetzlich geregelten Vertragstyp gewählt oder Elemente mehrerer Typen vermischt haben, ist zu prüfen,

1. ob keine zwingende Gesetzesbestimmung verletzt wird und
2. wie ein solcher Vertrag bei Unklarheiten und Fragen, die die Parteien offen gelassen haben, auszulegen ist.

Sollte das der Fall sein, sind Elemente des oder der ähnlichsten Vertragstypen heranzuziehen. Im einzelnen können sich daraus bisweilen aufwendige und schwierige Diskussionen ergeben. Für unseren Zweck steht vor allem eine Unterscheidung im Vordergrund: Ist der Vertrag der Familie der Kauf- und Werkverträge oder der Auftrags- und Dienstverträge zuzuordnen?

Für Sie ist nämlich entscheidend, wie im Streitfall das zuständige Gericht diese Frage entscheidet, insbesondere wenn es darum geht, ob eine sofortige Überprüfung und Rüge nötig ist.

Bei Kauf- und Werkverträgen besteht nämlich die Gefahr des vollständigen Anspruchsverlustes für Gewährleistungsmängel bei Verletzung der sofortigen Prüf- und Rügeobliegenheit!

Sie können sich nun auf eine juristische Diskussion einlassen, die den Rahmen dieses Ratgebers sprengen würde, oder aber vorsichtshalber immer so tun, als ob Sie die strenge kauf- und werkvertragliche Prüf- und Rügelast trifft: D. h., nachdem im Vertrag alle Erfordernisse exakt und detailliert spezifiziert worden sind, sofort bei der Abnahme eine detaillierte Überprüfung und bei jeder noch so kleinen Abweichung vom geschuldeten Zustand eine präzise Rüge, nach Möglichkeit schriftlich, durchführen!

OR 392 Abs. 2 bestimmt zwar, daß „Verträge über Arbeitsleistung, die keiner besonderen Vertragsart dieses Gesetzes unterstellt sind, (...) unter den Vorschriften über den Auftrag (stehen)", so daß also der einfache Auftrag praktisch einen Auffangtatbestand für alle nicht einem anderen Vertragstyp zu unterstellenden Geschäfte darstellt. Dennoch empfiehlt es sich keineswegs, daß gerade Sie mit Ihrem Geschäft einen Präzedenzfall für die Abgrenzung zwischen Werkvertrag und Auftrag liefern.

21.1 Kauf

Der Kauf kommt durch Einigung der Parteien über Kaufgegenstand und Preis zustande.

In der Rechtsprechung war lange umstritten, ob auch Software gekauft werden kann. Letztlich wird man wohl Kaufrecht als jenes Recht anwenden, das den gerechtfertigten Interessenlagen der Parteien am nähesten kommt, sofern nicht Werkvertrags- oder Auftragsrecht (bei Individualsoftware) vereinbart oder sachangemessener ist.

Der Kaufvertrag ist formfrei, er kann daher ausdrücklich oder auch durch Handlungen zustande kommen (beispielsweise durch Herausnehmen der Ware aus dem Regal und Bezahlen an der Kasse).

Der Verkäufer ist verpflichtet, dem Käufer die Sache zu übergeben und das Eigentum zu verschaffen, und zwar frei von Lasten Dritter.

OR Art. 184

(1) Durch den Kaufvertrag verpflichtet sich der Verkäufer, dem Käufer den Kaufgegenstand zu übergeben und ihm das Eigentumsrecht daran zu verschaffen, und der Käufer, dem Verkäufer den Kaufpreis zu bezahlen.

(2) Sofern nicht Vereinbarung oder Übung entgegenstehen, sind Verkäufer und Käufer verpflichtet, ihre Leistungen gleichzeitig – Zug um Zug – zu erfüllen.

(3) Der Preis ist genügend bestimmt, wenn er nach den Umständen bestimmbar ist.

OR Art. 185

Sofern nicht besondere Verhältnisse oder Verabredungen eine Ausnahme begründen, gehen Nutzen und Gefahr der Sache mit dem Abschlusse des Vertrages auf den Erwerber über.

Ist die veräusserte Sache nur der Gattung nach bestimmt, so muss sie überdies ausgeschieden und, wenn sie versendet werden soll, zur Versendung abgegeben sein.

Bei Verträgen, die unter einer aufschiebenden Bedingung abgeschlossen sind, gehen Nutzen und Gefahr der veräusserten Sache erst mit dem Eintritte der Bedingung auf den Erwerber über.

OR Art. 187

(1) Als Fahrniskauf ist jeder Kauf anzusehen, der nicht eine Liegenschaft oder ein in das Grundbuch als Grundstück aufgenommenes Recht zum Gegenstande hat.

OR Art. 188

(1) Sofern nicht etwas anderes vereinbart worden oder üblich ist, trägt der Verkäufer die Kosten der Übergabe, insbesondere des Messens und Wägens, der Käufer dagegen die der Beurkundung und der Abnahme.

OR Art. 189

(1) Muss die verkaufte Sache an einen anderen als den Erfüllungsort versendet werden, so trägt der Käufer die Transportkosten, sofern nicht etwas anderes vereinbart oder üblich ist.

(2) Ist Frankolieferung verabredet, so wird vermutet, der Verkäufer habe die Transportkosten übernommen.

(3) Ist Franko- und zollfreie Lieferung verabredet, so gelten die Ausgangs-, Durchgangs- und Eingangszölle, die während des Transportes,

nicht aber die Verbrauchssteuer, die bei Empfang der Sache erhoben wer-
den, als mitübernommen.

OR Art. 192
(1) Der Verkäufer hat dafür Gewähr zu leisten, dass nicht ein Dritter
aus Rechtsgründen, die schon zur Zeit des Vertragsabschlusses bestan-
den haben, den Kaufgegenstand dem Käufer ganz oder teilweise entzie-
he.
(2) Kannte der Käufer zur Zeit des Vertragsabschlusses die Gefahr der
Entwehrung, so hat der Verkäufer insofern Gewähr zu leisten, als er
sich ausdrücklich dazu verpflichtet hat.
(3) Eine Vereinbarung über Aufhebung oder Beschränkung der Gewährs-
pflicht ist ungültig, wenn der Verkäufer das Recht des Dritten absicht-
lich verschwiegen hat.

Hier gibt es das erste Problem, sogar schon mit Hardware: Was heißt frei
von Rechten Dritter?

Eine weltweite Unternehmerlobby hat bewirkt, daß das Urheberrecht
einseitig zugunsten der EDV-Unternehmen „verformt" wurde und deren
Rechte übermäßig schützt. Verbraucherschutzgedanken setzen sich in diesem Bereich erst allmählich durch. So ist etwa die Frage, ob gutgläubiger
Erwerb an Software möglich ist, durchaus strittig.

Frei von Rechten Dritter bedeutet beispielsweise, daß der Hersteller
des BIOS, des Motherboards oder der sonst im Gerät bereits eingebauten
„Programme" keine Rechte geltend machen kann. Hier tritt eine effektive
Kollision mit dem Urheberrecht ein. Es wäre also beispielsweise nicht so
ohne weiteres statthaft, das BIOS lediglich in einer „Demoversion" beizulegen, die nach 90 Tagen verfällt, wenn man kein Update bestellt (was
fallweise bei Modems vorgekommen ist!). Hingegen ist es statthaft, zusätzlich zur verkauften Sache Geschenke beizulegen, also beispielsweise
weitere Programme, auf die sich der Kauf nicht bezieht, in einer Demoversion.

Der Verkäufer haftet dem Käufer dafür, daß ein Dritter nach Erfüllung
des Kaufes durch Übergabe der Kaufsache subjektive Rechte daran geltend macht, die eine Schmälerung des Eigentums bedeuten (Rechtsgewährleistung).

Die Veräußerung etwa einer Raubkopie eines Programmes stellt selbstverständlich auch eine Nichterfüllung oder nicht gehörige Erfüllung des
Kaufvertrages dar, jedoch ist die strenge Gewährleistung für den Käufer

vorteilhaft. Für die urheberrechtliche Seite könnte die analoge Anwendung der Regeln über die Rechtsgewährleistung auf den Patentkauf maßgeblich sein (BGE 57 II 403, 110 II 239, 111 II 455, Sem Jud 1961 539, vgl. auch BGE 82 II 248).

Maßgeblich für den Vertragsinhalt ist nur das, was bis zum Vertragsabschluß abgemacht ist. Es ist daher prinzipiell nicht möglich, dem Partner eines gültigen Vertrages nachträglich Bedingungen zu unterschieben, indem er etwa nach dem Kauf irgendwelche Kuverts öffnet und irgendwelche Texte zur Kenntnis nehmen und damit Beschränkungen der von ihm erworbenen Rechte hinnehmen muß. Aus diesem Grund wird auch auf sämtlichen Packungen auf Beschränkungen hingewiesen, so daß sie der Käufer vor dem Kauf wenigstens grundsätzlich wahrnehmen kann.

Bei individuellen Kaufvorgängen – sowohl hard- als auch softwareseitig – ist größter Wert darauf zu legen, daß Zusagen des Lieferanten und seiner Mitarbeiter gerichtsfest dokumentiert werden, ergeben sich doch aus diesen Zusagen jene Rechte und Pflichten, aus denen dann die Haftung abgeleitet werden kann.

„Werden Einzelverträgen vorformulierte Texte, sogenannte Allgemeine Geschäftsbedingungen zugrundegelegt, die inhaltlich unbekannt sind, beispielsweise vor Unterzeichnung nicht gelesen oder nicht verstanden werden, so ist nach der Ungewöhnlichkeitsregel zu untersuchen, ob der nicht gelesene bzw. nicht verstandene Inhalt so aus dem zu erwartenden Rahmen falle, dass damit nach Treu und Glauben nicht habe gerechnet werden müssen."

BGE 109 II 452 Betr. SIA-NORM 118, Art. 154 f

Nach BGE 109 II 457 kann sich „in der Regel nur eine unerfahrene Partei auf die Ungewöhnlichkeitsregel berufen.
Unter Umständen ist jedoch auch für eine erfahrene Partei eine AGB-Klausel ungewöhnlich; trifft dies zu und ist die Klausel global übernommen, so ist sie vom Vertragskonsens nicht erfasst und damit ungültig.
Aus analogen Überlegungen sollte die Anwendung der Ungewöhnlichkeitsregel nicht auf schwache Parteien (so BGE 109 II 457, vgl. auch 109 II 118) beschränkt werden."

Guhl, Das Schweizerische Obligationenrecht, S. 111

Außerdem sieht UWG 8 vor, daß unlauter im Wettbewerb handelt, wer vorformulierte AGB verwendet, die in irreführender Weise zum Nachteil einer Vertragspartei von der unmittelbar oder sinngemäß anwendbaren gesetzlichen Ordnung erheblich abweichen oder eine der Vertragsnatur erheblich widersprechende Verteilung von Rechten und Pflichten vorsehen.

Leistungsstörungen beim Kauf ▮

Der Verkäufer kann seine Pflicht gar nicht, nicht rechtzeitig oder mangelhaft erfüllen. Erfüllungsverzug liegt auch dann vor, wenn eine Lieferung unvollständig ist, d. h., ein Teil einer Sendung fehlt.

OR Art. 102
(1) Ist eine Verbindlichkeit fällig, so wird der Schuldner durch Mahnung des Gläubigers in Verzug gesetzt.
(2) Wurde für die Erfüllung ein bestimmter Verfalltag verabredet, oder ergibt sich ein solcher infolge einer vorgehaltenen und gehörig vorgenommenen Kündigung, so kommt der Schuldner schon mit Ablauf dieses Tages in Verzug.

OR Art. 103
(1) Befindet sich der Schuldner im Verzuge, so hat er Schadenersatz wegen verspäteter Erfüllung zu leisten und haftet auch für den Zufall.
(2) Er kann sich von dieser Haftung durch den Nachweis befreien, dass der Verzug ohne jedes Verschulden von seiner Seite eingetreten ist oder dass der Zufall auch bei rechtzeitiger Erfüllung den Gegenstand der Leistung zum Nachteile des Gläubigers betroffen hätte.

OR Art. 107
(1) Wenn sich ein Schuldner bei zweiseitigen Verträgen im Verzuge befindet, so ist der Gläubiger berechtigt, ihm eine angemessene Frist zur nachträglichen Erfüllung anzusetzen oder durch die zuständige Behörde ansetzen zu lassen.
(2) Wird auch bis zum Ablaufe dieser Frist nicht erfüllt, so kann der Gläubiger immer noch auf Erfüllung nebst Schadenersatz wegen Verspätung klagen, statt dessen aber auch, wenn er es unverzüglich erklärt, auf die nachträgliche Leistung verzichten und entweder Ersatz des aus der Nichterfüllung entstandenen Schadens verlangen oder vom Vertrage zurücktreten.

OR Art. 108
Die Ansetzung einer Frist zur nachträglichen Erfüllung ist nicht erforderlich.

1. wenn aus dem Verhalten des Schuldners hervorgeht, dass sie sich als unnütz erweisen würde;
2. wenn infolge Verzuges des Schuldners die Leistung für den Gläubiger nutzlos geworden ist;
3. wenn sich aus dem Vertrage die Absicht der Parteien ergibt, dass die Leistung genau zu einer bestimmten oder bis zu einer bestimmten Zeit erfolgen soll.

OR Art. 109
(1) Wer vom Vertrage zurücktritt, kann die versprochene Gegenleistung verweigern und das Geleistete zurückfordern.
(2) Überdies hat er Anspruch auf Ersatz des aus dem Dahinfallen des Vertrages erwachsenen Schadens, sofern der Schuldner nicht nachweist, dass ihm keinerlei Verschulden zur Last falle.

D. h., wird Ihr Lieferant säumig, müssen Sie eine Nachfrist setzen und können dann – je nachdem – Vertragsrücktritt plus Deckungskauf plus Schadenersatz oder Erfüllungsklage plus Schadenersatzklage einsetzen.

Grundsätzlich ist auch eine für einen Laien verständliche Bedienungsanleitung mitzuliefern, zumal gerade Computer und Programme ohne Bedienungsanleitung unbrauchbar sind (sofern der Benutzer sie nicht schon aus früheren Vorgängen auswendig kennt, wovon man ja nicht ausgehen kann). Das Fehlen einer schriftlichen Bedienungsanleitung kann daher entweder als Erfüllungsverzug (Fehlen eines wesentlichen Teils der Kaufsache) oder als Sachgewährleistungsmangel betrachtet werden. Bedienungsanleitungen in Fremdsprachen wie Latein, Japanisch oder Englisch (die Sprache ist rechtlich bedeutungslos) reichen nicht aus! D. h., die Lieferung einer ausschließlich englischsprachigen Bedienungsanleitung müßte ausdrücklich vereinbart werden. Auch bei Vorhandensein einer Hilfefunktion oder eigener Benutzerführung muß ein schriftlicher Überblick über das Programmsystem mitgeliefert werden. Je weniger Bedienungskomfort und Verständlichkeit des Programmes, desto umfassender und akkurater hat die schriftliche Bedienungsanleitung zu sein.

Von den zahlreichen Fällen der objektiven und subjektiven Unmöglichkeit einer vollständigen Leistungserbringung interessieren hier nur zwei:

a) Es stellt sich heraus, daß die geschuldete Leistung überhaupt nicht erbracht werden kann (z. B. Lieferung eines Einhorns, d. h., die Spezifikationen des Kunden sind objektiv nicht realisierbar): Die Leistungsverpflichtung entfällt; u. U. Schadenersatzverpflichtung, wenn diese Unmöglichkeit bei gehöriger Sorgfalt früher hätte erkannt werden können.

b) Ein Umstand, den die Verkäuferseite zu vertreten hat, macht die Leistungserbringung unmöglich.

OR Art. 97
(1) Kann die Erfüllung der Verbindlichkeit überhaupt nicht oder nicht gehörig bewirkt werden, so hat der Schuldner für den daraus entstehenden Schaden Ersatz zu leisten, sofern er nicht beweist, dass ihm keinerlei Verschulden zur Last falle.
(2) Die Art der Zwangsvollstreckung steht unter den Bestimmungen des Schuldbetreibungs- und Konkursrechtes und der eidgenössischen und kantonalen Vollstreckungsvorschriften.

OR Art. 98
(1) Ist der Schuldner zu einem Tun verpflichtet, so kann sich der Gläubiger, unter Vorbehalt seiner Ansprüche auf Schadenersatz, ermächtigen lassen, die Leistung auf Kosten des Schuldners vorzunehmen.
(2) Ist der Schuldner verpflichtet etwas nicht zu tun, so hat er schon bei blossem Zuwiderhandeln den Schaden zu ersetzen.
(3) Überdies kann der Gläubiger die Beseitigung des rechtswidrigen Zustandes verlangen und sich ermächtigen lassen, diesen auf Kosten des Schuldners zu beseitigen.

OR Art. 99
(1) Der Schuldner haftet im allgemeinen für jedes Verschulden.
(2) Das Mass der Haftung richtet sich nach der besonderen Natur des Geschäftes und wird insbesondere milder beurteilt, wenn das Geschäft für den Schuldner keinerlei Vorteil bezweckt.
(3) Im übrigen finden die Bestimmungen über das Mass der Haftung bei unerlaubten Handlungen auf das vertragswidrige Verhalten entsprechende Anwendung.

OR Art. 100
(2) Auch ein zum voraus erklärter Verzicht auf Haftung für leichtes Verschulden kann nach Ermessen des Richters als nichtig betrachtet werden, wenn der Verzichtende zur Zeit seiner Erklärung im Dienst des

andern Teiles stand, oder wenn die Verantwortlichkeit aus dem Betriebe eines obrigkeitlich konzessionierten Gewerbes folgt.

OR Art. 101
(1) Wer die Erfüllung einer Schuldpflicht oder die Ausübung eines Rechtes aus einem Schuldverhältnis, wenn auch befugter Weise, durch eine Hilfsperson, wie Hausgenossen oder Arbeitnehmer, vornehmen lässt, hat dem andern den Schaden zu ersetzen, den die Hilfsperson in Ausübung ihrer Verrichtungen verursacht.
(2) Diese Haftung kann durch eine zum voraus getroffene Verabredung beschränkt oder aufgehoben werden.
(3) Steht aber der Verzichtende im Dienst des andern oder folgt die Verantwortlichkeit aus dem Betriebe eines obrigkeitlich konzessionierten Gewerbes, so darf die Haftung höchstens für leichtes Verschulden wegbedungen werden.

OR Art. 102
(1) Ist eine Verbindlichkeit fällig, so wird der Schuldner durch Mahnung des Gläubigers in Verzug gesetzt.
(2) Wurde für die Erfüllung ein bestimmter Verfalltag verabredet, oder ergibt sich ein solcher infolge einer vorgehaltenen und gehörig vorgenommenen Kündigung, so kommt der Schuldner schon mit Ablauf dieses Tages in Verzug.

Danach ist die Lage des Schuldners (EDV-Händlers) immer ungünstig, wenn sich herausstellt, daß irgendetwas von vornherein nicht erfüllt werden kann. Wird objektive (absolute) Unmöglichkeit von Anfang an eingewendet, so hat der Schuldner sich vom Vorwurf freizubeweisen, daß er eine ihm erkennbar unmögliche Leistung versprochen bzw. er nicht auf das Leistungshindernis hingewiesen habe. Im übrigen hat der Gläubiger die Möglichkeit, das Erfüllungsinteresse (positives Vertragsinteresse) ersetzt zu bekommen oder, allenfalls nach Nachfristsetzung, vom Vertrag zurückzutreten und das negative Vertragsinteresse zu fordern.

Fraglich ist, ob es ein Fall objektiver oder subjektiver Unmöglichkeit ist, wenn eine genau bezeichnete versprochene Leistung an sich möglich wäre, aber nicht mehr erschwinglich ist. Beispielsweise wird ein bestimmter Videoadapter verkauft, der Lieferant läßt sich aber so lange Zeit, bis die Produktion eingestellt wird. – In einem solchen Fall kann wohl keineswegs davon gesprochen werden, daß der Videoadapter objektiv nicht geliefert werden kann. Andererseits ist es fraglich, ob man den Verkäufer dann dazu anhalten kann, einen solchen Videoadapter in Einzelproduktion händisch zusammenzulöten. Keinesfalls ist in einem solchen Fall der Kunde verpflichtet, eine Anderslieferung – auch eines schnelleren oder besseren Adapters – als Leistung zu akzeptieren oder womöglich einen Aufpreis zu zahlen.

Unerschwinglichkeit ist jedenfalls kein Entschuldigungsgrund, maximal kommt Irrtumsanfechtung (OR 24 Abs. 3, Leistung erheblich wertvoller als Gegenleistung) in Betracht.

Gefahrenübergang/Übergabe

Nach dem Gesetz hat der Käufer die Ware sofort zu übernehmen und zu bezahlen. Verletzt er diese Pflicht, so kommt er zugleich in Gläubiger- und Schuldnerverzug. Der Käufer trägt daher die Gefahr für zufälligen Untergang und zufällige Verschlechterung der Kaufsache vom Moment des Kaufabschlusses an bis zur Erfüllung (und selbstverständlich auch danach, denn nach der erfolgten Übergabe ist er Eigentümer).

OR Art. 211
(1) Der Käufer ist verpflichtet, den Preis nach den Bestimmungen des Vertrages zu bezahlen und die gekaufte Sache, sofern sie ihm von dem Verkäufer vertragsgemäss angeboten wird, anzunehmen.
(2) Die Empfangnahme muss sofort geschehen, wenn nicht etwas anderes vereinbart oder üblich ist.

OR Art. 213
(1) Ist kein anderer Zeitpunkt bestimmt, so wird der Kaufpreis mit dem Übergange des Kaufgegenstandes in den Besitz des Käufers fällig.

Nur bei Gattungskauf braucht es zunächst eine Absonderung des einzelnen gekauften Exemplars, z. B. zur Abgabe zur Versendung, damit diese als Sache dem Käufer zugeordnet werden kann. D. h., der Käufer wird (ZGB 714,1) erst mit der Übergabe Eigentümer, trägt aber bereits ab Kaufvertragsabschluß bzw. Ausscheidung der Gattung die Gefahr. Wird die Kaufsache beispielsweise vor Ausfolgung gestohlen, so hat er trotzdem den Kaufpreis zu zahlen. Gerade im Massengeschäft widerspricht diese Regelung dem allgemeinen Rechtsgefühl, zumal der Käufer ja nicht in der Lage ist, die Sache zu sichern. OR 185 Z 1 und Z 2 erlauben es den Gerichten aber, besondere Verabredungen als erwiesen anzunehmen, beispielsweise, daß es üblich sei, bei Frankolieferung die Gefahr erst mit der Ablieferung auf den Käufer übergehen zu lassen u. ä. (vgl. OR Art. 185, Seite 224).

Sie haben allerdings die Möglichkeit, von den INCOTERMS jene zu wählen, die am ehesten Ihren Intentionen entgegenkommt (DDP), oder überhaupt Gefahrtragung bis zur Ablieferung zu vereinbaren.

Sachgewährleistungspflicht

Darunter versteht man die Pflicht des Verkäufers für Mängel der Beschaffenheit in rechtlicher, wirtschaftlicher, technischer Hinsicht und für das Fehlen zugesicherter Eigenschaften sowie die Abwesenheit schädlicher Eigenschaften einstehen zu müssen.

Überprüfungspflicht

Der Käufer, egal ob Kaufmann oder nicht, hat die Kaufsache ehestens zu untersuchen, eingehend zu überprüfen und bei entdeckten Mängeln sofort Anzeige zu machen.

OR Art. 197
(1) Der Verkäufer haftet dem Käufer sowohl für die zugesicherten Eigenschaften als auch dafür, dass die Sache nicht körperliche oder rechtliche Mängel habe, die ihren Wert oder ihre Tauglichkeit zu dem vorausgesetzten Gebrauche aufheben oder erheblich mindern.
(2) Er haftet auch dann, wenn er die Mängel nicht gekannt hat.

OR Art. 199
Eine Vereinbarung über Aufhebung oder Beschränkung der Gewährspflicht ist ungültig, wenn der Verkäufer dem Käufer die Gewährsmängel arglistig verschwiegen hat.

OR Art. 200
(1) Der Verkäufer haftet nicht für Mängel, die der Käufer zur Zeit des Kaufes gekannt hat.
(2) Für Mängel, die der Käufer bei Anwendung gewöhnlicher Aufmerksamkeit hätte kennen sollen, haftet der Verkäufer nur dann, wenn er deren Nichtvorhandensein zugesichert hat.

OR Art. 201
(1) Der Käufer soll, sobald es nach dem üblichen Geschäftsgange tun-

lich ist, die Beschaffenheit der empfangenen Sache prüfen und, falls sich Mängel ergeben, für die der Verkäufer Gewähr zu leisten hat, diesem sofort Anzeige machen.

(2) Versäumt dieses der Käufer, so gilt die gekaufte Sache als genehmigt, soweit es sich nicht um Mängel handelt, die bei der übungsgemäßen Untersuchung nicht erkennbar waren.

(3) Ergeben sich später solche Mängel, so muss die Anzeige sofort nach der Entdeckung erfolgen, widrigenfalls die Sache auch rücksichtlich dieser Mängel als genehmigt gilt.

Der Mangel muß zum Zeitpunkt des tatsächlichen Empfangs des Kaufgegenstandes „persönlich anwesend" sein. Dieser Zeitpunkt ist daher der maßgebliche Moment für die Feststellung eines Mangels. Die Gewährleistung fordert aber kein Verschulden des Verkäufers. Egal ist auch, ob der Mangel behebbar ist oder nicht, ebenso ob er bereits zum Zeitpunkt des Vertragsabschlusses vorhanden war oder erst danach entstanden ist. Auch für später entdeckte Mängel ist die sofortige Rüge notwendig!

Achtung: Keine Haftung für bekannte Mängel! (OR Art. 200 Abs. 1)

Eigentumsvorbehalt

Der Verkäufer muß sich das Eigentum bis zur Zahlung des Kaufpreises ausdrücklich vorbehalten, wenn es nicht mit der Übergabe – ungeachtet der allenfalls noch nicht erfolgten Zahlung – übergehen soll. Bei Zahlungsverzug kann der Verkäufer die Rückgabe des Kaufgegenstandes verlangen.

Dieser Eigentumsvorbehalt ist jedoch nur wirksam, wenn er gemäß ZGB Art. 715 F im öffentlichen Eigentumsvorbehaltsregister des Betreibungsamtes des jeweiligen Wohnorts des Käufers eingetragen wird. Bei Wohnsitzwechsel ist binnen drei Monaten eine neue Eintragung erforderlich. Es besteht kein Schutz gegen Eigentumserwerb gutgläubiger Dritter, allerdings Schutz gegen Zwangsvollstreckung und Konkurs des Käufers.

Ansprüche des Käufers bei Sachgewährleistung

Voraussetzung:

- rechtzeitige **Untersuchung**,
- rechtzeitige und detaillierte **Rüge**. (Die Gerichte verlangen eine exakte Benennung und Beschreibung der festgestellten Mängel in der Anzeige,

Pauschalanzeigen sind wirkungslos! Bei Sukzessivlieferungsverkauf muß jede Teilleistung geprüft und gerügt werden, lediglich bei absichtlicher Täuschung des Käufers schadet eine versäumte Anzeige nicht.)

Sind diese Voraussetzungen erfüllt, hat der Käufer ein **Wahlrecht** zwischen:

- Wandlung (= Aufhebung des Kaufes) oder
- Preisminderung oder
- beim Gattungskauf: Ersatzleistung, Lieferung einwandfreier Ware.

Der Käufer hat für die Ausübung seines Wahlrechtes ein Jahr (Verjährungsfrist!) Zeit. Je nach prozessualen Vorschriften kann auch noch während des Prozesses die Klage geändert werden.

Beim Versendungs- oder Distanzkauf hat der Käufer für die einstweilige Aufbewahrung der Sache zu sorgen, er „darf sie dem Verkäufer nicht ohne weiteres zurückschicken (OR 204 Abs. 1) und muß den Tatbestand ohne Verzug gehörig feststellen lassen. Weiters ist der Käufer bei Sachen, die „schnell in Verderbnis geraten" berechtigt und, „soweit es die Interessen des Verkäufers erfordern, verpflichtet, sie unter Mitwirkung der zuständigen Amtsstelle des Ortes, wo sich die Sache befindet, verkaufen zu lassen, hat aber bei Vermeidung von Schadenersatz den Verkäufer so zeitig als tunlichst hiervon zu benachrichtigen" (OR 204 Abs. 3).

Gerade bei Computerkomponenten, die einem wöchentlichen oder monatlichen Preisverfall unterliegen, wäre dieser Not- oder Selbsthilfeverkauf durchaus indiziert.

OR Art. 205

(1) Liegt ein Fall der Gewährleistung wegen Mängel der Sache vor, so hat der Käufer die Wahl, mit der Wandelungsklage den Kauf rückgängig zu machen oder mit der Minderungsklage Ersatz des Minderwertes der Sache zu fordern.

(2) Auch wenn die Wandelungsklage angestellt worden ist, steht es dem Richter frei, bloss Ersatz des Minderwertes zuzusprechen, sofern die Umstände es nicht rechtfertigen, den Kauf rückgängig zu machen.

(3) Erreicht der geforderte Minderwert den Betrag des Kaufpreises, so kann der Käufer nur die Wandelung verlangen.

OR Art. 206

(1) Geht der Kauf auf die Lieferung einer bestimmten Menge vertretba-

rer Sachen, so hat der Käufer die Wahl, entweder die Wandelungs- oder die Minderungsklage anzustellen oder andere währhafte Ware derselben Gattung zu fordern.

(2) Wenn die Sachen dem Käufer nicht von einem anderen Orte her zugesandt worden sind, ist auch der Verkäufer berechtigt, sich durch sofortige Lieferung währhafter Ware derselben Gattung und Ersatz alles Schadens von jedem weiteren Anspruche des Käufers zu befreien.

Zusätzlich ersetzt der schuldige Verkäufer bis zur Grenze der Bereicherung (Verbot der Doppelliquidation) jeden weiteren unmittelbaren Schaden!

OR Art. 208
(1) Wird der Kauf rückgängig gemacht, so muss der Käufer die Sache nebst dem inzwischen bezogenen Nutzen dem Verkäufer zurückgeben.

(2) Der Verkäufer hat den gezahlten Kaufpreis samt Zinsen zurückzuerstatten und überdies, entsprechend den Vorschriften über die vollständige Entwehrung, die Prozesskosten, die Verwendungen und den Schaden zu ersetzen, der dem Käufer durch die Lieferung fehlerhafter Ware unmittelbar verursacht worden ist.

(3) Der Verkäufer ist verpflichtet, den weiteren Schaden zu ersetzen, sofern er nicht beweist, dass ihm keinerlei Verschulden zur Last falle.

Fristen ▌

OR Art. 210
(1) Die Klagen auf Gewährleistung wegen Mängel der Sache **verjähren mit Ablauf eines Jahres** *nach deren Ablieferung an den Käufer, selbst wenn dieser die Mängel erst später entdeckt, es sei denn, dass der Verkäufer eine Haftung auf längere Zeit übernommen hat.*

(2) Die Einreden des Käufers wegen vorhandener Mängel bleiben bestehen, wenn innerhalb eines Jahres nach Ablieferung die vorgeschriebene Anzeige an den Verkäufer gemacht worden ist.

(3) Die mit Ablauf eines Jahres eintretende Verjährung kann der Verkäufer nicht geltend machen, wenn ihm eine absichtliche Täuschung des Käufers nachgewiesen wird.

- Bei Gebäuden/gebäudegleichen Anlagen gilt eine fünfjährige Gewährleistungsfrist. Die Frist beginnt mit der Übergabe; die rechtzeitige Einrede der Mangelhaftigkeit perpetuiert die Einrede gegen eine Klage auf Zahlung des Kaufpreises. Bei Zusicherung einer bestimmten Eigenschaft wird fallweise eine Haftungsübernahme für die gesetzlich zulässige Maximaldauer von zehn Jahren angenommen.

- Zusätzlich und alternativ dazu stehen Klagen wegen Grundlagenirrtum, Täuschung, Willensmängel, nicht oder nicht gehöriger Erfüllung (bisweilen zehnjährige Verjährungsfrist im Unterschied zur einjährigen Frist bei Schadenersatzklagen wegen nicht oder nicht gehöriger Erfüllung gemäß BGE 107 II 421).
- Die nicht gehörige Erfüllung einer Nebenpflicht untersteht hingegen nicht dem Gewährleistungsrecht (BGE 96 II 115).
- Bei Ansprüchen aus unerlaubter Handlung (OR 41 ff) ist Anspruchskonkurrenz gegeben, wenn ein Verstoß gegen allgemeine Gebote der Rechtsordnung vorliegt und kaufrechtliche Prüf- und Rügeobliegenheit erfüllt ist.
- Die Verletzung der kaufrechtlichen Prüf- und Rügeobliegenheit bedeutet auch den Verlust deliktischer Ansprüche (BGE 67 II 132, offengelassen BGE 90 II 86 E.2).
- Bei dolosem Verhalten des Verkäufers entfällt die Prüf- und Rügepflicht und die kurze Verjährungsfrist des Kaufrechtes (d. h. zehn Jahre Verjährungsfrist!).

Soweit die formale Seite. Jetzt bleibt nur noch zu klären, wann ein Mangel vorliegt. Wieder sind wir am Ausgangspunkt angelangt: Die Parteien eines Kaufvertrages haben es in der Hand, für ihren Bereich durch einen exakten Maßstab zu definieren, was ein Fehler, was zugesicherte Eigenschaften sind. Tun sie es nicht, so überlassen sie die Festlegung dieses Maßstabes dem Richter und Sachverständigen des Einzelfalls.

Eigenschaften einer Kaufsache können entweder in positiver Hinsicht zugesichert werden, indem bestimmte Funktionalitäten ausdrücklich gefordert sind, oder in Form einer negativen Aussage, daß also gewisse Eigenschaften nicht vorhanden sind. Sie könnten beispielsweise ein Windows-Programm fordern, das nicht mehr abstürzt.

Seit langem wird die Diskussion geführt, ob Computerprogramme überhaupt fehlerfrei sein können. Ist dies objektiv unmöglich, d. h., ist nach dem heutigen Stand der Wissenschaft und Technik ein mangelfreies Programm nicht herzustellen, ist wohl OR 200 Abs. 1 (siehe S. 232) anzuwenden, der besagt, daß Mängel, die Sie kannten oder kennen mußten, nicht unter die Gewährleistung fallen. Zumindest solange bei neuen Programmversionen das Verkaufsargument ist, daß von den vielen Fehlern der alten

Version die meisten behoben wurden, solange wird gelegentlichen Abstürzen oder Programmfehlern mit Mitteln des Gewährleistungsrechtes nur schwer beizukommen sein.

Außerdem glaubt die Softwarebranche immer noch – sie gibt das zumindest vor –, daß Computerprogramme prinzipiell niemals ganz fehlerlos sein können. So aber ist dieser Grundsatz dem OR nicht zu entnehmen. Der Verkäufer haftet nämlich nicht nur für ausdrücklich zugesicherte Eigenschaften, sondern auch dafür, daß körperliche Mängel abwesend sind, die den Wert oder die Tauglichkeit der Kaufsache zum vorausgesetzten Gebrauche aufheben oder erheblich mindern.

Damit ist auch für die nähere Zukunft ein Mittelweg vorgezeichnet: Programme, die im großen und ganzen brauchbar sind, können wegen vereinzelter Fehler nicht reklamiert werden, außer im Fall einer ausdrücklich zugesicherten Eigenschaft.

Gattungskauf ▌

Der Unterschied zwischen Gattungs- und Spezieskauf ist wesentlich. Ein Gattungskauf liegt vor, wenn der Kauf nicht über eine individuell bestimmte Sache abgeschlossen wird, sondern wenn die zu liefernde Sache einer nach bestimmten Sachgruppen mit gleichen Merkmalen abgesonderten Gattung entnommen wird. Beispielsweise bei Festplattenlaufwerken liegt dann Gattungskauf vor, wenn es dem Käufer nicht auf den Erwerb einer bestimmten, einzeln individualisierten Festplatte (z. B. mit Angabe der Seriennummer) ankommt, sondern die eine Platte so gut wie die andere getaugt hätte, hätte sie bloß funktioniert.

Hardwarekauf wird i. d. R. Gattungskauf sein, solange nicht bestimmte, individuelle Merkmale den Ausschlag geben (z. B. beim Kauf von gebrauchten Einzelstücken oder individuell für den Kunden gebauten Großgeräten).

Der Vorteil beim Gattungskauf liegt darin, daß nach heutiger Meinung die Verbesserung nicht bloß durch Ausbessern, sondern auch durch Austausch des fehlerhaften Stückes erfolgen kann.

Bei Computerprogrammen tritt eine „Feinheit" auf. Programme können zwei verschiedene Arten von Fehlern aufweisen: „individuelle Fehler" und „Gruppenfehler". Ein individueller Fehler wäre etwa, wenn auf dem verkauften Datenträger einige Bits fehlen, die aber im allgemeinen vorhanden sind. Hier scheint die Anwendung der Regeln über den Gattungskauf sinnvoll, braucht es doch bloß die Ausfolgung einer neuen

Programmdiskette – und schon ist das Problem behoben. Andererseits haben es Computerprogramme an sich, daß sie – von dem erwähnten Fehlerfall einmal abgesehen – identische Kopien sind, so daß bei einem „Gruppenfehler", d. h. einem Fehler, der diesem Programm an sich anhaftet, der Austausch einer mangelhaften Diskette gegen eine andere gar nichts bringt. Wenn Sie daher mit einer Eigenschaft einer Serie, die allen Exemplaren gemeinsam ist, nicht zufrieden sind, ist die Gewährleistung nicht der richtige Rechtsbehelf.

Zumindest solange das Verkaufsargument bei neuen Programmversionen ist, daß von den vielen Fehlern der alten Version die meisten behoben wurden, solange wird gelegentlichen Abstürzen oder Programmfehlern eines Serienproduktes mit Mitteln des Gewährleistungsrechtes nur schwer beizukommen sein.

Solange die Sache noch einen – wenn auch reduzierten – Wert für Sie hat, käme die Minderung, andernfalls nur die Wandlung in Frage, womit Sie die Kaufsache zurückgeben und Ihr Geld zurückerhalten, was allerdings auch keine wirklich brauchbare Lösung ist.

Zugesicherte Eigenschaften

Wenn Sie eine bestimmte Eigenschaft unbedingt brauchen, so lassen Sie sich diese schriftlich ausdrücklich zusichern. Jede rechtliche, technische oder sonstige tatsächliche Eigenschaft kann ausdrücklich zugesichert werden, alle wertbildenden Faktoren sind der vertraglichen Fixierung zugänglich.

Allerdings stellt nicht jede Zusage des Verkäufers automatisch eine Zusicherung dar, auch auf Prospekte kann man sich in dieser Hinsicht nicht verlassen. Vielmehr braucht es eine ausdrückliche oder stillschweigende rechtsgeschäftlich ernstlich gemeinte und vertraglich bindende Erklärung, daß der Verkäufer in der Weise gewährleistet, daß er die Haftung für alle nachteiligen Folgen übernimmt, die sich aus dem Fehlen der Eigenschaft ergeben.

Wenn Sie sichergehen wollen, daß die beworbenen Eigenschaften (z. B. Komponenten) auch tatsächlich vorhanden sind, müssen Sie alle wesentlichen Leistungsmerkmale im Vertrag schriftlich fixieren, z. B. durch genaue Bezeichnung der Einzelbauteile mit Leistungs- und Herstellerangaben über Speicherkapazitäten der Festplatte, RAM, CD-ROM-Laufwerk, Sound- und Grafikkarten, Prozessorchips, Motherboard etc. Ein guter Anfang wäre etwa der Satz: „Sämtliche im Prospekt Nr. ... vom ... angegebenen Eigenschaften gelten als ausdrücklich zugesicherte Eigenschaften im Sinn von OR 197 Abs. 1."

Die Sachgewährleistungsvorschriften sind dispositiver Natur, sie können gänzlich wegbedungen werden, sogar durch stillschweigende Abmachung (BGE 95 II 119 E 4). Bei Beschränkung des Verkäufers auf einen Nachbesserungsanspruch leben die gesetzlichen Ansprüche wieder auf, wenn die festgestellten Mängel nicht rechtzeitig behoben werden. Bei arglistig verschwiegenen Mängeln ist der Haftungsausschluß unbeachtlich, außerdem gilt die zehnjährige Verjährungsfrist.

Das Schadenersatzrecht regelt auch, wie Sie Abgeltung für Stillstandszeiten, Produktionsausfall, Vermögensschäden aller Art, Blutdrucksteigerung und Freizeitentfall geltend machen können.

Eine erste Gruppe von Vermögensschäden entsteht durch den Deckungskauf, wenn der Käufer die Ware nicht rechtzeitig liefert. Der Schaden errechnet sich aus der Differenz zwischen dem Vertragspreis (z. B. Preis des Diskonters) und dem Preis der kuranten Markenware, die jetzt als Ersatzstück wegen sofortiger Lieferbarkeit bei der Konkurrenz beschafft werden muß, oder aus der Preisdifferenz zum Erlös beim Selbsthilfeverkauf, wenn ein solcher indiziert ist.

Darüber hinaus gibt es die sogenannten **Mangelfolgeschäden**. Diese bestehen darin, daß an sonstigen Rechtsgütern des Käufers Schäden entstehen. Beispielsweise fängt der Computer Feuer, worauf die Produktionsanlage niederbrennt. Grundsätzlich gebührt Schadenersatz, wenn ein Schaden durch ein im Kausalzusammenhang stehendes Ereignis eingetreten ist, das vom Schädiger rechtswidrig und schuldhaft herbeigeführt wurde.

Für die Rechtswidrigkeit kommen die Verletzung ausdrücklicher gesetzlicher Bestimmungen (z. B. über die Sicherheit elektrotechnischer Anlagen), der Eingriff in rechtlich geschützte Werte (Eigentum, Gesundheit, körperliche Unversehrtheit etc.) und auch sittenwidriges Verhalten in Betracht.

Die Gerichtspraxis wendet, gestützt auf die Entstehungsgeschichte von OR 99,3, die Grundsätze über die Leistung von Genugtuung auch bei Vertragsverletzungen an (BGE 54 II 481, 80 II 256, 87 II 144 und 292, 110 II 164, SJZ 1952 226, Guhl a. a. O., S. 61 f). Daher steht bei schuldhafter Nichterfüllung eines Vertrages grundsätzlich Schadenersatz zu, unter Umständen haftet der Vertragsschuldner auch verschuldenslos (OR 101, 208,2).

Die Verjährungsfrist beträgt zehn Jahre, bei unerlaubten Handlungen und Bereicherungsansprüchen (OR 60 und 67) jedoch innerhalb dieser

Zehnjahresfrist ein Jahr von dem Tag an, „wo der Geschädigte Kenntnis vom Schaden oder von der Person des Ersatzpflichtigen erlangt hat".

Bereits oben wurde darauf hingewiesen, daß alternativ die Rechtsbehelfe aus OR 97 (Nichterfüllung, Schadenersatz) und 197 ff (Gewährleistung wegen Mängeln der Kaufsache) geltend gemacht werden können, wobei aber die Schadenersatzklage einer rechtzeitigen Prüfung und der Mängelrüge bedarf und die kurze einjährige Verjährungsfrist gilt!

Berechnung des Minderwertes ▐

Berechnungsformel:

$$\frac{geminderter\ Kaufpreis\ (x)}{vereinbarter\ Kaufpreis} = \frac{objektiver\ Wert\ der\ mangelhaften\ Sache}{objektiver\ Wert\ der\ mangelfreien\ Sache}$$

Eine solche Rechnung folgt der sogenannten relativen Berechnungsweise (BGE 81 II 207). Letztlich ist die Schätzung des Richters bzw. Sachverständigen entscheidend.

21.2 Werkvertrag

Immer dann, wenn Sie eine besondere Anpassung der Leistungen an Ihre Bedürfnisse wollen, wird dies i. d. R. im Rahmen eines Werkvertrages erfolgen.

Der Werkvertrag unterscheidet sich vom Kaufvertrag dadurch, daß der Vertragsgegenstand nach den Weisungen des Bestellers erst hergestellt werden muß, vom Auftrag dadurch, daß der Werkunternehmer eher ein technisches/physisches Werk herstellt, während ein geistiges/künstlerisches Werk eher den Regeln des Auftragsrechtes zu unterstellen ist. Im wesentlichen sind die beim Kauf erwähnten Regeln auch hier anzuwenden, insbesondere was die Prüfungspflicht und den Beginn der Mängelrügefrist sowie die Verjährung angeht.

Treten Mängel erst später zutage, muß die Anzeige sofort nach der Entdeckung erfolgen (sonst Genehmigungsfiktion)!

Der Werkunternehmer schuldet den vertragsgemäß herbeizuführenden Erfolg. Dieser kann sowohl in der Herstellung oder Veränderung einer Sache (Computer) als auch in einer Arbeit oder Dienstleistung (Programmerstellung) liegen.

Der Werkunternehmer ist vorleistungspflichtig, d. h., der Werklohn wird erst bei der Ablieferung des Werkes fällig, außer es wird Teillieferung vereinbart.

Abnahme ▌

Der Abnahme kommt besondere Bedeutung zu. Sie ist nicht bloß die körperliche Übernahme und Übergabe der Sache, sondern die Erklärung des Auftragnehmers, das Werk erbracht zu haben, und die Erklärung des Auftraggebers, die Sache als Erfüllung des Werkvertrages anzunehmen – denn bei Mängeln hat er die Annahme zu verweigern.

Es ist sehr ratsam, in einem Werkvertrag, insbesondere für Individualsoftware, eine klare Regelung über den Abnahmezeitpunkt aufzunehmen, denn sonst besteht die Gefahr, daß lediglich ein Probebetrieb von Programmteilen im nachhinein schon als Abnahmehandlung gewertet wird, besonders wenn, allenfalls bei Verzug des Werkbestellers, einzelne Teile in Gebrauch genommen werden.

OR Art. 364
(1) Der Unternehmer haftet im allgemeinen für die gleiche Sorgfalt wie der Arbeitnehmer im Arbeitsverhältnis.

OR Art. 366
(1) Beginnt der Unternehmer das Werk nicht rechtzeitig oder verzögert er die Ausführung in vertragswidriger Weise oder ist er damit ohne Schuld des Bestellers so sehr im Rückstande, dass die rechtzeitige Vollendung nicht mehr vorauszusehen ist, so kann der Besteller, ohne den Lieferungstermin abzuwarten, vom Vertrag zurücktreten.
(2) Lässt sich während der Ausführung des Werkes eine mangelhafte oder sonst vertragswidrige Erstellung durch Verschulden des Unternehmers bestimmt voraussehen, so kann ihm der Besteller eine angemessene Frist zur Abhilfe ansetzen oder ansetzen lassen, mit der Androhung, dass im Unterlassungsfalle die Verbesserung oder die Fortführung des Werkes auf Gefahr und Kosten des Unternehmers einem Dritten übertragen werde.

OR Art. 367
(1) Nach Ablieferung des Werkes hat der Besteller, sobald es nach dem üblichen Geschäftsgange tunlich ist, dessen Beschaffenheit zu prüfen und den Unternehmer von allfälligen Mängeln in Kenntnis zu setzen.

OR Art. 368

(1) Leidet das Werk an so erheblichen Mängeln oder weicht es sonst so sehr vom Vertrage ab, dass es für den Besteller unbrauchbar ist oder dass ihm die Annahme billigerweise nicht zugemutet werden kann, so darf er diese verweigern und bei Verschulden des Unternehmers Schadenersatz fordern.

(2) Sind die Mängel oder die Abweichungen vom Vertrage minder erheblich, so kann der Besteller einen dem Minderwerte des Werkes entsprechenden Abzug am Lohne machen oder auch, sofern dieses dem Unternehmer nicht übermässige Kosten verursacht, die unentgeltliche Verbesserung des Werkes und bei Verschulden Schadenersatz verlangen.

OR Art. 369

Die dem Besteller bei Mangelhaftigkeit des Werkes gegebenen Rechte fallen dahin, wenn er durch Weisungen, die er entgegen den ausdrücklichen Abmahnungen des Unternehmers über die Ausführung erteilte, oder auf andere Weise die Mängel selbst verschuldet hat.

OR Art. 370

(1) Wird das abgelieferte Werk vom Besteller ausdrücklich oder stillschweigend genehmigt, so ist der Unternehmer von seiner Haftpflicht befreit, soweit es sich nicht um Mängel handelt, die bei der Abnahme und ordnungsmässigen Prüfung nicht erkennbar waren oder vom Unternehmer absichtlich verschwiegen wurden.

(2) Stillschweigende Genehmigung wird angenommen, wenn der Besteller die gesetzlich vorgesehene Prüfung und Anzeige unterlässt.

(3) Treten die Mängel erst später zutage, so muss die Anzeige sofort nach der Entdeckung erfolgen, widrigenfalls das Werk auch rücksichtlich dieser Mängel als genehmigt gilt.

OR Art. 371

(1) Die Ansprüche des Bestellers wegen Mängel des Werkes verjähren gleich den entsprechenden Ansprüchen des Käufers.

(2) Der Anspruch des Bestellers eines unbeweglichen Bauwerkes wegen allfälliger Mängel des Werkes verjährt jedoch gegen den Unternehmer sowie gegen den Architekten oder Ingenieur, die zum Zwecke der Erstellung Dienste geleistet haben, mit Ablauf von fünf Jahren seit der Abnahme.

Im Gegensatz zum Kauf ist daher bei Wandlung die Annahme von vornherein zu verweigern.

Schadenersatz gebührt nur bei Verschulden des Unternehmers, während Art. 208 Abs. 3 dem Verkäufer eine Beweislastumkehr aufbürdet.

Prüf- und Warnpflicht

OR 365 Abs. 3 verpflichtet den Unternehmer zur Warnung, wenn das in Auftrag gegebene Programm beispielsweise wegen der erteilten Anweisungen nicht funktionieren wird.

Gerade hier wird man wegen des immer größer werdenden Informationsgefälles zwischen EDV-Unternehmer und Kunden davon ausgehen müssen, daß sich die Prüf- und Warnpflicht des EDV-Unternehmers im besonderen darauf erstreckt, fachunkundige Besteller entsprechend aufzuklären und den wirklichen Bedarf kunstgerecht zu ermitteln.

Ebenso muß aber auch der Besteller mitwirken und darf mit seinen Wünschen nicht hinter dem Berg halten.

Insgesamt ermöglicht es gerade diese Rechtslage, in einer großen Bandbreite von verschiedenen Erwägungen im Einzelfall all jene Vertragspartner mit überraschenden Ergebnissen „zu bestrafen", die ihre Hausaufgaben bei der Errichtung eines präzisen EDV-Vertrages nun eben einmal nicht gemacht haben.

Ist der Programmierer hoffnungslos in Verzug, so daß mit einer richtigen oder rechtzeitigen Ablieferung nicht mehr zu rechnen ist, so ist gemäß Art. 366 Abs. 1 und 2 schon vor mangelhafter Leistung Abhilfe möglich (Nachfrist, Rücktritt).

Vergütung/Werklohn

Bei der Vergütung ist ohne Vereinbarung ein Betrag „nach Maßgabe des Wertes der Arbeit und der Aufwendungen des Unternehmers festzusetzen" (OR 374). D. h., wer einen EDV-Berater (nicht auch jemanden, der ein Verkaufsgespräch führt) in Anspruch nimmt, schuldet eine übliche oder taxenmäßige Vergütung, wenn Unentgeltlichkeit nicht ausdrücklich vereinbart wurde.

Man hat allerdings die Möglichkeit, Kostenansätze zu fordern, wobei bei einem ungefähren Ansatz der Besteller sowohl während als auch nach der Ausführung das Recht hat, vom Vertrag zurückzutreten (OR 375 Abs. 1), so daß es sich empfiehlt, eine feste Übernahme (OR 373) mit im voraus genau bestimmter Vergütung zu vereinbaren und auch das Erhöhungsrecht wegen außerordentlicher Umstände abzubedingen und einen Maximalpreis zu vereinbaren.

Wenn Sie einen Auftrag zur Individualsoftwareherstellung erteilen, sollten Sie daher neben einer exakten Spezifikation im Pflichtenheft auch immer einen Maximalbetrag für den Werklohn als Obergrenze und eine flexible Arbeitskostenabrechnung vereinbaren, damit einerseits nie mehr als der vereinbarte Maximalbetrag und andererseits nicht mehr als tatsächlich geleistete Arbeitsstunden abgerechnet werden können.

Der Besteller kann gegen Schadloshaltung bzw. Vergütung der bereits geleisteten Arbeiten jederzeit vom Vertrag zurücktreten (OR 377). Bei Unmöglichkeit der Erfüllung aus Verhältnissen des Bestellers hat der Unternehmer Anspruch auf Vergütung der geleisteten Arbeit und der im Preis nicht inbegriffenen Auslagen (OR 378). Bei zufälligem Untergang des Werkes vor der Übergabe steht dem Unternehmer kein Werklohn zu, außer bei Annahmeverzug (OR 376).

Die gesetzlichen Regeln werden in den Allgemeinen Geschäftsbedingungen häufig abgeändert, was weitreichend zulässig ist, daher Achtung!

Urheberrecht/Sourcecode/Geheimhaltungspflicht

Ein wesentliches Problem stellt auch die Frage dar, bei wem das Urheberrecht am individuell erstellten Programm bleibt. An sich steht das Urheberrecht dem Urheber, also zunächst dem Werkunternehmer zu. Wenn Sie als Kunde aber maßgeblichst an der Werkerstellung mitwirken, es sich also um ein Auftragswerk handelt, ist es zweckmäßig, ein gemeinsames Urheberrecht zu vereinbaren. Außerdem sollten Sie vereinbaren, daß alle Verwertungsrechte ausschließlich bei Ihnen liegen. Festzuhalten wäre also beispielsweise: „Der Werkunternehmer räumt dem Auftraggeber das ausausschließliche Werknutzungsrecht ein." (Kein Schreibfehler: „ausausschließlich" heißt, daß auch der Werkunternehmer von der weiteren Nutzung ausgeschlossen ist.) Nur so können Sie verhindern, daß Ihre kostbaren Ratschläge nicht an die Konkurrenz verkauft werden.

Weiters sollten Sie vereinbaren, daß Ihnen eine vollständige Programmdokumentation einschließlich des Sourcecodes/Quellencodes und der Dokumentation, die zur Erstellung des Programmes geführt hat, ausgehändigt wird. Nur so haben Sie die Möglichkeit, einen anderen Programmierer mit der Fortsetzung der Arbeiten zu beauftragen.

Schließlich sollten Sie eine ausdrückliche Geheimhaltungsverpflichtung vereinbaren, damit sich Ihre Unternehmensinterna nicht bei der Konkurrenz wiederfinden.

21.3 Auftrag

Sobald Gegenstand des Vertrages Arbeitsleistungen sind, die keinem anderen Vertragstyp des OR zugeordnet werden können, gilt gesetzlich das Recht des Auftrages (OR 394 Abs. 2).

Die Haftung des Beauftragten ist gleich wie die der Arbeitnehmer im Arbeitsverhältnis (OR 398 Abs. 1), was „im allgemeinen" auch für den Werkunternehmer (OR 364 Abs. 1) gilt. Von den Haftungsvoraussetzungen her spielt es also zumindest theoretisch keine Rolle, ob Sie einen Angestellten, einen Werkunternehmer oder einen Beauftragten beschäftigen. Allerdings wird die Rechtsprechung praktisch sehr wohl zwischen einem akademisch gebildeten, selbständig tätigen Befugnisträger und einem im Betrieb integrierten Dienstnehmer unterscheiden.

Eine Haftungsminderung nach dem Berufsrisiko, insbesondere bei schadensgeneigten Arbeiten, ist ebenso zu berücksichtigen wie der Bildungsgrad und die Fachkenntnisse sowie die Fähigkeiten und Eigenschaften des Auftragnehmers/Werkunternehmers/ Arbeitnehmers, die der Auftraggeber gekannt hat oder hätte kennen müssen. Die Vereinbarung einer strengeren Haftung ist u. U. bei selbständig Tätigen eher zulässig als bei Dienstnehmern (OR 321 e, 1).

> *OR Art. 321*
> *(1) Der Arbeitnehmer hat die ihm übertragene Arbeit sorgfältig auszuführen und die berechtigten Interessen des Arbeitgebers in guten Treuen zu wahren.*
> *(2) Er hat Maschinen, Arbeitsgeräte, technische Einrichtungen und Anlagen sowie Fahrzeuge des Arbeitgebers fachgerecht zu bedienen und diese sowie Material, die ihm zur Ausführung der Arbeit zur Verfügung gestellt werden, sorgfältig zu behandeln.*

Als Lohn oder Honorar gilt eine verabredete oder übliche Vergütung (OR 394, 3). Ein Erfolgshonorar ist zulässig, muß aber separat vereinbart werden, so daß – Auftragsrecht unterstellt – unter Umständen auch das monatelange erfolglose Herumprogrammieren honoriert werden muß!

Der Beauftragte hat das übertragene Geschäft getreu und sorgfältig auszuführen und die Interessen des Auftraggebers in jeder Hinsicht zu be-
wahren. Er ist zur Geheimhaltung verpflichtet. Das Maß der Sorgfalt wird
je nach Stand des Beauftragten festzulegen sein. Zur Sorgfaltspflicht besteht eine weitreichende Judikatur, beispielsweise über die Banken- und
Treuhänderhaftung, wenngleich diese nicht ganz linear auf die EDV-Branche übertragbar sein wird.

Der Beauftragte hat den Willen des Auftraggebers zu respektieren und
darüber hinaus bis zu einem gewissen Grad vorwegzunehmen. Gerade im
EDV-Bereich ist es dem Auftraggeber aufgrund des enormen Informationsgefälles oft gar nicht möglich, seinen Willen hinreichend zu konkretisie-
ren, wodurch der Sorgfaltsmaßstab des Beauftragten angehoben wird. Bei
unzweckmäßigen Weisungen erfordert es die Sorgfaltspflicht, den Auftraggeber zu warnen.

Prinzipiell ist der Beauftragte zur persönlichen Ausübung verpflichtet
und für das Verhalten seiner Hilfspersonen wie für eigenes haftbar (OR
101); zur Substitution ist er nur ausnahmsweise bzw. bei Vereinbarung
berechtigt. Ist er zur Substitution berechtigt (OR 399 Abs. 2), so haftet er
nur für Auswahl und Instruktion des Dritten, der vom Auftraggeber direkt belangt werden kann.

Der Auftrag ist jederzeit von beiden Seiten widerruflich oder kündbar
(OR 404, zur Unzeit: Schadenersatzpflicht).

Neben einer geringeren Regelungsdichte ist es vor allem die längere Verjährungsfrist, die für das Auftragsrecht spricht. Grundsätzlich gilt die zehnjährige Frist (OR 127), wenn man nicht die kürzeren Verjährungsfristen
der Gewährleistungsansprüche des Kauf- oder Werkvertragsrechtes dort
heranzieht, wo man gemischte oder Innominatverträge unterstellt oder
unerlaubte Handlung vorliegt (ein Jahr ab Kenntnis, OR 60).

Gerade aufgrund dieser Abgrenzungsproblematik ist es ratsam, auch
im Auftragsfall die vom Auftragnehmer erbrachten Leistungen sofort in
Betrieb zu nehmen, zu überprüfen, zu rügen und sich nicht mit der Durchsetzung seiner Ansprüche Zeit zu lassen!

21.4 Mietvertrag/Leasingvertrag

Der grundsätzliche Inhalt des Mietvertrages, die zeitweilige Sachüberlassung gegen Entgelt (Mietzins), wird in der EDV durchaus verwendet,

teils aus finanzierungs- und steuerlichen Überlegungen, teils aus Marketingüberlegungen (Kundenknebelung!).

Die gesetzlichen Bestimmungen (OR 253 ff) bedürfen allerdings einiger Anpassungen. So ist das Mietverhältnis unbefristet mit einer Frist von drei Tagen auf einen beliebigen Zeitpunkt kündbar (OR 255 Abs. 3, 266 f), wobei die vermietete Sache zurückzugeben ist (Festplatten mit wertvollen Daten, Frage der Vermengung).

Der Vermieter ist verpflichtet, die Sache in tauglichem Zustand zu übergeben und auch zu erhalten (OR 256), und trägt alle öffentlichen Abgaben (OR 256 b). Nebenkosten (wie z. B. Lizenzgebühren für mitgemietete Programme) muß der Mieter nur bezahlen, wenn dies gesondert vereinbart wurde (OR 257 a Abs. 2).

Zahlungstermin sind die Monatsenden, spätestens aber das Ende der Mietzeit.

Außerdem trifft den Mieter die Pflicht zum sorgfältigen Gebrauch (OR 257 f) und zur Meldung von Mängeln, bei Unterlassung dieser Meldung haftet er (OR 257 j). Weiters hat der Mieter Arbeiten an der Sache zur Beseitigung von Mängeln oder zur Vermeidung von Schäden als auch die Besichtigung der Sache, soweit dies für den Unterhalt, den Verkauf oder die Wiedervermietung notwendig ist, zu dulden. Schließlich besteht auch die Verpflichtung des Mieters zu kleineren, für den gewöhnlichen Unterhalt erforderlichen Reinigungen und Ausbesserungen „nach Ortsgebrauch auf eigene Kosten" (OR 259).

Bei einer verspäteten Übergabe stehen dem Mieter Nichterfüllungsansprüche gemäß OR 107–109 zu. Übernimmt er die Mietsache trotz Mängeln, bestehen nur jene Ansprüche, die ihm bei der Entstehung von Mängeln während der Mietdauer zustünden.

Wenn nun nach Übergabe an der Sache Mängel entstehen, die der Mieter weder zu verantworten noch auf eigene Kosten zu beseitigen hat, stehen dem Mieter aus der Gewährleistung folgende Ansprüche zu:

a) Verbesserung (Mangelbeseitigung),
b) verhältnismäßige Mietzinsminderung,
c) Schadenersatz,
d) Übernahme des Rechtsstreites mit einem Dritten.

Gerät der Vermieter mit der Verbesserung in Verzug, hat der Mieter bei verminderter Tauglichkeit der beweglichen Sache zum vorausgesetzten Gebrauch das Recht zur fristlosen Kündigung oder zur Beseitigung auf Kosten des Vermieters (OR 259 b). Bei vollwertigem Ersatz durch den Vermieter besteht kein Anspruch des Mieters (OR 259 c). „Hat der Mieter durch den Mangel Schaden erlitten, so muß ihm der Vermieter dafür Ersatz leisten, wenn er nicht beweist, daß ihn kein Verschulden trifft" (OR 259 e).

Untervermietung ist in der Schweiz zulässig, außer wenn sich dadurch für den Vermieter wesentliche Nachteile ergeben (OR 262).

Mietverträge werden gerade im EDV-Bereich häufig auf der Basis von Allgemeinen Geschäftsbedingungen der Lieferanten zustande kommen. Diese AGB werden für den Käufer nicht unbedingt von Vorteil sein. Sie unterliegen zwar einer entsprechenden Inhaltskontrolle, bei der die Gerichte jedoch restriktiv sind, weshalb man gerade unter Kaufleuten davon ausgehen müssen wird, daß die meisten Bedingungen gelten.

Häufige Problemzonen sind jahrelange Unkündbarkeit, Nichtteilnahme der Mieten am allgemeinen Preisverfall in der EDV, Herausnahme des Mietverhältnisses aus dem Konkurrenzdruck, Wartungsentgelte mit Wertsicherungsklauseln, Verbot von Selbstreparatur und Dritteingriffen u. ä..

Ein Miet- oder Leasingvertrag kann durchaus Wartungselemente beinhalten, wird aber i. d. R. wesentlich teurer sein als ein durch Bankkredite finanzierter Kauf. Zu überlegen ist auch, was mit den Daten geschieht, wenn die Festplatten zurückgegeben werden müssen!

Insgesamt kommen Miet- oder Leasingverträge eher im Großgerätegeschäft vor und bedürfen dort einer individuellen Beratung und Prüfung. Denkbar wäre es beispielsweise, die Kernanlage, beispielsweise einen Server und einige wenige Arbeitsplätze, zu mieten und den Rest des Netzwerkes beim Diskonter zu kaufen, nach dem Modell, daß Spitzenbedarf beim Fachmann abgedeckt wird und so die Betriebssicherheit gegeben ist, während andererseits die breite Masse des Gerätes zu Wettbewerbspreisen eingekauft werden kann. Dann steht meist auch einer Rückgabe der dann schon älteren Mietgeräte nach Fristablauf nichts mehr entgegen. Zu beachten ist in diesem Fall aber auch, daß ein Kündigungsverzicht des Vermieters wichtig ist, um nicht plötzlich kurzfristig einem unerwarteten Ersatzbedarf gegenüberzustehen.

Unter Leasing versteht man eine gesetzlich nicht definierte Mischung von Miet-, Werk- und Kaufverträgen, meist auf die normale Amortisationsdauer unkündbar.

„Welche Rechtsregeln auf Leasingverträge anzuwenden sind, kann nicht abstrakt entschieden werden; es fehlen daher auch richtungsweisende

Gerichtsurteile. Vielmehr muss in jedem Einzelfall geprüft werden, welche Komponenten der vorliegende Vertrag aus den verschiedenen Vertragstypen der Miete, des Kaufs, des Abzahlungskaufs und allenfalls des Auftrags (Service) enthält. Je nachdem unterstehen die einzelnen Vertragsbestimmungen dem Recht des betreffenden Vertragstypus.

Von großer Bedeutung ist jeweils die Frage, ob der einzelne Leasingvertrag die gleichen wirtschaftlichen Zwecke verfolgt wie ein Abzahlungsvertrag. Das ist immer dann anzunehmen, wenn die Leasingraten wirtschaftlich als Abzahlung einer kreditierenden Leistung und nicht als Mietzins erscheinen, insbesondere also wenn schon beim Vertragsabschluss eine erkennbare Kaufabsicht vorliegt. In diesen Fällen untersteht das Leasingverhältnis den Schutzbestimmungen des Abzahlungsvertragsrechtes. "

Meyer/Moosmann, Kleiner Merkur[7], S. 149 f.

Daher wird es bei auch Leasingverträgen zweckmäßig sein, an die Untersuchungs- und Rügepflicht zu denken, entweder indem man im Vertrag ausdrücklich vereinbart, daß sie nicht gegeben ist, oder indem man sie vorbeugend zu erfüllen versucht – es sei denn, man möchte in einem richtungweisenden Gerichtsurteil herausfinden, ob Kaufvertragskomponenten diesbezüglich anzuwenden sind.

21.5 Dienstvertrag

Programme werden auch häufig im Rahmen eines Dienstvertrages erstellt. Der Dienstnehmer schuldet Bemühung, allerdings – im Unterschied zum Werkunternehmer – keinen Erfolg.

Auch selbständige Tätigkeiten können Gegenstand eines Dienstvertrages sein, auch dann, wenn der Dienstnehmer persönlich und wirtschaftlich unabhängig bleibt. Grundsätzlich ist der Dienstnehmer verpflichtet, die Dienste als Person zu leisten. Bei Leistungsstörungen sind die allgemeinen Vorschriften grundsätzlich gültig, zunächst der Grundsatz, daß der Anspruch auf Gegenleistung entfällt, wenn der Schuldner nicht leistet.

„Grundsätzlich haftet der Arbeitnehmer gemäß OR 321 e, so dass der Arbeitgeber nur die Höhe des behaupteten Schadens und die Kausalität zu beweisen hat, der Arbeitnehmer muss die Vermutung des Verschul-

dens entkräften. Allerdings sieht OR 321 e eine Haftungsbeschränkung durch das „Berufsrisiko des Arbeitgebers" vor, das vorliegendenfalls u. U. darin bestehen kann, dass eben ein angestellter Programmierer pro 1000 Zeilen Programmcode 10 fehlerhafte Zeilen abliefert, weil vom Menschen getane Arbeit niemals vollständig fehlerfrei sein kann, ebenso wie mit gewissen Arbeiten schlechthin ein Risiko verbunden ist, wie beispielsweise im Straßenverkehr ein „latentes Unfallsrisiko" besteht, welches sich auch unabhängig von der Person des Fahrzeugführers einmal verwirklichen mag."

Meyer/Moosmann a. a. O., S. 188 f.

Auch Softwareberater schützen sich gerne durch freie Dienstverträge. Allerdings ist bei Beratern durch entsprechende Vertragsgestaltung sehr wohl Haftung möglich.

Das für den Sourcecode und das Urheberrecht beim Werkvertrag Gesagte gilt auch hier!

22. Checklisten

22.1 Checkliste EDV-Vertrag

Es gibt keinen allgemein gültigen EDV-Vertrag, kein Universalmuster für alle Fälle – genauso wie es keinen Universalbauplan für alle Häuser dieser Welt gibt. Es gibt jedoch eine ganze Reihe wichtiger Punkte, die in Ihrem Vertrag individuell geregelt sein sollten. Daher statt eines Vertragsmusters diese Checkliste, die Sie zu dem führen soll, was Sie brauchen: einem maßgefertigten, individuellen Vertrag für Ihr persönliches, individuelles EDV-Konzept.

1. Auswahl des richtigen Vertragspartners (vor Vertragsgestaltung):
    - Gilt das Vergaberecht? Wenn ja, ist eine rechtlich, technisch sowie wirtschaftlich richtige Ausschreibung erforderlich!
    - Wie steht es um die Bonität des Vertragspartners? Gibt es Referenzen?
    - Bin ich an einer langfristigen Zusammenarbeit interessiert? Was spricht dafür, was dagegen?
    - Welche Vorteile bringt für mich ein Generalunternehmer („Erwerb aus einer Hand")? Ist eine wirtschaftliche Optimierung gemäß Tagespreisen vorzuziehen?

2. Vertragsinhalt – worum geht es überhaupt?
    - um Geräte- bzw. Programmanschaffung oder beides (Einheitlichkeit des Vertrages!)?
    - um ein EDV-Projekt – Generalunternehmerauftrag?
    - um Dienstleistungen, wie Reparatur, Wartung, Beratung?
    - um Übernahme des EDV-Personals (Outsourcing)?

3. Rechtsform: Um welchen Vertragstypus handelt es sich?
    - Kauf oder
    - Werkvertrag oder
    - Dienstvertrag oder
    - Miet-/Leasingvertrag?

4. Zweck und Ziele des EDV-Einsatzes (so ausgedehnt wie möglich dargestellt):
   - Beratungspflichten des Auftragnehmers
   - Leistungsgegenstand
   - Spezifizierungsgrad
   - Leistungsumfang
   - Hardwarekonfiguration
   - Mengengerüst/Datenstrukturen/Abläufe/Benutzerschnittstellen
   - Speicherbedarf/Ausfallszeiten/Reaktionszeiten
   - Verbale Beschreibung sämtlicher wünschenswerter Programmfunktionen aus Anwendersicht
   - Vollständigkeitsgarantie des Anbieters (= Erklärung, daß Liefer- und Leistungsumfang im Hinblick auf geschilderte Ziele und Mengengerüste vollständig und von ausreichender Funktionsfähigkeit ist)
   - Von wem wird das Pflichtenheft erstellt?
   - Ausdrücklich zugesagte Eigenschaften **im Detail!**

5. Qualitätssicherung:
   - Mitwirkung des Auftraggebers
   - Dokumentation dieser Mitwirkung
   - Keine Haftung für Fehler des Auftraggebers bei dieser Mitwirkung
   - Zwischen- und Endabnahme, Einschulung

6. Dokumentation:
   - Nutzerdokumentation als untrennbarer Bestandteil des Leistungsgegenstandes
   - Installationsdokumentation (Parameter der Programme, Netzwerk- und Verkabelungsdokumentation)
   - Vollständigkeit der Dokumentation nach dem Grundsatz, daß der Anbieter nie mehr gefragt werden muß

7. Ausschließliche Rechte am Vertragsgegenstand, Lizenzrechtsumfang:
   - Allgemeine Erklärung, daß bei Änderungen in der Firmennutzungsstruktur des Kunden keine neuen Lizenzgebühren fällig werden
   - Werden Einzel-PC-/Netzwerk-Erweiterungen (mehrere Firmennetzwerke, Filialen, Tochterfirmen, Konzernfirmen, mehrere Ser-

ver an einem Standort, Weitergabe an Kunden, Lieferanten) kostenlos (?) oder zu minimalen Zusatzkosten vorgenommen?
- Was geschieht mit Lizenzen beim Erwerb neuer Computer und Systeme bzw. bei Umstrukturierung des Unternehmens? Kann ich Sie weiterverkaufen, ohne neuerliche Zahlungen?
- Ausausschließliche Urheber-/Werknutzungsrechte?
- Schad- und Klagloserklärung des Anbieters, daß durch eingeräumte Nutzungsrechte nicht in Rechte Dritter eingegriffen wird

8. Abnahme:
   - Rechtsverbindliche Abnahme erst nach Lieferung, Installation und Leistungstest
   - Prüfungspflicht, Abnahme und Test erst nach zwei Monaten Echtbetrieb
   - Bringschuld vereinbaren
   - Wer nimmt Installation vor, wenn die Verkabelung vom Auftraggeber stammt?

9. Ansprüche im Fehlerfall (Leistungsstörungen):
   - § 377 HGB durch fünfjährige Frist ersetzen
   - Verbesserungsansprüche
   - Ersatzgeräte
   - Ersatzmaßnahmen durch Dritte
   - Reaktionszeiten
   - **Pönalen**
   - Ausschluß Allgemeiner Geschäfts- und Lieferbedingungen des Lieferanten
   - **Akzeptanz eigener Einkaufsbedingungen fordern**
   - **Grundsätzliche Ablehnung von Lieferantenvertragsformularen**
   - Bankgarantie als Sicherheitsleistung für Mangelhaftigkeit, Schadenersatzansprüche, Beweislastumkehr der Höhe nach
   - Schadenersatz bei Inkompatibilität mit Drittgeräten oder Drittprogrammen
   - Schadenersatz bei Drittschadensfällen, Produktionsausfall, Personalstillstandszeiten
   - Haftpflichtversicherungsnachweis des Lieferanten

10. Störungen im Projektablauf:
    - Geheimhaltungspflichten

- Prüf- und Warnpflicht
- Aufklärungs- und Beratungspflicht
- Sachverständigenkosten
- Wer trägt das Risiko bei unaufklärbarem Sachverhalt?

11. Entgelt:
    - Verbindlichkeit von Kostenvoranschlägen, Kostenvoranschläge mit Gewährleistung (!), Entgeltobergrenzen, Kosten- und Massengarantien, Deckelungen, Spezifikationen des Standes der Technik
    - Fälligkeit nach erfolgreicher Abnahme oder Bankgarantie bis zur erfolgreichen Abnahme

12. Fristen:
    - Abnahmefrist drei Jahre
    - Verlängerung von Gewährleistungs- und Schadenersatzfristen

13. Maßnahmen gegen zu große faktische Abhängigkeit vom Hersteller (um Wettbewerb nach dem Erstgeschäft zu gewährleisten):
    - Wartungskostenreduzierung
    - Fernwartungsmodem im Betrieb abschaltbar
    - Automatische Dokumentation sämtlicher Wartungszugriffe
    - Quellcodeherausgabe
    - Entwicklungsdokumentation
    - Schulungs-, Wartungs- und Programmunterlagen
    - Verbesserungs- und Anpassungsverpflichtungen
    - Kosten- und Neupreistransparenz

14. Weiterbetreuung:
    - Standby-, Wartungs- und Ersatzteilegarantie: Etwa auf zehn Jahre befristetes, unwiderrufliches Angebot: Der Auftragnehmer steht für seine Arbeiten zu vorausspezifizierten Konditionen parat, liefert alle technischen Informationen (Dokumentation, Quellcode) und verpflichtet sich zur Belieferung mit neuen Geräten und Ersatzteilen zu marktüblichen Preisen. Unter solchen Bedingungen ist der Auftragnehmer seiner Konkurrenz ausgesetzt, er ist gezwungen, seine Preise immer dem sinkenden Marktniveau anzupassen. – Die erste Voraussetzung für eine **echte** langfristige **Partnerschaft**!

15. Schiedsgericht:
    - Vertragsernannter EDV-Sachverständiger und -Stellvertreter statt Ziviljustiz!

16. Sonstiges:
    - Soll Vertragswerk von einem Fachmann auf Vollständigkeit und Schlüssigkeit geprüft werden?

22.2 Checkliste Rechtsschutzversicherung

- Wie lange ist die leistungsfreie Zeit, d. h. die Wartezeit zwischen Versicherungsabschluß und Abschluß des EDV-Vertrages?

- Sind Streitigkeiten aus sämtlichen schuldrechtlichen Verträgen (Werk-, Dienst-, Miet- und Leasingverträge betreffend EDV) versichert oder womöglich nur Streitigkeiten aus dem Kauf von Gerät und Programm?

- Ist nur die Durchsetzung von Gewährleistungsansprüchen und Schadenersatzansprüchen wegen Sachmängel umfaßt oder auch wegen Mangelfolgeschäden (besonders wichtig!)?

- Inhaltlicher Umfang des Versicherungsschutzes:
    - Sind irgendwelche Ansprüche ausgeschlossen?
    - Wurden Obliegenheiten bei Vertragsabschluß erfüllt?
    - Gibt die Versicherung eine Liste der Obliegenheiten im Schadensfall?

- Welchen Umfang hat meine Versicherung?
    - Ist der Versicherungsschutz durch eine Streitwertgrenze oder die Versicherungssumme (= Kostenobergrenze) für eigene, gegnerische, Gerichts- und Sachverständigenkosten begrenzt?
    - Welche Haftungsobergrenzen gelten für die u. U. beträchtlichen Schadenersatzansprüche (können Anschaffungswert und Versicherungsprämie um das 100- oder 1000-fache übersteigen!)?

- Reicht die Versicherungssumme/Versicherungsleistung für mich aus?

- Habe ich das Recht auf einen Sachverständigen zur Schadenserkundung/Prozeßvorbereitung?

- Habe ich das Recht auf außergerichtliche Beratung/Anspruchsgeltendmachung?
- Habe ich das Recht auf freie Anwalts- und Sachverständigenwahl?
- Habe ich auch dann Rechtsschutz, wenn ich vom „EDV-Partner" geklagt werde? (Passivprozesse, schwer versicherbar!)
- Gibt es Risikoausschlüsse?
- Übernimmt die Versicherung auch Kosten für Prozesse in anderen Staaten? (Auslandsrisiko?)
- Gibt es eine All-risk-Klausel oder die Garantie für einen vollständigen, für jeden Fall ausreichenden Versicherungsschutz? (Wunschtraum jedes Versicherungsnehmers)

Anmerkung: Nicht in allen Fällen wird alles zu einer finanzierbaren Prämie versicherbar sein. Aber auch für Ihre Versicherung sollte gelten: Fragen wird man ja noch dürfen!

22.3 Checkliste Vorgangsweise bei Computerausfall

1. Sofortmaßnahmen: Dokumentation/Reparatur/Notbetrieb:
   - Grundsatzentscheidung: Was hat Vorrang – Fortsetzung des Betriebes oder Rechtsdurchsetzung?
   - Geht es Ihnen (auch) um Rechtsdurchsetzung, verändern Sie nach Möglichkeit nie den Fehlerzustand, z. B. durch Reset oder Notfall-/Notreparaturmaßnahmen, bevor Sie Beweissicherungsmaßnahmen getroffen haben!
   - Sind sonstige Hilfsmaßnahmen möglich? (Inbetriebnahme von Ersatzgeräten, um defektes Gerät bestmöglich als Beweisgegenstand sichern zu können; im Idealfall schalten Sie das defekte Gerät nicht aus, bevor der Sachverständige eintrifft, außer das Gerät hat gerade begonnen, Ihre Daten zu löschen, etwa wegen diverser Viren)
   - Reicht eigene Sachkunde zur Beurteilung aus?
   - Besteht Gefahr der Verschlimmerung durch eigene Eingriffe?
   - Mindestdokumentation:
     - Zeitaufwand aller beteiligten Mitarbeiter

- Eingaben und Handlungen aller Beteiligten
- Ausdrucke aufbewahren und andere Reaktionen der Geräte dokumentieren (z. B. mit Diktiergerät, Videorecorder)
- Wenn Notreparatur gelingt: Prüfen, ob alte Datensicherungen korrekt, sonst sofort Daten sichern!
- Handbuch lesen, war Bedienungsfehler schuld?
- Ist der Fehler reproduzierbar, eine Ursachensuche möglich?
- In Zweifelsfällen, wenn Sie nicht sicher sind, alle Zusammenhänge zu überblicken: Schon hier EDV-Sachverständigen und Rechtsanwalt einschalten (Kostenproblem!)

2. Mangelrüge und Schadensmeldung an Rechtsschutzversicherung:
   - Besonders Vollkaufmann: sofortige schriftliche (eingeschrieben) Mangelrüge, detailliert für alle möglichen Ursachen und Beschwerdepunkte
   - Gleichzeitig Schadensmeldung an Rechtsschutzversicherung
   - Wenn erforderlich, Rechtsanwalt einschalten

3. Reparaturphase:
   - Reparaturvorgang in allen Details dokumentieren
   - Ausgebaute Teile aufheben oder
   - Weitere Beweismittel für allfälligen Rechtsstreit schaffen!
   - Keine (auch nicht defekte) Datenträger mit Unternehmensdaten außer Haus geben, wenn Kopiergefahr besteht!
   - Wenn Rechtsschutzversicherungen vorprozessualen Sachverständigen zahlen oder Schadensausmaß dies erfordert: Reparaturvorgang durch Sachverständigen überwachen und dokumentieren lassen

4. Außergerichtliche Anspruchsdurchsetzung:
   - Entscheidung: Was soll geschehen – Wandlung, Preisminderung, Schadenersatz?
   - Konkrete Forderungen befristet an EDV-Gegner („Partner") herantragen
   - Im Weigerungsfall spätestens jetzt Rechtsanwalt einschalten

5. Rechtsdurchsetzung vor Gericht:
   - Zu dieser Phase sollte es anhand der umfassenden Dokumentationslage, die Ihren Gegner von der Aussichtslosigkeit seines Standpunktes überzeugt, nur noch selten kommen müssen.

23. Musterschreiben

Das Kapitel über Musterbriefe steht absichtlich am Ende, zum einen, weil der tatsächliche Einsatz der Musterbriefe Kenntnisse in technischer und rechtlicher Hinsicht erfordert, zum anderen, weil die deutsche, österreichische und schweizerische Rechtsordnung einander doch soweit ähnlich sind, daß unter Berücksichtigung des in den vorigen Kapiteln Gesagten fürs erste die gleichen Musterformulare angewendet werden können.

23.1 Abnahmeprotokoll

Zahlreiche Fristen beginnen mit der Abnahme. Es ist daher zweckmäßig, diesen Zeitpunkt zu fixieren.

Abnahmeprotokoll betreffend den Vertrag zwischen

1. .... und
2. ....

.... *(1.)* übergibt am heutigen Tage vorläufig an .... *(2.)* folgenden Vertragsgegenstand:

Der Vertragsgegenstand kann nur durch Inbetriebnahme und einen mindestens 4wöchigen/3monatigen/6monatigen (nicht Zutreffendes streichen) Probebetrieb mit Echtdaten einigermaßen auf Funktion überprüft werden.
Die Gewährleistungsfrist beginnt daher erst am ...., bei außerordentlichen Mängeln, die im Probebetrieb nicht festgestellt wurden, erst im Moment ihrer Entdeckung.
Am heutigen Tag wurden folgende Mängel einvernehmlich festgestellt:

Mängel:
1. ....
2. ....
3. .... *(usw.)*

Wegen dieser Mängel
– wird die Sache endgültig zurückgewiesen und die Abnahme verweigert.
– wird die Sache dem Lieferanten zur Verbesserung binnen 3 Tagen zurückgestellt.
– verbleibt die Sache vorerst im Testbetrieb des Abnehmers, der Lieferant hat am Ort des Abnehmers die Mängel binnen 3 Tagen zu beheben.
– bleiben Schadenersatzansprüche vorbehalten.
– Sonstiges

Die Prüf- und Rügefrist beträgt 5 Jahre ab heute.

Ort, Datum   *Unterschriften:*
                                          1. ....
                                          2. ....

Anmerkung:
Dieses Protokoll enthält einige „heikle" Punkte, wie z. B. Verlängerung der Prüf- und Rügepflicht, Hinausschieben der Prüfpflicht etc. (die besser schon im Vertrag geregelt hätten werden sollen), so daß bei Weigerung des Lieferanten, dieses Protokoll zu unterzeichnen, im einzelnen überprüft werden muß, ob diese Weigerung eine Zurückweisung, insbesondere einer vertragsgemäßen, also nach erstem Augenschein mangelfreien Sache, rechtfertigt.

Außerdem ist die Wahl des Gewährleistungsbehelfes nach der jeweiligen Interessen- und Beweislage abzuwägen.

23.2 Reklamationsschreiben

Dieser Musterbrief ist modular aufgebaut, wobei die Teile 3. und 4. nicht immer zur Anwendung kommen und entweder 4 a oder 4 b oder 4 c gilt!

---

1. Anschrift:
An .... *(Lieferant)*   .... *(Ort, Datum)*

2. Darstellung des Soll-Zustandes:

Mit Kaufvertrag vom 1. April 1999 haben Sie uns das ultramoderne Computersystem Hexi 3000 mit 8fach Multiprozessor T 999, 10 GB-Ram sowie dem Mastervideoprozessor, 100 GB Festplatte, Turbonetzteil sowie Universalix Betriebssystem mit allen Anwendungsprogrammen für jegliche Aufgaben verkauft.

3. Darstellung des Ist-Zustandes:

Statt dessen haben Sie uns Ihr veraltetes Modell Hinkelstein 400 geliefert, das einen Prozessor P 007, 64 KB Ram, 8 MB Festplatte und ein Netzteil enthält, das man zu Kühlungszwecken an die Wasserleitung anschließen muß!

Das Bedienungshandbuch stammt offenkundig von einer noch weiter zurückliegenden Prozessorgeneration, es fällt durch sein ungewöhnliches Format (Papyrusrolle) und altägyptische Schriftzeichen auf. Wir waren bisher nicht in der Lage, es zu decodieren.

Die Programmfunktionalität ist schwerstens dadurch behindert, daß bei Datumseingaben immer ein Minuszeichen eingegeben werden muß.

Die Rechenresultate des Buchhaltungsprogrammes sind falsch, es unterschlägt jede fünfte Einnahme. Wir befürchten mit einer derartigen Buchungspraxis erhebliche Schwierigkeiten mit dem Finanzamt.

Auch die übrigen Funktionalitäten und Spezifikationen unserer überaus exakten Bestellung werden schlecht erfüllt, das Gerät bringt nicht die geforderte Leistungsfähigkeit und Benützerfreundlichkeit. Neben häufigen Abstürzen treten Fehlfunktionen auf.

Das Gerät ist eine Zumutung für jeden Kunden, so daß wir schon heute die Geltendmachung erheblicher Schadenersatzansprüche in Aussicht stellen.

Möglicherweise hat Ihr Versand unsere Anschrift mit dem Technischen Museum verwechselt.

4. Wahl des Rechtsbehelfes:

a. Wegen dieser außerordentlichen, bemerkenswerten Kumulation von Mängeln ist uns eine Abnahme oder ein Weiterarbeiten mit diesem Gerät objektiv unzumutbar, so daß wir hiermit sofort Wandlung und Rücktritt vom Vertrag erklären.

b. Wir fordern Sie hiermit zur Verbesserung auf und setzen Ihnen eine Nachfrist von 48 Stunden zum Austausch der mangelhaften Sache gegen eine mangelfreie und zur Behebung sämtlicher gerügter Mängel.

Wir fordern Sie auf, das Entgelt sofort zurückzuzahlen und werden Ihnen unsere Schadenersatzansprüche in den nächsten Tagen detailliert bekanntgeben.

c. Wegen dieser außerordentlichen Serie von Mängeln fordern wir hiermit Preisminderung. Das Gerät hat keinen praktischen Wert mehr, sondern wird von uns zu Dekorationszwecken benützt. Die Preisminderung beträgt daher 95 %.

Zugleich erklären wir hinsichtlich der restlichen 5 % Aufrechnung mit uns zustehenden Schadenersatzansprüchen und behalten uns vor, darüber hinausgehende Ansprüche gegen Sie gerichtlich geltend zu machen.

Wir erwarten Ihre sofortige Stellungnahme und Ihren Vorschlag, wie Sie die durch Ihr fehlerhaftes Verhalten empfindlich gestörte Kundenbeziehung wieder in Ordnung bringen werden, binnen 24 Stunden, widrigenfalls wir von der bei uns erliegenden Bankgarantie Gebrauch machen, unsere Rechtsschutzversicherung, unseren Rechtsanwalt sowie unseren Sachverständigen verständigen und den Rechtsweg beschreiten werden.

Wir fordern Sie auf, zum Zeichen Ihres Einverständnisses das beiliegende Briefdoppel firmenmäßig gegenzuzeichnen und zurückzusenden.

Mit freundlichen Grüßen

....

(Unterschrift)

Anmerkungen:

Ad Punkt 1:

Es ist zwar selbstverständlich, daß man ein Reklamationsschreiben an seinen Vertragspartner richtet. Nur gibt es Fälle, in denen man das Gerät im Laden gekauft und dort eine Kommissionsware erworben hat, also der Vertragspartner und/oder der Gewährleistungsträger nicht notwendigerweise mit dem Verkäufer identisch sein muß/müssen.

Besonders wenn man einen EDV-Berater und eine Finanzierungseinrichtung (Leasinggeber) beschäftigt hat, ist es ratsam, die Reklamationen an alle in Betracht kommenden Personen zu verschicken, damit keiner allfälligen Schadenersatzansprüchen gegenüber einwenden kann, man habe ihn nicht verständigt bzw. ihm keine Gelegenheit zur Schadensminderung gegeben.

Ad Punkt 2 und 3:

Jede Reklamation ist eine Gegenüberstellung von Soll- und Ist-Zustand. Daher beginnt das Reklamationsschreiben mit einer **möglichst minuziösen Darstellung** jener Punkte Ihrer Bestellung oder Ihres Auftrages, von denen in der Folge abgewichen wird.

Egal in welcher Rechtsordnung, es ist immer zweckmäßig, im Soll-Ist-Vergleich die Beschwerdepunkte von vornherein bis in letzte Detail offenzulegen, bei Erfüllung der Untersuchungs- und Rügepflicht ist eine solche Exaktheit unbedingt notwendig. Vorsorglich enthält die Ist-Darstellung aber auch eine „Allgemeinrüge" nach dem Motto „Das habe ich immer schon gesagt", falls sich nämlich herausstellt, daß etwas ganz anderes faul war.

Ad Punkt 4:

Hier wird es nun problematisch. Machen Sie Wandlung geltend, so wird der Vertrag aufgehoben. Damit fallen Erfüllungsansprüche logischerweise weg. Schadenersatzansprüche gibt es aber nur bei Verschulden, selbst wenn Ihr Gesetz eine Beweislastumkehr zu Lasten Ihres Vertragspartners kennen sollte.

Außerdem ist zu prüfen, ob Ihr Vertrag die Gewährleistungsbehelfe einschränkt, ob sie insbesondere zuerst zur Nachbesserung auffordern, Nachfrist setzen oder solche Vorgänge gar ein- oder mehrfach wiederholen müssen.

Ad Punkt 4 b:

Selbstverständlich muß die Nachfrist ausreichend bemessen sein, bei komplexeren Mängeln müssen unter Umständen auch zwei oder (selten) drei Mängelbehebungsversuche zugelassen werden, wobei allerdings die wechselseitigen Interessen abzuwägen sind.

Ad Punkt 4 c:

Wenn die Mängel tatsächlich nahezu den Wert des Gegenstandes erreichen, kann es sein, daß eine Preisminderung nicht akzeptabel ist bzw. von der Zustimmung des Verkäufers abhängt. Bei Verderb (Preisverfall) wäre es auch denkbar, die Ware zu verwerten und/oder einen Deckungskauf anzudrohen.

Die Aufrechnung des restlichen unbezahlten Preissaldos mit Schadenersatzansprüchen hat, wenn rechtmäßig, zur Folge, daß ein Eigentumsvorbehalt erlischt und die Ware dann Ihnen gehört.

23.3 Inanspruchnahmeschreiben für Garantie

An .... *(Lieferant)*   .... *(Ort, Datum)*

Betrifft: Hexi 3000

Sehr geehrter Herr Lieferant!

Sie haben uns garantiert, daß das ultramoderne Computersystem Hexi 3000 mindestens drei Jahre fehlerfrei läuft.

Gestern, nach nicht einmal eineinhalb Jahren, hat Hexi „den Geist aufgegeben". Bei Betätigung des Einschaltknopfes erfolgt keinerlei Reaktion.

Wir fordern Sie gemäß Artikel 114 Z 8 Ihrer Garantiebedingung auf, binnen 8 Stunden

a) einen funktionsfähigen Ersatz aufzustellen,

b) die Festplatten mit unseren Unternehmensdaten umzubauen und

c) eine detaillierte Aufklärung darüber abzugeben, wie es zu diesem Ausfall kommen konnte.

Die Geltendmachung weiterer Ansprüche bleibt ausdrücklich vorbehalten.

Im Hinblick auf den laufenden Wartungsvertrag weisen wir darauf hin, daß ein neuerlicher Einsatz Ihres Wartungstechnikers offenkundig nur deswegen erforderlich geworden ist, weil die vorbeugende Wartung, für die wir bezahlen, erfolglos geblieben ist. Da somit auch Ihre Serviceleistungen offenkundig mangelhaft sind, versteht sich von selbst, daß Sie für diese Reparatur kein Entgelt erhalten.

Sollten Sie dieser Aufforderung nicht unverzüglich nachkommen, so halten wir uns ein Deckungsgeschäft/eine Ersatzvornahme durch Drittbeschaffung zu Ihren Lasten vor.

Mit freundlichen Grüßen   ....

                                             (Unterschrift)

23.4 Aufforderung zum Schadenersatz

An .... *(Lieferant)*   .... *(Ort, Datum)*

Betrifft: Hexi 3000/Brand in unserer Lackiererei

Sehr geehrter Herr Lieferant!

Sie haben uns Hexi 3000 als hochmoderne Steuerung für unser Lackiersystem vermietet.

Vorige Woche noch war Ihr Wartungstechniker vor Ort und hat erklärt, mit Hexi laufe alles bestens. Gestern hat sich nun folgender Sachverhalt zugetragen:

Hexi ist ein schwerwiegender Fehler bei der **Programmabarbeitung** unterlaufen, indem sämtliche Spülventile um 00.01 Uhr des 29. 2. geöffnet wurden. Hierdurch kam es zum Austritt von 650 Liter Nitroverdünnung. Die Flüssigkeit überschwemmte zunächst die Produktionsanlage und sickerte sodann in den Heizkeller, woraufhin eine großflächige Detonation unsere Lackiererei vollständig zerstörte bzw. in Brand setzte.

Da Hexi im Verwaltungsgebäude untergebracht ist, das nicht abbrannte, ist es mittlerweile gelungen, die exakte Fehlerursache zu rekonstruieren: Sie besteht in einem schwerwiegenden Programmfehler Ihres Steuerungsprogrammes, welches Schaltjahre nicht richtig reproduziert.

Es sind somit der Eintritt des Schadens und die Kausalität erwiesen. Die Rechtswidrigkeit besteht darin, daß Ihnen die besondere Gefahrengeneigtheit einer Lackiererei einschließlich der Gefährdung von Menschenleben und Material in großem Ausmaß bei Vertragsabschluß offenbar bekannt sein mußte, ganz abgesehen davon, daß im Vertrag ausdrücklich eine explosionsgeschützte und damit explosionssichere Anlage bestellt wurde. Ihr Verschulden ergibt sich angesichts der Dimension und des Geschehensherganges zwingend. Ihnen fällt grobe Fahrlässigkeit zur Last.

Wir fordern Sie hiermit auf, zur Vermeidung einer Obliegenheitsverletzung binnen 24 Stunden Ihrer Haftpflichtversicherung eine Schadensmeldung zu erstatten und diese zu bewegen, den Schaden dem Grunde nach anzuerkennen.

Der Höhe nach erhalten Sie unsere Abrechnung über Millionenbeträge in den nächsten Tagen. Hexi wurde zwischenzeitig von der Staatsanwaltschaft beschlagnahmt, die gegen Sie wegen fahrlässiger Gemeingefährdung ermittelt.

Wir sind über diese unglückliche Entwicklung unserer Geschäftsbeziehung sehr betrübt und bitten Sie um Verständnis dafür, daß wir unsere weiteren Zahlungen an Sie bis zur Regulierung dieses Schadensfalls einstellen müssen.

Mit freundlichen Grüßen   ....

                                                            (Unterschrift)

Anmerkung:
Die Einstellung der Zahlungen im Schadensfall ist hier gerechtfertigt, weil die gemietete Sache offenkundig lebensgefährlich und damit wertlos ist, solange der Mangel nicht behoben ist.

23.5 Service- und Wartungsvertrag

1. Dieser Vertrag gilt acht Jahre unkündbar und verlängert sich um jeweils ein weiteres Jahr, wenn er nicht innerhalb von drei Monaten vor Fristablauf schriftlich gekündigt wird.

2. Der Lieferant verpflichtet sich,

   a) auf erste Aufforderung (telefonisch, schriftlich, Telefax) innerhalb der vereinbarten Bereitstellungszeit, an Werktagen von 6.00 bis 22.00 Uhr binnen vier Stunden, sonst innerhalb von zwölf Stunden, eine ausreichende Anzahl von qualifizierten Servicetechnikern an den jeweiligen Standort der Kunden-EDV zu entsenden und alle vom Kunden im einzelnen in Auftrag gegebenen Arbeiten an der EDV-Anlage durchzuführen und

b) Ersatzteile zu liefern, und zwar die zum Fortbetrieb der Anlage notwendigen innerhalb derselben Frist, alle anderen binnen drei Werktagen.

Unter Ersatzteilen sind alle Teile der ursprünglich verkauften Konfiguration und alle Teile, die sich im laufenden Lieferprogramm befinden, zu verstehen.

3. Entgelt: Soweit im Einzelfall keine andere Vereinbarung zustande kommt, gilt als Entgelt für die Zu- und Abfahrt ein Betrag von EUR ...., pro tatsächlich am Einsatzort geleisteter notwendiger Arbeitsstunde ein Betrag von EUR ....

Preisanpassung: Die Vertragspartner rechnen mit einem Verfall der Wartungs-, Hard- und Softwarepreise während der Vertragsdauer. Der Kunde ist daher berechtigt, eine Preisanpassung zu verlangen, wenn das Preisniveau zum Zeitpunkt der Durchführung der Arbeiten niedriger ist als zum Zeitpunkt des Vertragsabschlusses.

Für Fahrt- und Arbeitszeit ist im Streitfall das Gutachten eines Sachverständigen einzuholen, der die Preise für vergleichbare Leistungen anderer Unternehmen im Umkreis von 50 km um den Einsatzort ermittelt.

Für Materiallieferung ist der Mittelpreis aus den Inseraten der drei auflagenstärksten Computerzeitschriften (C't, Chip, MC), die innerhalb einer Zeitspanne von einem Monat nach Durchführung der Arbeiten erschienen sind, heranzuziehen, wobei die Preise aus allfälligen Inseraten des Lieferanten außer Ansatz bleiben.

4. Ersatzvornahme: Im Fall der Verletzung der Verpflichtungen des Lieferanten aus diesem Vertrag ist der Kunde berechtigt, unter Setzung einer Nachfrist von der Hälfte der unter 2 a) und b) genannten Fristen auf Kosten des Lieferanten einen Sachverständigen zu beauftragen. Außerdem zahlt der Lieferant bei jeder Verspätung (Einsatz oder Lieferung) 1.000 EUR Pönale. Darüber hinausgehender Schaden, insbesondere auch für Produktionsausfall, Personalstillstand etc., ist vom Lieferanten zusätzlich zu ersetzen.

24. Literaturliste

Aden/van Essen	ITSEM Konferenz in Brüssel, DuD 1993, 150 ff.
Aeppli	Schweizerisches Obligationenrecht, 32. Auflage, Zürich 1997.
Aicher	EWR-Vertrag und Europäisierung der öffentlichen Vergabe, WBl 1992, 273 ff.
Andréewitch	Haftpflichtversicherung für Unternehmensberater, ecolex 1992, 617 ff.
Andréewitch	Zur Anwendbarkeit des Produkthaftungsgesetzes für Softwarefehler, EDVuR 2/1990, 50 ff.
Bartel/Pannenbäcker	Produkt- und Projektmanagement, in: *Reschke/Schelle/Schnopp* (Hrsg.), Handbuch des Projektmanagements, Band 2, 591 ff.
Bartsch	Software und das Jahr 2000, Computer und Recht 4/98, Seite 193 ff.
Betten	Weltweit handeln, Was bedeuten die GATT-Vereinbarungen für den DV-Bereich?, c't 7/1994, 41 ff.
Bolka	Elemente des EDV-Vertrages, EDVuR 2/90.
Bömer	Die Pflichten im Computersoftwarevertrag, Darstellung der Besonderheiten im Vergleich zu den Vertragstypen des allgemeinen Zivilrechts, München 1988.
Brüggemann	Handelsgesetzbuch, Großkommentar, Band IV, Berlin 1970.
Bydlinski	Beschränkung und Ausschluß der Gewährleistung, JBl 1993, 559 ff. und 631 ff.

Canaris	Die Gefährdungshaftung im Lichte der neueren Rechtsentwicklung, JBl 1995, 2 ff.
Connert	Standortbestimmung im Datenschutz, EDVuR 1/1994, 73 ff.
Crosby	Qualität 2000, München-Wien 1994.
Dutz/Stiller	Flower Power, Öko-PCs: Grüner Wind ... oder windiges Grün?, c't 19/1993, 80 ff.
Eisen	Status und Weiterentwicklung von IT-Sicherheitskriterien, DuD 1993, 212 f.
Ertl	Allgemeine Geschäftsbedingungen der Softwareverträge, EDVuR 1/1994, 19 f.
Ertl/Wolf	Die Software im österreichischen Zivilrecht, Wien 1991.
Eschbach	Software nach Maß, Planung, Realisierung und Kontrolle von EDV-Projekten, 1992.
Feuerborn	Abnahme technischer Anlagen, CR 1991, 1 ff.
Fitz/Purtscheller/Reindl	Produkthaftung, Wien 1988.
Gibbs	Software: chronisch mangelhaft, Spektrum der Wissenschaft 12/1994, 56 ff.
Goschik/Grabner	EDV-Versicherungen in Österreich, EDVuR 1/1991, 16 ff.
Gruber	Computerviren und Schadenersatz, EDVuR 4/1990, 122 ff.
Gruber	Softwarekauf als Abzahlungsgeschäft, EDVuR 3/1990, 94 ff.
Grussmann	Das neue Vergaberecht, Erste Analyse und Problemübersicht, WBl 1994, 285 ff.
Guhl	Das Schweizerische Obligationenrecht, 8. Auflage, Zürich 1991.

Günther	Produkthaftung für Software, Ein obiter dictum aus den USA, CR 1993, 544 ff.
Hamann	Claimmanagement, in: *Reschke/Schelle/Schnopp* (Hrsg.), Handbuch Projektmanagement, Band 2, 979 ff.
Höller	„Dienstleistung EDV" – selbständige oder gewerbliche Tätigkeit, EDVuR 2/1991, 154.
Holzinger	Zur Einschulungspflicht des Softwarelieferanten, EDVuR 1/1993, 20 ff.
Holzinger	Bedienerhandbuch – Schlüssel für EDV-Entscheidungen?, EDVuR 1/1994, 54 ff.
Hoppmann	Gewährleistung des Softwareherstellers/-Lieferanten für Programmfehler, RDV 1994/166 ff.
Hoyer	Der Anwendungsbereich des UNCITRAL Einheitsrechts, WBl 1988, 69 ff.
Iro	Die Warnpflicht des Werkunternehmers, ÖJZ 1983, 510 ff.
Jaburek	Das neue Software-Urheberrecht, Wien 1993.
Jaburek	Handbuch der EDV-Verträge, 2. Auflage, Wien 1991.
Jungbluth	Alles nach Plan, Projektplanungssystem MS Projekt 4.0, c't 9/1994, 60 ff.
Karollus	UN-Kaufrecht, Wien 1991, 21.
Koch	Computervertragsrecht.
Koziol	Österreichisches Haftpflichtrecht, Band I, 10. Auflage, Wien 1996.
Koziol/Welser	Grundriß des Bürgerlichen Rechts I und II, 10. Auflage, Wien 1995.
König	Bis zur Erschöpfung, c't 4/1997, 322

König	Das Computerprogramm im Recht, Frankfurt am Main 1991.
Kurbos	Baurecht in der Praxis, 2. Auflage, Wien 1998.
Kurschel	Die Gewährleistung beim Werkvertrag, Wien 1989.
Lehner	Bedeutung und Inhalt von SoftwareWartungsverträgen, EDVuR 3/1990, 86 ff.
Lehner	Software-Wartung, Management, Organisation und methodische Unterstützung, 1991.
Lomnitz	Kommunikation und Information als zentrales Nervensystem der Projektarbeit, in: *Reschke/Schetle/Schnopp* (Hrsg.), Handbuch des Projektmanagements, Band 2, 909 ff.
Löschnigg	Datenschutz im Personalbereich, in: *Wittmann* (Hrsg.), Datenschutzrecht im Unternehmen, 129 ff.
Löschnigg	Neuregelung der Bildschirmarbeit durch das ASchG 1994, EDVuR 1/1994, 61 ff.
Loviscach	Absturzgefahr, c't 19/1998, 156 ff.
Magnus	Einheitliches Schadenersatzrecht – Reformüberlegungen für das österreichische Haftpflichtrecht, Verhandlungen des Zwölften Österreichischen Juristentages, II/1, Bürgerliches Recht, Wien 1994.
Marburger	Die Regeln der Technik im Recht, Köln-Berlin-Bonn-München, 1979.
Meyer/Moosmann	Kleiner Merkur, Obligationenrecht, 7. Auflage, Zürich 1998.
Molnar	EU und Bildschirmarbeit, Neue rechtliche Regelungen für Österreich und deren praktische Bedeutung, EDVuR 2/1994, 177 ff.

Müglich	Softwareüberlassung nach US-amerikanischem Vorbild, Zur Übertragbarkeit des Uniform Commercial Code in das deutsche Recht, CR 11/1991, 648 ff.
Nauroth	Computerrecht für die Praxis, 2. Auflage, München 1992.
Neeb (Hrsg.)	Musterverträge für Software, Band II Werkverträge, 1992 (Schriftenreihe der Österreichischen Computergesellschaft Band 63).
Nickles	PC-Report, Feldkirchen 1997.
Palandt	BGB Kommentar, 57. Auflage, München 1998.
Persson	Wahlweise, Kriterien für den vernünftigen PC-Kauf, c't 12/1992, 68ff.
Peters	Öffentliche Beschaffung von Informationstechnik im vollendeten EG-Binnenmarkt, CR 3/1994, 182 ff.
Pfitzmann/Rannenberg	Staatliche Initiativen und Dokumente zur IT-Sicherheit, CR 3/1993, 170 ff.
Popper/Prandstötter/ Leeb-Bernhard	Produkthaftungsgesetz, Wien 1993.
Redeker	Der Rechtsbegriff des Mangels beim Erwerb von Software, CR 4/1993, 193 ff.
Redeker	Der EDV-Prozeß, 1992.
Rummel	ABGB Kommentar, 2. Auflage, Wien 1990.
Saynisch	Konfigurationsmanagement, in: *Reschke/ Schelle/Schnopp* (Hrsg.), Handbuch des Projektmanagements, Band 2, 561.
Schierbaum	EG-Richtlinie zur Bildschirmarbeit, Reglungsinhalte und Stand der Umsetzung, CR 1994, 410 ff.

Schönbach	Projektbegleitende Qualitätssicherung, in: *Reschke/Schelle/Schnopp* (Hrsg.), Handbuch Projektmanagement, Band 1, 473 ff.
Staudegger	Rechtliche Verantwortung bei der Herstellung von Individualsoftware, EDVuR 2/1994, 117 ff.
Staudinger	Kommentar zum Bürgerlichen Gesetzbuch, 12. Auflage.
Wagner	Datensicherung leicht gemacht, Fanzis Verlag, Feldkirchen 1996.
Wehking	Projektfortschrittsmessung und -berichterstattung bei F&E-Projekten, in: *Reschke/Schelle/Schnopp* (Hrsg.), Handbuch Projektmanagement, Band 1, 493 ff.
Welser	Schadenersatz statt Gewährleistung, Konsequenzen aus der neueren Judikatur, Wien 1994.
Westphalen	Qualitätssicherungsvereinbarungen, Prüfstein für AGB-Klauseln und Versicherungsschutz, CR 1993, 65 ff.
Wolf	Softwarelizenzvertrag und Konkurs, EDVuR 2/1994, 132 ff.
Zahrnt	Vertragsrecht für Datenverarbeiter 2, 1991.
Zerres	Bürgerliches Recht, 2. Auflage, Berlin-Heidelberg 1996.

25. Stichwortverzeichnis